甘肃省砂岩石窟寺风化机理与防控技术研究

王旭东　郭青林　裴强强　张　博　王彦武
孙满利　刘晓颖　张景科　谌文武　杨善龙　　　著

科学出版社

北京

内 容 简 介

我国石窟寺数量众多，分布广泛，规模宏大，体系完整，拥有独特的艺术风貌和文化内涵，是我国最优秀的文化遗产类型之一。我国已公布的5058处全国重点文物保护单位中石窟寺类共288处，具有重大的历史、艺术、科学、文化和社会价值。而这些遗址长期暴露在自然环境中，遭受着雨、雪、地下水、日照、风、易溶盐等因素的影响，发育了大量病害，其中表面风化是直接影响遗址表面外观且间接影响遗址寿命的病害，大量石窟的保存状态每况愈下，亟待保护。

本书基于甘肃省科技重大专项项目"砂岩石窟寺防风化技术研发与应用示范"（编号：18ZD2FA001）的研究成果，以我国石窟寺重要组成部分的甘肃省砂岩石窟寺为研究对象，在系统总结和梳理已有研究成果的基础上，分层级划分石窟寺所处的区域环境和表面风化类型，查明表面风化影响因素与其发育特征之间的耦合关系，并结合室内外模拟试验，研究表面风化的发育机理及加固技术，并将研究成果推广应用。

研究内容属于典型的岩土质文物保护范畴，具有如下亮点：①全国首次针对砂岩石窟寺系统开展了风化机理、加固技术、加固效果评价的研究；②全国首次利用我国文化遗产保护领域首座多场耦合环境模拟实验室系统开展了大尺寸砂岩多场耦合试验研究；③初步揭示了砂岩石窟寺在易溶盐循环、温度变化、冻融循环、干湿循环等多场耦合作用下的风化机理；④构建了化学材料渗透加固、软覆盖和临时保护棚为一体的砂岩石窟寺综合防风化技术，并开展了应用示范，取得了良好效果。

本书可供从事岩土质文物保护加固勘察、设计、施工的专业技术人员，从事岩土质文物保护的科研人员和大专院校文物保护专业的师生阅读、参考。

审图号：GS京（2024）1785号

图书在版编目（CIP）数据

甘肃省砂岩石窟寺风化机理与防控技术研究 / 王旭东等著. —北京：科学出版社，2024.8

ISBN 978-7-03-076502-4

Ⅰ. ①甘⋯　Ⅱ. ①王⋯　Ⅲ. ①砂岩–石窟–风化作用–甘肃
Ⅳ. ①K879.294②P512.1

中国国家版本馆CIP数据核字（2023）第190461号

责任编辑：樊　鑫 / 责任校对：张亚丹
责任印制：张　伟 / 封面设计：金舵手世纪

科学出版社 出版
北京东黄城根北街16号
邮政编码：100717
http://www.sciencep.com

北京汇瑞嘉合文化发展有限公司 印刷
科学出版社发行　各地新华书店经销

*

2024年8月第 一 版　开本：787×1092　1/16
2024年8月第一次印刷　印张：20 3/4
字数：500 000
定价：238.00元
（如有印装质量问题，我社负责调换）

前　　言

一、背景及目的

　　石窟寺是文化遗产的重要组成部分，是集建筑、雕塑和壁画于一体的文化艺术宝库，是我国最优秀的文化遗产类型之一。我国已公布的5058处全国重点文物保护单位中石窟寺类共288处，具有重大的历史、艺术、科学、文化和社会价值。而这些遗址长期暴露在自然环境中，遭受着光、风、雨、雪、地下水、易溶盐等因素的影响，发育了大量病害，其中表面风化是直接影响遗址表面外观且间接影响遗址寿命的病害，遗址的保存状态每况愈下，亟待保护。

　　近年来，很多专家、学者针对遗址保护进行了大量的研究，在党中央、国务院领导下，经过70余年的探索与实践，我国石窟寺考古与保护工作取得显著成绩，虽然目前国内外学者对石窟寺发育的病害、表面防风化加固技术与加固效果评价方面进行了大量的研究，但大多都集中于特定环境类型的石窟寺风化特征和防风化加固材料的研究，对石窟寺发育的病害未进行多层级的系统划分，尤其未对类型繁杂的风化病害进行系统的调查分类，对于多因素相互作用和各因素与表面风化发育之间的耦合关系的研究相对较少，并未形成表面风化类型与影响因素的数据库，对加固材料的环境适应性和加固机理研究开展尚不深入，多种防风化加固措施的共同作用机制、环境适应性和综合防表面风化治理措施的应用示范几乎没有开展，对石窟寺保护加固技术过程质量控制和加固效果的评估方法较为单一，还远没有形成科学系统的加固效果评价方法。结合习近平总书记在敦煌研究院座谈、云冈石窟考察时对石窟寺保护利用做出重要指示，为探究砂岩风化机理与防控技术，由敦煌研究院联合兰州大学、西北大学、甘肃莫高窟文化遗产保护设计咨询有限公司、敦煌研究院文物保护技术服务中心，共同开展了甘肃省科技重大专项“砂岩石窟寺防风化技术研发与应用示范”课题，本书基于该课题研究成果，以我国石窟寺重要组成部分的甘肃省陇东地区最大的石窟寺、全国重点文物保护单位北石窟寺为主要研究对象，系统总结和梳理甘肃地区砂岩石窟寺表面风化类型及表面防风化技术的研究成果，分层级划分石窟寺所处的区域环境和表面风化类型，查明表面风化影响因素与其发育特征之间的耦合关系，并在室内外模拟试验的基础上，研究表面风化的发育机理及加固机制，并将研究成果推广应用。

二、主要研究内容

本书以庆阳北石窟寺为主要研究对象，首次针对砂岩石窟寺系统开展了砂岩风化机理、加固技术、加固效果评价的研究，同时首次利用我国文化遗产保护领域首座多场耦合环境模拟实验室系统开展了大尺寸砂岩多场耦合模拟试验研究。从以下五个方面研究了砂岩的风化机理及防控技术。

（一）砂岩石窟寺表面风化病害与赋存环境关系研究

基于现有石窟表面风化研究的成果，结合甘肃省石窟寺的分布特征，按照不同赋存环境区域调查典型石窟寺，以成因、表现形式和破坏机理分层级梳理和阐释遗址风化病害类型，总结和凝练了甘肃省石窟寺表面防风化取得的研究成果。全面调查甘肃地区石窟寺病害及其分布特征。

（二）石窟表面风化病害分类体系与分级方法研究

在系统认知甘肃地区砂岩石窟寺表面风化病害类型的基础上，划分我国甘肃地区砂岩石窟寺分布环境类型，提出砂岩石窟寺不同风化程度的量化指标，划分不同风化类型风化程度等级，构建砂岩石窟寺风化病害分类分级体系，为科学有效采取保护措施提供技术支撑。

（三）典型砂岩石窟寺表面风化机理研究

针对北石窟寺，根据表面风化特征数据库，利用层次分析法分析研究各影响因素对表面风化的权重；选择主要影响因素作为室内模拟试验的控制变量，通过单因素控制的室内模拟试验，量化研究表面风化发育的形貌特征和速率，建立单因素变量的风化发育模型，阐明单因素作用下砂岩石窟寺的风化机理。以北石窟寺所处环境的多因素变量耦合关系为依据，开展多场耦合条件下的砂岩风化模拟试验，验证风化类型与风化特征，初步建立多因素变量耦合条件下风化发育特征模型，揭示多因素作用下砂岩石窟寺的风化机理。

（四）综合表面防风化技术研究

基于多场耦合的风化机理研究成果，通过室内与现场无损测试、数值模拟实验手段，现场开展化学材料与加固工艺研发、表面软覆盖和保护棚等防护措施研究与评估，定量评价北石窟寺在各加固措施条件下的风化速率和保护效果，明确不同赋存环境石窟防风化措施的适应性。通过不少于一个自然年的自然环境的影响，利用现有无损和微损检测设备，定量和半定量研究试验对象的风化形态、速率和程度，评价不同措施的有效性，筛选适合赋存环境的防风化加固技术，并提出不同防风化加固技术的环境适应性控制指标。

（五）综合防风化技术的示范与推广应用

以庆阳北石窟寺作为研究示范基地，选择合理的试验区进行现场加固应用及评价，验证各加固措施的有效性，开展加固工具和检测装置的研发和改进，总结完善可行的加固技术方法，最终形成可在丝绸之路沿线广泛推广应用的成套砂岩石窟寺表面防风化技术。

目　　录

第1章 绪 论

1.1 研究背景

石窟寺是文化遗产的重要组成部分，是集建筑、雕塑和壁画于一体的文化艺术宝库，是我国最优秀的文化遗产类型之一。中国石窟艺术是一种基于佛教文化，兴于魏晋，盛于隋唐，它吸收了印度犍陀罗艺术精华，融汇了中国绘画和雕塑的传统技法和审美情趣，反映了佛教思想及其中国化过程，是研究中国社会史、佛教史、艺术史及中外文化交流史的珍贵资料。我国石窟的分布面积很广，西起昆仑，东达东海，南抵吴越，北至幽燕，在中国的广大区域内，到处都有石窟的开凿，如享誉中外的敦煌莫高窟、龙门石窟、云冈石窟、大足石刻和乐山大佛，以及新近被列入世界文化遗产清单的彬州大佛寺、麦积山石窟、炳灵寺石窟、克孜尔石窟等。按岩性我国石窟寺可分为砂岩、砂砾岩、灰岩、泥岩、花岗岩等类型。我国已公布的5058处全国重点文物保护单位中石窟寺类共288处，具有重大的历史价值、艺术价值、科学价值、文化价值和社会价值。由于这些遗址长期暴露在自然环境中，遭受着来自光、风、雨、雪、地下水、易溶盐等多重因素的影响，发育了大量影响石窟寺长久安全保存的病害，其中，风化病害可直接影响遗址信息最富集的表层，导致价值大量受损，是目前最难治理的病害。

在党中央、国务院的坚强领导下，经过70余年的探索与实践，我国石窟寺考古与保护工作取得显著成绩，尤其"十一五"期间开展的国家科技支撑计划"石质文物保护关键技术研究"项目，有效地解决了石窟岩体稳定性、危岩体加固和石质文物表面有害物清理等问题，"十二五"期间开展的甘肃省重大科技专项项目"多场耦合下敦煌石窟围岩风化与壁画盐害机理试验装置研发"等课题，为解决石窟寺表面防风化提供新的研究方法及手段，也为开展石窟寺表面风化病害的研究与防治奠定了基础。虽然目前国内外学者对石窟寺发育的病害、遗产赋存环境与病害关系、防风化加固技术与加固效果评价方面进行了大量的研究，但大多都集中于特定环境类型的石窟寺风化特征和防风化加固材料的研究，对石窟寺发育的病害未进行多层级的系统划分，尤其是对类型繁杂的风化病害未进行科学系统的调查分类，多因素相互作用和各因素与表面风化发育之间的耦合关系研究相对较少，对加固材料的环境适应性和加固机理研究开展尚不深入，多种防风化加固措施的共同作用机制、环境适应性和综合表面风化治理措施方面的研究几乎没有开展，对石窟寺保护加固技术过程质量控制和加固效果的评估探索较少，还没有形成科学系统的加固效果评价方法。

鉴于石窟寺承载着重要价值，以习近平同志为核心的党中央高度重视石窟寺的保护利用工作。习近平总书记在敦煌研究院座谈、云冈石窟考察时对石窟寺保护利用做出重要指示批示。国务院办公厅出台的《关于加强石窟寺保护利用工作的指导意见》〔国办发（2020）41号〕指出，发挥科技支撑和引领作用，强化石窟寺保护技术集成和系统解决方案供给能力，完善石窟寺保护科学技术体系，为我国石窟寺保护利用工作指明了方向。国家文物局编制的《"十四五"石窟寺保护利用专项规划》中明确提出，坚持文物工作方针，深刻认识石窟寺保护利用工作的新特点新要求，持续加强石窟寺保护研究工作，切实提升石窟寺展示利用水平，为传承弘扬中华优秀传统文化、坚定文化自信、建设社会主义文化强国、共建"一带一路"提供坚强支撑。近年来，甘肃省科技厅结合实际情况立项"砂岩石窟防风化技术研究与应用示范"项目，基于现有砂岩石窟寺表面风化研究的成果，结合我国甘肃省砂岩石窟寺的分布特征，着重调查不同区域环境遗址病害的分布位置、形貌特征、发育程度和主要影响因素，以成因、表现形式和破坏机理分层级梳理和阐释砂岩石窟寺风化病害类型，在系统认知甘肃省石窟寺表面风化病害类型的基础上，划分我国甘肃省砂岩石窟寺分布环境类型，探索多因素耦合作用下石窟寺表面风化的特点及发展变化规律，建立区域环境下的砂岩石窟寺表面风化特征数据库；利用层次分析法分析研究各影响因素对砂岩石窟寺风化的权重，选择主要影响因素作为室内模拟试验的控制变量，通过单因素控制的室内模拟试验，量化研究砂岩石窟寺风化发育的形貌特征和速率，建立单因素变量的砂岩石窟寺风化发育模型，阐明单因素作用下的风化机理，并以所处环境的多因素变量耦合关系为依据，开展多场耦合下的风化模拟试验，验证砂岩石窟寺风化的类型与风化特征，初步建立多因素变量耦合条件下的砂岩石窟寺风化模型，揭示多因素作用下砂岩石窟寺的风化机理；研究完善化学加固、生物矿化补强加固、表面软覆盖和保护大棚等防护措施，利用我国文化遗产保护领域首座多场耦合环境模拟实验室，分析和评价不同加固措施的防护机理、环境适应性及保护效果，并选择典型砂岩石窟寺，开展各种保护措施的现场验证试验；利用现有无损和微损检测设备，定量和半定量研究试验对象的风化形态、速率和程度，评价不同措施的有效性，筛选适合赋存环境的防风化加固技术，并提出不同防风化加固技术的控制指标；充分调查庆阳北石窟寺砂岩遗址表面风化类型，结合以上研究成果，选择合理的试验区验证各加固措施新方法的有效性，研发和改进表面风化加固工具和检测设备，开展技术示范，最终形成可用于丝绸之路沿线砂岩石窟寺成套防风化技术。

1.2　国内外研究现状

1.2.1　砂岩石窟保护研究历史沿革

石窟寺作为宗教文化与建筑艺术完美结合的产物，随着东汉时期佛教沿丝绸之路传入中国而在中华大地广泛营造，其中敦煌莫高窟、大同云冈石窟、洛阳龙门石窟、天水麦积山石窟享有中国四大石窟的美誉，但历经千余年风吹日晒及战乱破坏，至建国时，全国大多石窟寺均处于破败不堪的状态，早在二十世纪四五十年代，甘肃敦煌莫高窟的保护与研究就开始起步，国立敦煌艺术研究所成立后，在当时艰苦的条件下，开展了一些简单的石窟保护工作，如清理风沙、修建围墙等。新中国成立以来，围绕石窟寺保护开展了大量抢救性保护工作。这一阶段的保护主要包括石窟寺环境整治、除险加固，以及开展了一些石窟寺保存环境调查、残破石窟寺的简单整修等工作，如开展的敦煌莫高窟崖面挡墙支护工程、云冈石窟三年除险加固工程，还有针对石窟的调查工作。从 20 世纪开始，对于莫高窟壁画就已经开展了大量的抢救性修复工作，例如边缘加固、起甲回贴及对空鼓壁画进行灌浆等。但随着对文物本体认知的深入，对文物的保护逐渐开始转向预防性保护。在这期间，敦煌研究院在窟顶搭建了防沙网等，之后与美国盖蒂保护所协同合作，在莫高窟窟前和窟内进行了科学的环境监测，病害诊断等一系列科学的保护措施。并以莫高窟 85 窟作为对象，系统地对洞窟进行了保护工作。20 世纪 80 年代以后，开展了石窟寺的综合性保护工作，锚固技术在这一阶段得到广泛应用，如麦积山石窟“锚喷支护”工程将喷锚支护的技术手段应用于文物保护中，虽然将这一伟大的历史遗迹得以保留，但也遗留下诸多问题，龙门石窟、大足石刻等加固工程均采用锚固技术。同时，由于渗水对石窟的破坏作用，云冈石窟、龙门石窟、大足石刻等也实施了部分渗水病害治理工程。至 90 年代，对于石窟寺的保护已经发展为多学科交叉应用，由地质、工程、化学、物理、生物与文物保护等自然科学方面的专业人员来完成的系统科学工程，例如将地质勘察的技术手段应用于云冈石窟、大足石刻的水患治理，并开始探讨石窟、石刻砂岩风化问题，汪东云、张赞勋等对影响宝顶山石窟的风化因素进行了研究，表明渗水是引起宝顶山石窟风化的主要因素。进入 21 世纪以来，石窟文物保护工作进一步深入，风化破坏及预防性保护问题逐步得到重视。石窟的预防性保护和大规模本体修复成为一大特点，同时也开展了部分石窟文物本体修复保护工作，在此过程中，对石窟病害的发育特征及赋存环境因素的研究越来越细化和完善。2009 年科技部批准立项科技支撑计划项目“石质文物保护关键技术研究”，该项目的顺利完成使石窟保护科技水平进一步提升，近些年来，石窟保护开始由抢险加固向预防性保护转型，更加重视防风化研究及对石窟寺保存状态的量化评估。总体来看，由于石窟寺保护工作的复杂性，石窟保护工作仍需在发展中不断完善。《国家文物事业发展“十三五”规划》提出，开展“西部地区石窟保护展示工程，实施四川、重庆、甘肃等地石窟寺及石刻保护，形成西南地区和西北地区两条石窟展示廊道”，实现文物保护工作从抢救性保护向抢救性保护与预防性保护相结合转变，对于石窟文物的长期、耐久性保护措施的研究愈来愈重要。在遵循世界文化遗产保护发展的时间脉络基础上，结合我国石窟寺保护发展历程现状，将砂岩质石窟寺保护材料发展历程划分为三个阶段：早在古时及中世纪，欧洲地区石质建筑材料的风化就引起了建筑师们的关注，囿于当时自然科学中物理和化学中有关于风化知识的缺乏，所以主要用天然树脂保护砂岩石窟。15世纪以来，油制品及蜡制品逐渐得以使用。19世纪以前，无机石材防护剂曾被广泛使用，例如用石灰水来保护和加固石灰岩。氢氧化钡自19世纪60年代后期就有了相关专利并用于实际文物保护，但是多年以来其加固效果一直争议不断。到20世纪初至20世纪80年代，国外倾向于使用有机材料。20世纪80年代至今，国内外大量的专家学者已经在有机加固材料方面开展了大量的工作，但尚未有针对砂岩防风化的无机加固材料。

1.2.2　砂岩石窟病害研究

中华民族数千年灿烂的文明为我们留下许多瞩目的石质文物，包括石窟寺、石刻、石佛、石塔、石碑、岩画、石桥、石雕、石器、岩墓等。而在诸多石质文物当中，石窟寺作为一类独具特色的文物类型，规模体量大、分布广泛、内容丰富、价值突出。但石窟寺露置野外，保存状况不容乐观。在长期的强降雨、沙尘暴、洪水、地震等自然营力和战乱、盗窃、烟熏、开挖等人类活动作用下，造成壁画、塑像、雕像等遭受着不同程度的破坏，使得壁画发育酥碱、起甲、裂隙、空鼓、烟熏、刻划等典型病害，如敦煌莫高窟、瓜州榆林窟、新疆克孜尔石窟等著名石窟面临的酥碱病害，被称为壁画病害的"癌症"；造像面临歪闪、倾倒、风化、断裂、残缺等病害，洞窟存在渗水、坍塌、开裂、风化等问题；崖体发育危岩体、坍塌、裂隙、冲沟、风化、落石等病害。对石窟寺壁画、造像的价值造成了不可估量的损失，极大地威胁其安全保存和长久利用。然而，我国石窟寺地质条件多样、水文环境不一、气候环境差异大，病害类型丰富，病害机理复杂，导致病害防治难度大。尤其是治理由水分运移而产生的病害，是石窟寺保护领域长期面临的难题和挑战。而水是引起石窟寺乃至不可移动文物发育病害的最根本原因之一，可以导致石窟寺发育直接-间接、物理-化学-生物多个维度的病害，如冲沟、渗水、壁画盐害、风化、生物病害等。石窟水害是指石窟载体和窟内本体在水分参与作用下，直接或间接造成崖体、窟壁、壁画、造像、题刻等损伤的现象。水害是威胁石窟寺长久保存的主要病害之一，特别是渗水病害防治一直是石窟寺保护的核心研究内容，其病害发育主要源自降雨、地下水、地表水、空气水汽，与石窟围岩地层岩性、结构面特征、岩体含盐量等密切相关，以冲蚀、溶蚀、凝结、堆积等作用方式对石窟围岩、壁画、造像等文物本体和崖体等载体进行着长期持久的作用。张明泉等在分析莫高窟壁画酥碱病害机理时指出，水分是引起莫高窟壁画酥碱的最关键因素，并强调"无水则安，有水则患"；作为我国丝绸之路上文化及艺术瑰宝的莫高窟，在历经了千年的风霜之后，其中的壁画正在遭受着各类病害的侵扰，例如，酥碱、起甲、粉化和龟裂等，而且病害在洞窟内较为普遍。陕北地区的石窟由于其所处地层原因，岩质以砂岩为主，砂岩具有孔隙度较大、结构较为松散、性质较软弱、多夹杂物、易于发生水盐破坏等特点，极易发生粉化、脱落、开裂、空鼓等风化现象。砂岩石窟造像相比一般砂岩质文物有更为严重的风化问题，石窟所处环境一般依山傍水，看似环境优雅，实际上给石窟的保存和保护带来了很多的问题。砂岩的透水性较强，所处环境的水源造成窟内潮湿，给石窟后续的风化提供了基础条件。由于陕北黄土高原的黄土塬、梁、峁的地貌覆盖，使得岩体发育存在众多裂隙，对石窟的稳定性又有较大的影响，同时地下水源和雨水在裂隙内的运移，又会加重石窟的风化。在 6 月雨季时，多数石窟都有渗水发生。许多石窟地处深山缺少保护和管理，这对于石窟的保护更是雪上加霜。地层岩性和复杂的环境因素造成了陕北石窟产生了诸多病害，石窟的保存不容乐观，亟待保护。北石窟砂岩属于白垩系土黄色泥质胶结的长石石英砂岩，胶结物多为泥质，受砂岩自身性质和自然环境内、外双重因素的影响，使得北石窟砂岩表层粉化、落砂、差异性风化、酥碱等典型性风化病害发育。现存的 308 个窟龛均有不同程度的风化，其中重度风化占窟龛总数的 46.4%，中度风化占窟龛总数的 21.5%。面对其风化类型多样、分布广泛，风化机理研究不够深入，使得砂岩的风化研究成为我国石窟保护中的难题。地球科学中把风化作用的类型分为物理风化作用、化学风化作用和生物风化作用，我国砂岩石窟寺多处于露天开放环境，长期受到自然、生物因素周而复始的侵蚀，其风化严重程度与日俱增。川渝地区砂岩类石质文物数量众多，是我国西南地区不可移动文物的重要组成，如著名的大足石刻、四川乐山大佛、重庆弹子石摩崖造像等。在长期自然营力作用下，风化作用是所有砂岩石窟必须面临的不可逆转的一类破坏，如潮湿环境中文物表面黑色结壳、结垢以及酸性环境下砂岩溶解形成的溶蚀裂隙等。

1.2.3　砂岩石窟风化机理研究

砂岩石窟的风化是一个极其复杂的课题，研究内容从风化现象的描述和风化特征的概述逐渐发展到对风化机理的解释，进而开始进行风化模拟实验，研究量化单一因素甚至综合因素对岩石风化的影响。到目前为止，国内外学者对砂岩风化机理的研究主要是探究砂岩载体赋存环境的变化对砂岩体宏观及微观方面的影响，通过设置不同的温度、湿度、盐溶液等条件进行大量室内模拟实验，实验过程中采用一种或多种技术评价劣化效果，初步提出了主要影响因素的影响特征，以及量化评价的基本方法与指标，揭示单因素作用下砂岩试样的劣化特征及响应特点；另一方面，部分学者通过现场调查砂岩体赋存环境与风化特征，并进行长期监测和现场试验，分析和研究一种或多种环境因子对砂岩风化的影响，进而阐释砂岩风化机理。温差、冻融、可溶盐和风蚀都是引起物理风化的主要原因，这些因素造成的风化不会改变砂岩质文物的化学组成，但会引起文物结构的改变，造成机械性破坏。Benavente 等在实验室对岩石进行湿度温度循环劣化，评估了矿物、湿度和温度对不同岩石耐久性的综合作用；陈棠茵等通过试验发现温度与湿度共同循环作用下，砂岩产生风化现象；谭玉芳等结合室内模拟试验和数值模拟，发现湿度是影响红砂岩和砾岩差异性风化的主控因子。

冻融是发生在高寒或温带地区的区域性、季节性病害，当气温降到 0℃以下时，岩石表面和孔隙中的水会冻结成冰并发生体积变化，这一过程会在岩石内部产生 96MPa 左右的压应力并引起微孔隙损伤，冰融化后形成的孔隙水会在毛细管力的作用下在这些孔隙中迁移，反复的融化结冰会导致孔隙连通并形成裂缝，岩石力学性能下降，最终形成裂隙、剥落病害。通常砂岩在加热—冷却过程中劣化的主要原因被认为是个别矿物组分和岩石内外部的热膨胀和收缩的差异，如石英的热膨胀率是长石的三倍，长石在受热时会产生不同的压力，这一过程产生的应力结合可产生足以发生压裂现象的拉伸应变。Molina 等对两种结构和矿物组成不同的砂岩进行了盐结晶和冻融循环劣化试验，通过观测劣化过程中样品微观结构和空隙的变化，发现具有蒙脱石的砂岩在劣化作用下孔隙率高且盐结晶压力大，从而耐久性较差；杨鸿锐等通过设置不同温度区间的冻融循环实验，发现岩石的冻融损伤程度随着温度降低和湿度增大而更加剧烈；Ghobadi 等采用多种加速风化试验（加热—冷却、冻融循环、盐结晶）研究其对砂岩物理力学特性的影响，结果表明同一地层砂岩的风化性质存在较大差异，对这些劣化作用的敏感性也存在差异，还发现砂岩在加热冷却过程中由于方解石颗粒的存在，引起了各向异性应力，造成砂岩物理力学性能下降，若砂岩内部存在水分，水汽化过程中产生的高应变也是导致物理力学参数降低的主要原因之一；Khanlari 等通过室内劣化实验发现冻融循环作用对砂岩物理力学性能的影响强于干湿循环和温度循环，且孔隙特征（孔隙大小和孔隙率）是影响砂岩抗冻融循环能力的重要因素；申艳军等制备了裂隙角度不同的砂岩试样，研究了单裂隙类砂岩在冻融循环作用下的局部损坏效应；Martínez 等发现岩石在冻融循环过程中表现出一种非线性的衰减模式，先是长时间的表观稳定，当超过一个临界阈值时，微裂纹转变为裂纹并迅速增长，导致快速且破坏性的损伤；李杰林等研究发现砂岩在冻融循环条件下内部颗粒间黏聚力降低，孔隙结构不断恶化，孔隙率增大，抗压强度降低；谌文武等针对风化程度不同的炳灵寺石窟砂岩进行了冻融循环试验，探究了其风化形式的不同；Hall 模拟了南极洲的海洋环境并进行了冻融实验，发现溶液浓度、降温速率及岩石含水率都会对冻融过程造成影响；Saad 等以沉积岩为原料，通过循环冻融实验发现低温渗透性差、动态弹性模量高的岩石更容易崩解；Williams 和 Robinson 通过模拟试验研究了冻融和可溶盐的综合作用，发现钾盐、氨盐和 $CaSO_4 \cdot 2H_2O$ 对冻融作用有促进作用，而铝盐基本不会造成影响。

可溶盐引起的剥落开裂是砂岩质文物中的常见病害，在砂岩孔隙中发生的溶解再结晶过程会对孔壁产生压应力，形成微裂纹或贯穿性损伤。McCabe 等对经过不同历史时期的砂岩进行盐循环实验，发现复杂应力中看似微小的变化对砂岩盐风化可以产生不同的影响；李新平等发现在中性 NaCl 溶液中，化学腐蚀与冻融效应相互促进，互为叠加效应，而在 H_2SO_4 和 NaOH 溶液中该效应不明显；Doehne 通过调研大量盐风化文献以及建筑材料风化文献，描述了多孔建筑材料的盐损伤研究的多学科性质，为考虑盐损伤的复杂性提供了一个框架；Shahidzadeh-Bonn 等研究发现硫酸钠对砂岩的损伤与结晶动力学有关，硫酸钠遇水后部分形成团簇形式的水合硫酸盐快速增长，产生的应力会超过砂岩抗拉强度；Charola 通过文献调研总结出盐结晶引起的多孔材料劣化不能用单一的机理来解释，观察孔隙网内水分运输和环境条件变化所引起的孔隙结构变化是理解劣化形态发展的关键；宋朝阳揭示了弱胶结砂岩水岩相互作用机理及对渗透特性的影响，认为主要劣化原因是矿物颗粒溶蚀和胶结物遇水泥化；Siedel 等对吴哥窟砂岩表面盐的赋存状态和分布进行调查，发现降雨导致的干湿循环是吴哥窟砂岩风化的主要原因，其中砂岩表面盐类加剧了风化，蝙蝠粪便是盐的主要来源；严绍军等研究发现胶结物的流失和长石蚀变是云冈石窟砂岩风化的主要微观表现，可溶盐以硫酸盐为主。

化学风化是砂岩石窟与所处环境中的水、气体等物质反应并形成新的化学成分的过程，岩石的结构和力学稳定性会因此发生改变，其反应方式包括酸化、氧化、水合、水解及溶蚀，水在整个反应过程中起到了重要作用，促进了反应的进行。随着酸性气体排放增多、水体污染日益严重以及温室效应加剧，砂岩石窟材料的风化加速。岩石主要含有石英、钠长石、方解石，以及一定量的黏土矿物。石英是较稳定的矿物，但钠长石、方解石及黏土矿石是易风化矿物，也是造成砂岩石窟风化的原因之一。在水渗透进入岩石孔隙的时候，对周围产生毛细压力，同时水对矿物的溶解作用、水合作用、碳酸化作用，导致绿泥石的水解、方解石的溶解、黏土矿物的膨胀等。溶解于水中的 CO_2 与水结合形成碳酸，离解出 H^+ 和 HCO_3^-，溶解于水中的 SO_4^{2-} 与水结合形成硫酸，离解出 H^+、HSO_4^- 与 SO_4^{2-}，降低了溶液的pH，加速水解作用的进行。岩石中作为胶结物质存在的方解石在碳酸化作用下形成微溶的 $Ca(HCO_3)_2$，该反应在温度上升条件下逆向进行，重新沉积 $CaCO_3$ 或与水中存在的阴离子 SO_4^{2-} 反应得到芒硝、石膏，在硫酸根离子足量的情况下，主要产物为石膏。石膏在酸中是可溶的，因此可能会随着低pH和水分的运动不断溶解和析出，结晶作用和水合作用的体积膨胀，对周围岩石产生压力，造成进一步的破坏。Ruedrich 等研究发现微孔隙的存在对砂岩膨胀起到了重要的作用，并非所有与水分有关的膨胀都归因于黏土矿物，黏土矿物在孔隙中通常有足够的膨胀空间，因此不会传递膨胀压力，其对于砂岩膨胀的作用可能是创造了微孔隙，而实际的膨胀是由微孔隙水引起的；张辉等进行了多因素老化循环实验，如盐结晶、冻融循环、干湿循环等，发现云冈石窟砂岩上大量的烟熏层可以防止 SO_2 和水的侵蚀；方云等在室内进行冻融循环试验探究了云冈石窟砂岩的物理力学性质，并发现烘干作用对岩样的影响很小；王逢睿针对麦积山砂砾岩开展毛细迁移及劣化循环试验，探索了砂砾岩中硫酸盐的运移规律；Espinosa-Marzal 等通过研究岩石中水盐运移、结晶动力学和盐堵塞孔隙导致孔隙结构产生变化，强调了盐风化过程的动力学性质；Bruthans 等长期监测一处风化速率极高的砂岩崖体，发现冻结期后的融化过程水分湿润弱化对崖体风化起主要作用，另外上覆岩层及其几何形状控制着砂岩体的应力场，随着应力的增加，风化速率减小；McAllister 等提出与砂岩体内部频率较低的热循环相比，短期温度波动使表层 5～10mm 范围内更易于风化，同时该深度范围内频繁发生干湿循环，降雨带来的水分可以深入砂岩内部，从而延长湿润时间；Hosono 等发现方解石发生结晶作用导致吴哥窟金字塔形纪念碑的砂岩台面剥落；侯志鑫等从矿物蚀变的角度揭示了云冈石窟砂岩的风化机理，发现砂岩风化是方解石溶蚀及其白云石水化导致的；Waragai 等基于五年的温湿度观测，发现吴哥窟不同砂岩立柱的风化深度随着日晒和降雨导致的含水率变化频率的不同而不同；黄继忠等通过现场调查水和盐的来源，研讨了云冈石窟造像风化过程中复杂的水岩化学效应；Keigo等通过地球物理勘探和室内实验，探究了莫高窟砂砾岩层不同深度水环境和盐浓度的关系。

动物、植物、微生物在进行生命活动时对砂岩石窟造成的损害被称为生物风化。这种风化作用包括两个方面：一方面是生物物理侵蚀，主要包括植物根系、霉菌菌丝等机械性破坏作用，植物和微生物在岩石上生长会造成物理性损害，如开裂、剥落、崩解等，这种作用的影响程度与砂岩石窟类型有很大关系；另一方面则是生物化学侵蚀，包括微生物、藻类、地衣等的新陈代谢产物，如生物酸和酶等物质对岩石的化学腐蚀。自然界中，生物物理侵蚀与生物化学侵蚀一般同时存在，对砂岩质文物本体造成不可逆的破坏作用。微生物菌群在砂岩质文物表面及其裂隙中繁衍生长，导致砂岩质文物表面变色和表层风化。藻类、地衣等的生物物理侵蚀与生物化学侵蚀同时存在，在生长初期，可以在岩石基质裂隙中穿插生长，叶状体在微环境作用下膨胀收缩对表层岩石造成机械性破坏。随着生长繁衍的进行，细胞代谢产生的可溶性有机酸，如草酸、柠檬酸等都可以溶解岩石，同时，呼吸作用产生的CO_2溶解在水分中产生碳酸，使得微环境呈现酸性，加快岩石的溶蚀过程。有关现场调查研究，通过现场调查砂岩体赋存环境和风化特征，目的在于研究独特环境下砂岩的风化机理，研究结果对特殊载体更具针对性，有利于因地制宜进行防风化保护。由于可供研究的遗产载体有限，现场调查研究成果相对较少。李黎等通过调查龙游石窟发现雨水和窟顶植物导致地下水水质变化，发生一系列化学反应促进岩石风化，水环境突变以及随后环境湿度的频繁变化引起胶结物蒙脱石吸水膨胀—失水收缩，也加速了砂岩的风化；张中俭等利用橡皮压膜法测试龙游石窟风化深度后得出微环境（降水、温度、光照和苔藓）对砂岩风化程度影响较大；Matsuzawa发现砂岩风化过程中黄铁矿氧化产生的硫酸对方解石溶解起重要作用，同时绿泥石分解；Mottershead等发现微生物对砂岩风化既有抑制作用也有加速作用，在荫蔽的表面上连续成片的生物膜可形成物理防护屏障，而在暴露于阳光下的表面上，微生物与砂岩表面直接接触促进风化作用；Gaylarde等发现吴哥窟砂岩表面微生物膜的主要成分具有较强的抗脱水能力和抗高强度辐射能力，可抑制易溶盐渗入砂岩内部，也隔离了砂岩表面与生物的直接接触，从而发挥保护作用。

1.2.4　砂岩石窟加固技术研究

由于砂岩质文物数量众多、体积大、不易移动，且多分布在露天环境中，长期受到自然、生物因素周而复始的侵蚀，其风化严重程度与日俱增。目前，砂岩质文物的保护包括四个基本的步骤，即表面清洗、脱盐、加固、封护。采用这些措施的目的是提升文物抗风化能力和减缓风化因素的影响，使文物能够尽可能长时间地保存下去。

对砂岩质文物进行表面清洗时，先用机械法除去表面有害附着物，然后用水、酒精等无机或有机溶剂或化学溶液清洗，现已开发出一系列砂岩质文物专用清洗剂，现场取得了较好的清洗效果。近年来激光清洗、粒子喷射、微生物清洗等一些新型清洗方法逐渐出现，可达到更好的清洗效果。盐结晶破坏是砂岩质文物风化的重要因素之一，脱盐处理对砂岩质文物保护而言十分必要。一般采用纸浆贴敷法反复操作，去除砂岩质文物内部的大部分可溶盐，为了加快文物内部可溶盐的去除，还可用EDTA或六偏磷酸钠等络合物代替去离子水进行贴敷，反复脱盐处理后可测量贴敷材料的电导率判断脱盐效果。当岩石内部的天然胶结物因风化损失、强度较低、严重影响文物价值与安全时，需要对文物进行加固以提高文物强度。喷涂法是加固砂岩质文物最简单的方法，但这种方法的渗透深度很小，李最雄等在北石窟寺通过大量实验证明采用PS对砂岩做加固时，应低浓度多次喷涂，以控制加固后砂岩的力学强度。杨富巍在梵天寺石经幢保护中，先用喷壶向幢体上喷淋浓度为10.0g/L的纳米氢氧化钙醇分散液，24h后再喷淋磷酸铵溶液，处理后外观基本上看不出任何变化。加固后的砂岩质文物还需要对其表面进行封护，使文物与风化因素隔绝，不再发生新的损害，保存时间更久。固体石蜡是最早使用的石材表面防护剂之一，石蜡用于减缓石材风化已有两千余年的历史。1857～1859年，英国人将石蜡溶解在松节油之中来修复威斯敏斯特教堂的砂岩质外墙，但石蜡不透气容易吸附灰尘，不耐脏。无机石材防护剂在19世纪前也曾广泛使用，但易析出可溶性盐，现有机聚合物、复合材料、纳米材料等运用广泛，刘乃涛利用Remmers Funcosil SAE 300E和WD-WO2有机硅渗透加固剂，以及WD-W3文物表面防蚀防水剂对金陵遗址的砂岩质文物具有较好加固和憎水效果；王恩铭采用纳米二氧化硅均匀地涂刷在天坛砂岩质文物表面后使其具有较好的防水性能。

1.2.5　砂岩石窟加固材料研究

针对砂岩质文物的风化作用，一般较完整、风化不严重的病害，通常只是采用改善其所处环境的措施来延缓风化速度，当文物已严重风化，不进行保护加固已无法保存下来时，才采用防风化材料加固的措施对砂岩质文物进行直接保护。保护材料分为无机材料、有机材料和新型防护材料等，研究内容从筛选具有阻隔效果的材料，逐渐发展为材料的可控性合成及功能设计，兼顾加固性、疏水性和耐蚀性等。

1）无机材料

利用无机材料保护砂岩质文物的历史悠久，比较常见的无机防护材料包括石灰水、氢氧化物、硅酸盐材料等。

石灰水：石灰水是一种传统的加固材料，主要成分是碳酸钙、氢氧化钙和水。石灰水防护是由空气中的二氧化碳与石灰水反应，生成的碳酸钙填充在岩石孔隙中来实现的。针对石灰水溶解度很小的特点，Larson等曾提出在石灰水中加入粉化的碳酸钙和通入热CO_2的方法。

氢氧化物：氢氧化物类材料与空气中的二氧化碳或周围环境介质发生水合反应，

从而起到黏结表面风化层的作用而实现加固作用，由于生成的碳酸盐热传导性、透水和透气性的特点，容易改变表面易碎成小块，对含碳酸钙质的文物本体或者载体具有良好的防风化加固效果。李慧芝等采用异丙醇改性氢氧化钙，更好地溶解分散在异丙醇及乙醇等有机物。此外，一些研究发现石灰水的一些有待完善之处，如生成碳酸盐的速度慢、碳酸化程度与物理性能不能兼顾等。

硅酸盐材料：在国内，碱性硅酸盐的使用主要代表材料是PS。PS加固砂岩的机理在于PS可与砂岩中的胶结泥质发生化学反应生成硅酸盐凝胶，改变岩体的矿物结构，达到防风化加固的作用。早期李最雄先生用PS作为防风化加固材料应用于北石窟寺，表现较好；克孜尔石窟的研究表明在浓度为20.0%时加固效果最佳。然而，这类硅酸盐会分解生成对文物有害的盐分，反而加剧了对砂岩质文物的侵蚀。针对此问题，敦煌研究院研制出高模数硅酸钾加固材料，并将其用来加固石窟和土遗址。其机理是渗透到内部的加固剂与砂岩的风化产物作用后形成一种含 Si—O 骨架的无机复合体，从而增加砂岩的强度和抵抗风化的能力。

2）有机材料

为了能更有效地保护砂岩质文物，有机材料的研究逐渐被重视起来并有了实质性的进展。应用较多的有机材料包括固体石蜡、环氧树脂、丙烯酸树脂、有机硅树脂、有机氟聚合物等。

固体石蜡：固体石蜡是最早被人们用来保护石材表面的防护材料之一，它是从石油、页岩油或其他沥青矿物油的某些馏出物中提取出来的一种烃类混合物，主要成分是固体烷烃，无臭无味，为白色或淡黄色半透明固体。石蜡防水防尘，在石材表面固化，能有效阻隔外界潮湿水汽和灰尘对石材的侵蚀，但它易泛黄会遮掩石材本体的颜色，且其只能附在石材表面，难以渗透进石材内部形成永久性的保护。

环氧树脂：环氧树脂材料也是常用的固化材料，是一类由人工合成的具有极强黏附力的有机材料。20世纪60年代开始，我国曾用环氧树脂对以云冈石窟为代表的多处典型砂岩质石窟进行加固，为后续防风化加固工程提供了丰富的经验，它结构中含有活性环氧基、羟基等极性基团，使得其具有较强的黏接性和良好的耐溶剂性。然而在实际应用中，环氧树脂也被发现存在耐冲击损伤能力差、韧性差、耐热性能低等问题。为此，不少研究对环氧树脂进行了改性。周继亮等用TETA、F51、JH0187、OGE等为原料制备出水性含硅环氧树脂固化剂，成膜后具有更高的硬度、更优良的耐水性和耐化学腐蚀性；栾晓霞等以云冈石窟砂岩为研究对象，将改性水性环氧乳液与硅酸盐共混研制而成的文物防护剂进行室内耐候性测试，说明了该型材料对于砂岩表面防风化效果的良好性，但是环氧树脂类材料渗透性差，多用做黏结、灌浆类材料。

丙烯酸树脂：丙烯酸树脂是由丙烯酸酯类和甲基丙烯酸酯类单体均聚或共聚所得到的聚合物。丙烯酸树脂作为石材的保护材料，其具有良好的耐候性、疏水性、成膜性，且附着力好。丙烯酸酯和甲基丙烯酸酯的共聚物是目前使用最为广泛的丙烯酸树脂材料。由于具有良好的溶解性，应用时只需将溶液倾倒在石材上，待溶剂挥发掉，共聚物就附着在石材表面起到对石材的保护作用。Bnahtia 等用聚甲基丙烯酸甲酯加固了孔兹岩，发现了液态丙烯酸低聚物能渗透进石材内部进行加固，对藻类、菌类也有一定灭杀作用。随着纳米技术的快速发展，纳米材料也应用于丙烯酸树脂改性，陈鹏和朱传方利用原位聚合法和共混法用纳米 SiO_2 改性了水性丙烯酸树脂，所得的复合材料其耐热性与防水性得到提高；王镛先等将丙烯酸酯-有机硅氧烷涂抹于云南宝相寺石刻上，并进行了长期监测，研究结果表明该型材料具有经济、环保与文物本体具有兼容性好的特点。

有机硅树脂：有机硅树脂是指一类主链中含有 Si—O—Si 基团，在硅原子上连接有机基团的聚合物，具有良好的渗透性、稳定性等特点，主要应用于含硅砂岩石窟的保护。有机硅树脂通过水解、缩聚和凝胶化覆盖在文物上，获得了良好的渗透性、憎水性、耐候性、耐热性和呼吸透气性。廖原等合成的聚丙烯酸酯改性有机硅树脂，有效保护露天砂岩质文物长达 15 年；Rahimia 等将硅氧烷、氟化硅树脂形成的复合材料对伊朗的文物进行处理，500 小时人工老化实验表明，该类复合物具有更好的耐腐蚀和憎水性能，且复合物膜的颜色不易变化；周亦超采用喷涂法将 Remmers300、水性环氧树脂、B72、WD-10、聚全氟乙丙烯五种材料运用于广东地区红砂岩保护，虽然均能使砂岩疏水性、耐酸性显著提升，但其抗老化性能、颜色变化较明显；柴肇云认为有机硅材料在力学性能方面对风化砂岩的改变很大，但长期老化情况下色差变化较大；丁梧秀等采用提出了一种新的化学加固材料 CRS 应用于红砂岩，强度改善明显。

有机氟聚合物：有机氟聚合物材料是由氟烯烃聚合物或氟烯烃与其他单体共聚物为主体的材料。有机氟聚合物材料的分子一般呈锯齿形，分子中 C—F 键短，键能高，具有超高的耐候性，因其优良的耐候性、耐水性和耐化学腐蚀性逐步在文物保护领域扩大了应用范围。和玲等研究表明有机氟聚合物在加固保护砂岩文物上是可行的，并且取得良好的保护效果；朱正柱等将一种氟烯烃和烷基烯基醚交替排列的嵌段共聚物的改性氟树脂（FEVE 树脂）和异氰酸醋三聚体溶液混合，制得改性氟树脂砂岩质文物封护材料，极大地增强了砂岩质文物的机械强度，提高了保护材料的综合性能，有效阻止了砂岩质文物的腐蚀；常刚等在陕西彬州大佛寺石窟砂岩和陕北红石峡砂岩开展了耐老化方面的研究，提出刷涂法效果优于毛细吸收法。

有机材料一般拥有较好的黏接性、防水性、抗酸碱性，而且能渗透进石材内部进行保护。不过有机防护材料寿命不长，失效后容易对石材造成二次破坏，有机材料的憎水性和石材本身的亲水性也有冲突，易造成应力破坏。

3）新型防护材料

纳米材料的出现，为文物保护注入了新的活力。纳米材料的优异性能主要体现在高憎水性、耐光老化、色差兼容性和耐化学腐蚀性。Ciliberto 等制备了纳米氢氧化锶，通过 X 射线衍射、扫描电镜和耐光老化等试验研究，指出了该型材料在未来砂岩质文物防风化应用前景的可能性；Mosquera 将四乙氧基硅烷（TEOS）混入纳米二氧化硅颗粒，极大地改良了岩石的空隙；刘绍军等采用溶胶-凝胶法制备了具有良好综合防风化效果的纳米二氧化硅胶体-甲基三甲氧基硅烷防风化杂化加固材料；栾晓霞以侏罗纪砂岩作为试验对象，通过试验对比添加硅溶胶纳米材料的改性环氧树脂与未改性的环氧树脂发现，纳米改性材料的防风化能力显著提高。20世纪90年代，提出了仿生合成的概念，仿生材料逐步在文物保护领域广泛应用，是因为自然环境的生物矿化产物对于防风化具有很好的防护效果，另一方面也是与文物保护中绿色、可逆性和可持续发展等理念的提出是一致的，这为砂岩石窟寺保护提供了一条新的思路。

1.2.6　砂岩石窟劣化评价方法

国际上有关砂岩石窟风化或劣化问题研究的全面开展基本上也同步始于20世纪50～60年代。而对于石质文物劣化评价学科全面介入的专项深入研究应在80年代以后，2000年以来，各国学者针对砂岩石窟劣化评价的研究逐渐呈现出由定性研究向定量研究的发展趋势。

风化程度的探测主要可通过表面形态的细观研究，如偏光显微镜、扫描电镜，使用点荷载试验得出风化强度指标，使用声波仪测定声波速度及幅度等。测定风化深度可通过垂向电测深（小四极）、岩石化学成分氧化物百分含量随深度的变化，以及裂隙率统计等综合方法。还可使用回弹仪，从回弹值 N 与深度 H 的曲线上求出风化深度。风化速度的测试，可通过设立风化长期观察区域和定期取样试验进行试样的表面形态、微测深试验，以及声波测试（纵波与横波速度、动弹模量的变化）等，定期记录其变化速率。

Eric Doehne 等认为没有一种技术足以测量岩石的风化程度，因为风化有许多不同的形式。例如，3D激光扫描和荧光激光雷达技术只能观察表面，它们非常适合观察表面风化的过程；其他技术，如超声波测量、热成像和核磁共振成像适合用于监测岩石内部的变化，包括岩石内聚力的损失、分离层的发展、空鼓及内部空隙。除此之外，近年来便携式显微镜、表面硬度测量、色度测量等方法常应用于砂岩石窟表面风化程度的监测；计算机断层扫描系统（CT）、X射线衍射、扫描电镜等微观方面的技术手段也用来监测岩石在风化过程中内部的变化；单轴抗压强度等力学指标也常常用来表征岩石风化程度。

1）表面风化程度检测技术

Thornbush 等发现如果用一系列照片记录岩石的风化过程，一个基本问题就是这些照片通常是在不同的光照条件下拍摄的，这样很难解释清楚岩石表面风化的速度。之后有学者提出两种改善拍照记录岩石风化的方法，一种是使用延时拍照的方法来获得更连续的图像，以便将岩石表面风化与环境变化联系起来；另一种是借助多项式变换映射（PTM）的方法，即利用不同角度的多张照片更全面地记录岩石表面的细节，该法能够使用基于JAVA软件控制给定图像中的光源角度。Trudgill 等曾使用微侵蚀仪监测伦敦圣保罗大教堂20多年来的岩石表面风化速率，微侵蚀仪是一种简单的千分尺装置，测量原理是相对于固定在岩石上的基准螺柱，在若干预先确定的点上测量表面高度。早在1987年就有学者使用接触轮廓测量法来监测岩石风化过程中表面粗糙度的变化，后来Ressl将近景摄影技术同激光扫描技术结合起来进行监测。王宇等借助三维表面形貌仪分析了损伤砂岩卸荷破坏表面形貌特征参数，探讨了蠕变、饱水损伤对卸荷破坏面形貌变化的影响机制；曹秋彬等通过测色计测试岩石在多种老化环境中的表面色度变化，发现酸碱环境对色度值影响最大；Wilhelm等使用Equotip D表面硬度测试仪测定了波特兰岛墓碑表面硬度的变化率，观察到表面硬度下降速率随着时间推移而减慢的非线性行为；Aoki等借助Equotip测试仪采用重复冲击法和单次冲击法两种方法，分别测试岩石部分风化表面和未风化内部的硬度，从而进行风化程度评估；张景科等使用表面回弹、弹性波速、钻入阻力等测试，研究了弹子石摩崖造像岩体表层风化特征及风化程度。

2）内部风化程度检测技术

Blauer在野外使用超声波仪测量横波和纵波波速，检测岩石中的裂缝、空隙和其他不均匀性质；Siegesmund等发现超声波在岩石中传播取决于很多因素，含水率会对其产生一定的影响结果；邓华峰等发现砂岩试样的波速与其饱水度具有明显非线性、非单调的关系；刘帅等利用超声波研究了白垩系砂岩在不同温度状态下的声学性质；房春慧等研究了温度和压力对岩石纵波速度的影响；张中俭等借助超声波法现场测量了砂岩石窟表面的裂隙深度。钻阻测量系统（DRMS）为评价岩石风化程度提供了一种极其有用和破坏性很小的方法，该系统使用便携式钻头和带有传感器的陶瓷钻头来测量使钻头前进给定距离所需的力。探地雷达也被研究人员广泛应用于砂岩石窟研究，该方法可检测岩体内部的缺陷、空隙、水分、金属带以及厚度等。李兵等在紫禁城城墙现场采用地质雷达、高密度电法等多种无损检测方法进行病害调查。红外热成像技术可以用来研究岩石内部的水分，热源进行加热时，通过热对比可以确定与含水率差异有关的不同表面温度，以此检测岩石内部是否有分层和空洞。早在1995年，Jacobs等就提出使用计算机X射线断层扫描（CT）来进一步了解岩石内部结构及风化过程中发生的变化。闻磊等借助CT扫描技术研究岩石冻融完整性损失，推导出了利用CT数和X射线吸收系数表示的岩石冻融衰变函数模型；Kock等借助CT技术发现冻融循环条件下可直观识别的优先吸水路径和岩石结构密切相关。砂岩风化是一种复杂的现象，没有任何单一的技术和测试方法可以解释清楚其原因，因此在研究工作中应尽量采用较多的检测技术和评价指标，多尺度、全方位、深层次地探究砂岩风化过程中的变化。

第2章　甘肃省石窟赋存环境与病害类型研究

2.1　甘肃省石窟寺分布特征

2.1.1　甘肃省石窟时代分布

佛教起源于古印度，大约公元1世纪佛教传入中国，佛教石窟随后也沿丝绸之路由西向东、南传播，数量庞大，分布广泛。中国石窟寺开凿约始于公元3世纪，最早出现于新疆地区，之后继续向东发展，在公元4世纪开凿了甘肃敦煌莫高窟，公元5～8世纪在北方和中原地区达到鼎盛，到公元16世纪石窟的凿建基本停止。甘肃省内石窟始凿时期多集中于南北朝、唐宋、明清三大历史时期，期间开凿的石窟约占总体石窟数目九成，石窟的开凿数目与社会稳定有很大的关系。魏晋南北朝时期始凿的石窟遍布甘肃省内各区域，已初步形成河西、陇中、陇东、陇南四大石窟群，基本奠定了甘肃地区千年石窟发展格局。唐宋时期石窟大多集中在天水南部、平凉中部和庆阳东部地区，地理位置更接近中原地区。明清时期，石窟多由民间自发开凿，地理分布上遍布全省各地，整体较为分散，只有在平凉、天水地区数量明显较多，呈现相对集中的特点。

2.1.2　甘肃省石窟地理分布

目前，甘肃是目前我国石窟寺遗存最多的省份之一。根据甘肃省石窟寺专项调查报告统计，甘肃省现有石窟寺（含摩崖造像）219处，文物点236个，包括石窟寺229个，摩崖造像7个。全国重点文物保护单位18处（含世界文化遗产3处，34个文物点），省级文物保护单位14处（15个文物点），县（市）级文物保护单位96处，一般文物点69处，新发现22处（表2-1）。

表2-1　甘肃石窟分布统计表

片区	地区及文物数量	代表石窟
河西石窟 53处	嘉峪关市1	
	酒泉市18	莫高窟、西千佛洞、榆林窟、东千佛洞、五个庙石窟、昌马石窟
	张掖市23	马蹄寺石窟群、文殊山石窟、景耀寺石窟、童子寺石窟
	金昌市6	
	武威市5	天梯山石窟

续表

片区	地区及文物数量	代表石窟
陇中石窟 39处	兰州市6	
	白银市13	寺儿湾石窟、法泉寺石窟、红山寺石窟、五佛沿寺石窟
	临夏回族自治州8	炳灵寺石窟
	定西市12	
陇南石窟56处	天水市35	麦积山石窟、仙人崖石窟、水帘洞石窟、木梯寺石窟、大像山石窟、华盖寺石窟
	陇南市21	八峰崖石窟
陇东石窟88处	平凉市46	南石窟寺、王母宫石窟、云崖寺、陈家洞石窟、石拱寺石窟
	庆阳市42	北石窟寺、石空寺石窟、玉山寺石窟、保全寺石窟、张家沟门、莲花寺石窟
合计		共236处

　　根据地域分布不同，石窟主要分为4个区域，即河西片区石窟寺、陇中片区石窟寺、陇南片区石窟寺和陇东片区石窟寺，各区域石窟分布见图2-1。甘肃河西走廊是古代丝绸之路的通道，同时也是佛教经敦煌传入中原的必经之路，由于它靠近西域，佛教最先传入，所以开凿石窟的时期较早，分布石窟53处，主要包括：敦煌莫高窟、西千佛洞、瓜州榆林窟、东千佛洞、玉门昌马石窟、张掖文殊山石窟、马蹄寺石窟群、金塔寺石窟、武威天梯山石窟等；陇中位于甘肃中部，第四纪以来堆积了深厚的黄土，这一区域是黄土包围的石质山岭，犹如突出在"黄土海"中的"岩石岛"，是黄土高原受流水纵横深切，沟壑遍布的区域。陇中石窟以今甘肃省中部黄河流域永靖的炳灵寺为主体，有石窟39处，包括靖远的寺儿湾石窟、法泉寺石窟，以及景泰县的五佛沿寺石窟等；陇南位于渭河上游，属古秦州地，处于中原通往陇中、河西、西域的咽喉之地。其地东接关中，南邻巴蜀，西控甘南，北扼陇坻，向为陇南"锁钥之地"。陇南片区石窟寺以今天水麦积山石窟为主体，有石窟56处，包括附近的仙人崖石窟、甘谷县大像山石窟和华盖寺石窟、武山木梯寺石窟、水帘洞石窟和禅殿寺石窟，以及西和县法镜寺石窟和八峰崖石窟等；陇东指甘肃省陇山以东的地区，包括甘肃省平凉地区和庆阳地区，自古以来就是中原通往宁夏、陕北、内蒙古以及河西走廊的军事重镇和交通要隘，与汉中的石窟寺渊源已久。此地山体为质地细腻便于雕刻的沉积岩，故此处多为石刻造像，有石窟88处，主要包括北石窟寺、南石窟寺、石空寺石窟、王母宫石窟等，主要分布在泾河两岸和陇山子午岭。

　　整体来看，甘肃省石窟寺的分布与丝绸之路有密切的关系，随着政权更迭与社会动荡，佛教石窟艺术也有一个东传西渐的过程，在丝绸之路的一些重要节点上就慢慢形成了以区域性佛教地理为中心，以大型石窟为主要节点，小型石窟沿河流、道路呈规模性、区域性分布，形成了河西、陇中、陇南、陇东四大片区石窟群。这些石窟在丝绸之路的串联下，各自发展但又联系密切，艺术技法各具特色又相互影响，最终形成了规模宏大的石窟艺术宝库。

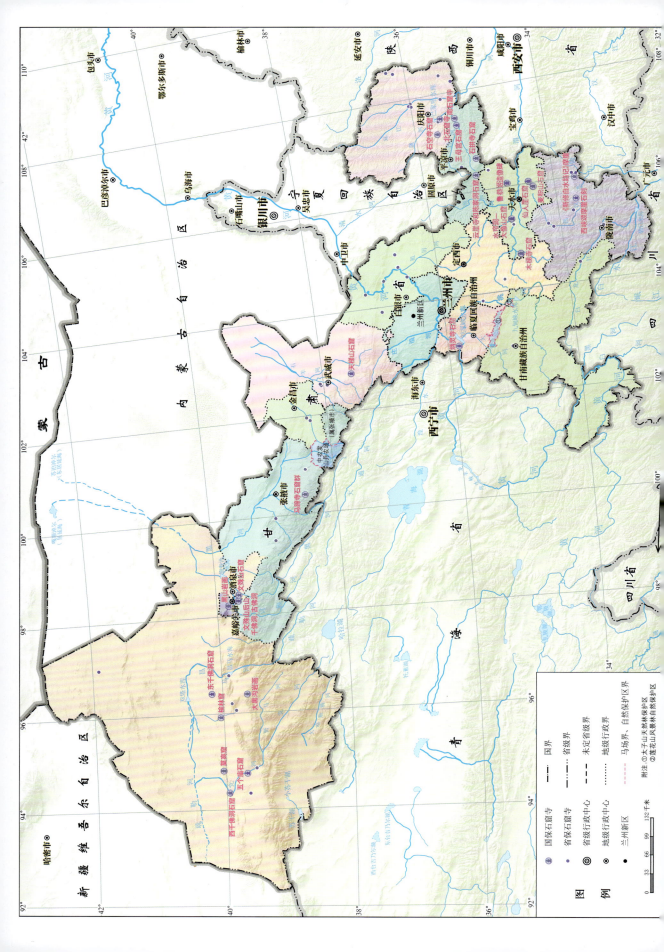

2.1.3　甘肃省砂岩石窟分布

甘肃主要石窟开凿在砾岩、砂砾岩、砂岩、泥灰岩、页岩的地层（表2-2），砂岩石窟主要分布在陇东、陇中地区和河西地区，以陇东地区分布最为集中，甘肃省内省级以上砂岩石窟共计14处。

表2-2　甘肃省级以上石窟地层岩性统计表

地域	地区	名称	县（区、市）	保护级别	岩性
河西地区	酒泉市	敦煌莫高窟	敦煌市	国保	砾岩
		西千佛洞	敦煌市	国保	砾岩
		榆林窟	瓜州县	国保	砾岩
		东千佛洞	瓜州县	国保	砾岩
		五个庙石窟	肃北蒙古族自治县	国保	砾岩
		昌马石窟	玉门市	国保	页岩、泥岩
	张掖市	马蹄寺石窟群	肃南裕固族自治县	国保	砂岩
		文殊山石窟	肃南裕固族自治县	国保	砾岩
		景耀寺石窟	肃南裕固族自治县	省保	砂砾岩
		童子寺石窟	民乐县	国保	砾岩
	武威市	天梯山石窟	凉州区	国保	砾岩
陇中地区	临夏回族自治州	炳灵寺石窟	永靖县	国保	砂岩
	白银市	寺儿湾石窟	靖远县	省保	砂岩
		法泉寺石窟	靖远县	省保	砂岩
		红山寺石窟	平川区	省保	砂岩
		五佛沿寺石窟	景泰县	省保	砂岩
陇南地区	天水市	麦积山石窟	麦积区	国保	砾岩
		仙人崖石窟	麦积区	国保	砾岩
		水帘洞石窟	武山县	国保	砾岩
		木梯寺石窟	武山县	国保	砾岩
		大像山石窟	甘谷县	国保	砾岩
		华盖寺石窟	甘谷县	省保	砾岩
	陇南市	八峰崖石窟	西和县	省保	砂砾岩
陇东地区	平凉市	南石窟寺	泾川县	国保	砂岩
		王母宫石窟	泾川县	国保	泥灰岩
		云崖寺	庄浪县	国保	砾岩
		陈家洞石窟	庄浪县	国保	砾岩
		石拱寺石窟	华亭县	国保	砂岩
	庆阳市	北石窟寺	西峰区	国保	砂岩
		石空寺石窟	镇原县	国保	砂岩
		玉山寺石窟	镇原县	省保	砂岩
		保全寺石窟	合水县	省保	砂岩
		张家沟门	合水县	省保	砂岩
		莲花寺石窟	合水县	省保	砂岩

2.2　甘肃省石窟寺气候环境特征

甘肃省地域广阔，地形呈狭长状，气候类型多样，自南向北有亚热带、暖温带、中温带、青藏高原垂直温度带；由东南向西北有湿润区、半湿润区、半干旱区、干旱区。

2.2.1　温度

温度是石窟寺风化的主要因素之一，往往加速石窟寺表面的风化。甘肃省气候类型复杂多样，受地理位置、地形地貌、大气环流、气候特征等因素的影响，不同地域的温度要素呈现出巨大的差异，温度对石窟寺的风化影响在不同地域的表现也不同。温度日较差是指温度要素在连续24h时段内最高值与最低值之差，岩体中含有不同的矿物成分，不同的矿物成分在不同温差下的热膨胀量是不同的。日较差越大，岩体表面受热产生的应力应变越大，往复的高低温交替会使遗址表面结构遭到破坏，形成薄弱层，最终在外力的作用下侵蚀剥落。温度日较差是衡量石窟寺赋存环境的重要温度要素，对于防风化措施的选择具有指导意义。

影响气温日较差的因素非常多，海陆位置、纬度、降水量以及植被覆盖率等因素是引起温度日较差的主要因素。通过对全年温度日较差进行统计，得到图2-2，可以看出甘肃南部温度日较差大于15℃的天数均小于100d，而甘肃中西部温度日较差大于15℃的天数均在100~150d，局部地区甚至超过了150d，河西地区气温日较差为12~17℃，陇中地区气温日较差为9~13℃，陇东地区气温日较差为12~13℃左右。在甘肃西部干旱区，降水量少、频次低、空气干燥，虽然日温差较大，但是水很难参与水热耦合风化，仅温度单因素控制风化，程度相对较弱。而在甘肃南部半干旱区，温度日较差大、降水量相对较高、空气湿度变化剧烈，降水后频繁的干湿循环会对石窟寺造成严重的风化。

2.2.2　降水

降水是一种大气中的水汽凝结后以液态水或固态水降落到地面的现象，我国幅员辽阔，影响降水的因素多种多样，使得我国降水在空间分布和时间分布上存在不均匀性。降水从多方面影响石窟寺的风化，水能够产生表面侵蚀、渗水、盐分运移等多种病害，弄清降水的时空分布对于探究砂岩石窟寺风化机理和评价保护措施环境适应性具有重要意义。

2.2.2.1　降雨量

甘肃省年平均降雨量的空间分布趋势大致是自东南向西北递减，东南多，西北少，中部有个少雨带。其变化范围在35~810mm之间。由图2-3看出，甘肃省石窟寺分布区降水的空间分布有以下特点：东南多，西北少，年降雨量由东南向西北递减。河西走廊片区，年平均降水量在200mm以下，并从东南（200mm左右）向西北

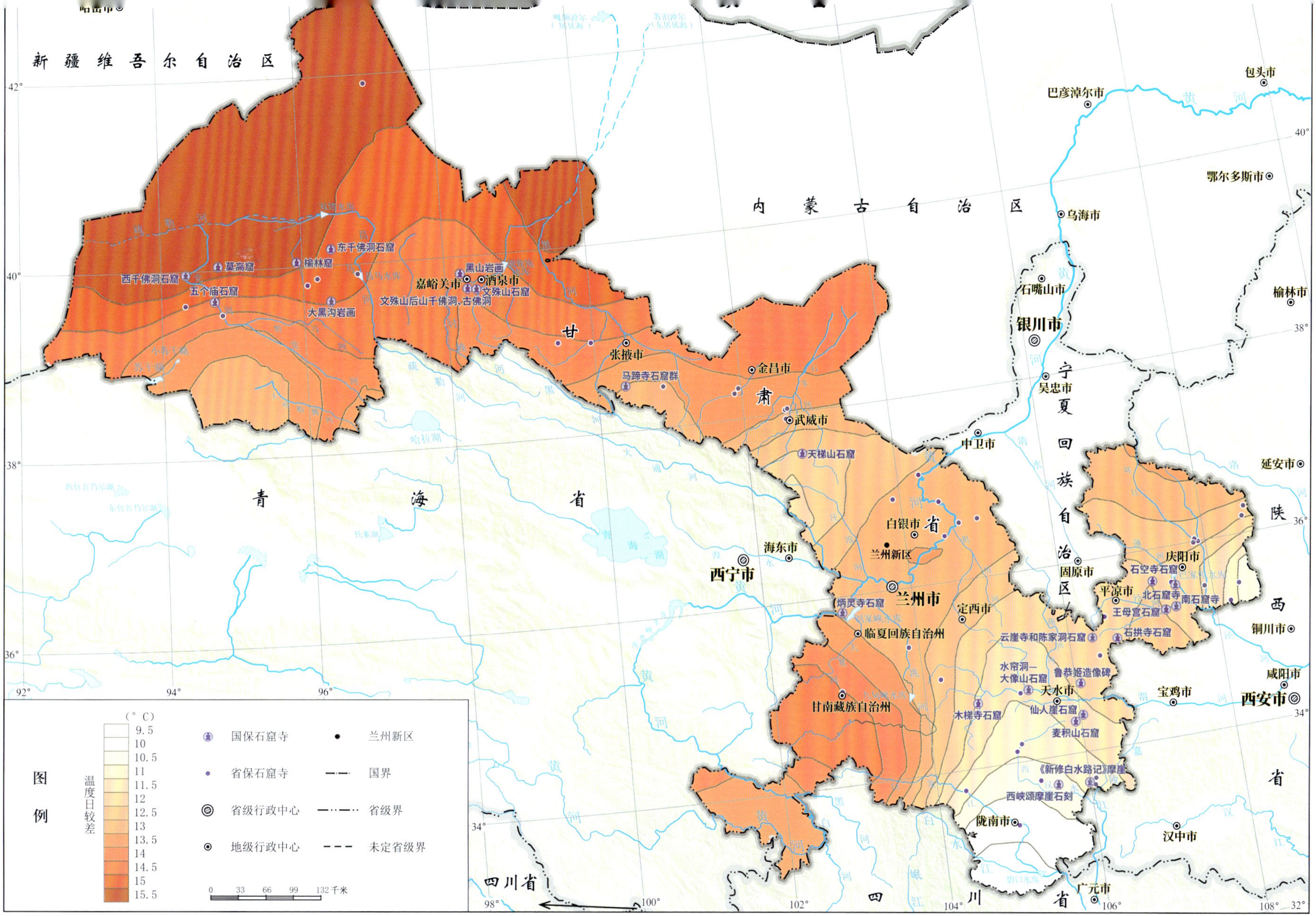

图2-2 甘肃省石窟寺温度日较差分布图

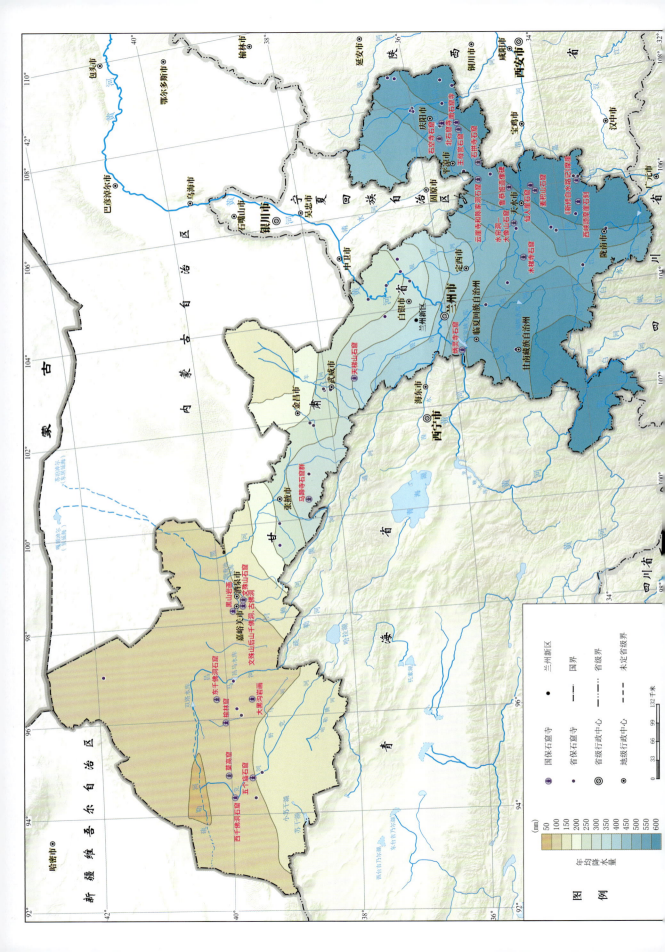

（40mm左右）减少，降水量的等值线分布略与祁连山脉的走向平行，是甘肃省降水量最少的地区；陇中地区，年平均降水量一般为200～450mm，其中临夏、临洮、华家岭等地在510mm左右。降水量等值线一致向南弯曲，自景泰经定西到陇西，为一由北向南的相对少雨带。该区是甘肃省的一个干旱区；陇南地区，年平均降水量为500～600mm，是甘肃省降水量最多的地区。本区也有一个由北向南的相对少雨带，北边与中部的少雨带相连接，即由陇西、经武山、礼县、武都直到文县。在少雨带中，年降水量在450mm左右。在少雨带的东西两侧各有一个多雨区，东边以康县为中心，年平均降水量为807.5mm，西边以郎木寺为中心，年降水量为782.5mm；陇东地区，年平均降水量为410～640mm，其中，镇原至华池一线东南部的降水量为500～600mm，灵台县南部的降水量在700mm以上，西北部的降水量小于450mm。

2.2.2.2　降雪

甘肃省降雪期比较长。河西走廊片区，降雪期开始于10月中旬到11月中旬，结束于4月上、中旬，降雪期长达144～210天，年平均降雪日数6～20天；祁连山区和甘南高原，降雪期开始于9月上旬，结束于6月上、中旬或7月中旬，降雪期为250～300天，年平均降雪日数为54～77天；陇中和陇东片区，降雪期开始于10月下旬和11月上旬，结束于4月中、下旬，降雪期为156～230天，年平均降雪日数为10～37天；陇南片区，开始于11月中、下旬，结束于3月中、下旬，降雪期为60～140天，年平均降雪日数为4～22天。

甘肃各地积雪期比降雪期短，积雪初日比降雪初日推迟20天左右，积雪终日较降雪终日提前15～20天，而由于气候寒冷，故积雪日较降雪日数多。

河西走廊片区，积雪期开始于11月上、中旬，结束于3月中、下旬和4月上旬，积雪期为85～166天，年平均积雪日数为13～28天，最大积雪深度为7～16cm；祁连山区和甘南高原，积雪期开始于9月中、下旬和10月上旬，结束于5月下旬和6月上旬，积雪期为220～265天，年平均积雪日数为52～113天，最大积雪深度为19～24cm；陇中、陇东和陇南北部片区，积雪期大都开始于11月上、中旬，结束的时间大都在3月下旬，个别地方在4月上、中旬，积雪期大都在100～172天，年平均积雪日数为10～44天，最大积雪深度为9～12cm；陇南南部片区，积雪期开始于1月中旬，结束于2月上旬，积雪期为17～25天，年平均积雪日数5天以下，最大积雪深度5～10cm。故河西地区石窟的冻融作用要远大于陇东地区。

2.2.3　相对湿度

甘肃省石窟寺赋存相对湿度变化见图2-4，年平均相对湿度的分布趋势大致自东南向西北减少，变化范围为35%～75%。河西走廊片区，是相对湿度最小的地区，为35%～53%；陇中、陇东为51%～70%；陇南和甘南是相对湿度最大的地区，为59%～74%之间。相对湿度的这种空间分布趋势，揭示了甘肃省东南部潮湿，西北部干

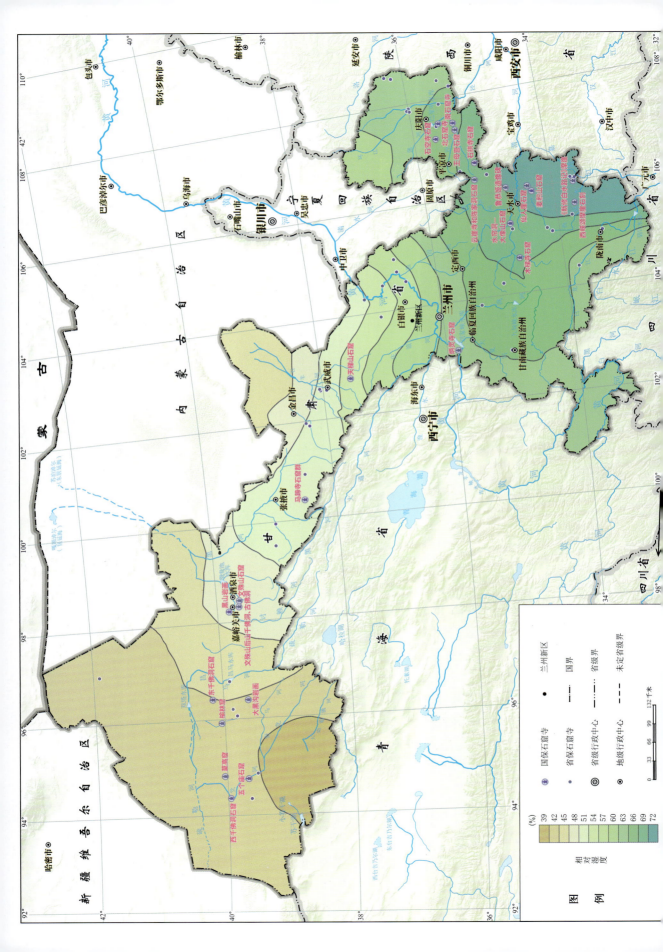

燥的基本气候特征。

相对湿度日变化，随季节而不同，各地最大值出现的时间也有所不同。一般从 18 点到次日清晨 7 点是逐渐增加的，从 10 点到 19 点是逐渐减小的。最大值冬季出现在 7~9 点，夏季在 5~7 点，春、秋季节在 6~8 点。最小值各季一般都出现在 16 点左右。各月相对湿度日变化与气温有密切的关系。以兰州为例，气温的最高点为相对湿度最低点，气温最低点为相对湿度最高点，气温升高的时段，为相对湿度降低的时段，气温降低的时段，为相对湿度升高的时段。春季，河西地区相对湿度为 30%~50%，河东地区相对湿度为 50%~66%；夏季，河西地区相对湿度为 40%~65%，河东地区相对湿度为 60%~80%；秋季，河西地区相对湿度为 30%~62%，河东地区相对湿度为 60%~80%；冬季，河西地区相对湿度为 40%~56%，河东地区相对湿度为 50%~66%。

2.2.4　蒸发量

甘肃省石窟寺赋存环境年蒸发量的空间分布见图 2-5，其变化趋势与年降水量的分布相反，自东南向西北增大，东南部最小，西北部最大。河西走廊年蒸发量为 2000~3400mm，祁连山区年蒸发量为 1600~1800mm，陇中地区年蒸发量为 1300~2000mm，陇东地区年蒸发量为 1200~1700mm，陇南和甘南地区年蒸发量为 1100~1300mm。甘肃省各地蒸发量均以夏季最大，冬季最小，春季大于秋季。最大值都出现在 6 月和 7 月，最小值出现在 12 月或 1 月，2~5 月蒸发量迅速增加，9~11 月迅速减小。年变化幅度，东南部最小，西北部最大。

2.2.5　日照

日照辐射强度也是影响石窟寺风化的重要因素之一，日照辐射强度最直接的影响就是作用于石窟寺岩体表面，使岩体温度通过太阳辐射高于环境温度。

甘肃省年平均日照时数的空间分布趋势，由东南向西北逐渐增多，变化范围在 1700~3400 小时。东南部日照时数极值为 1675 小时，西北部日照时数极值为 3299 小时，两地相差近一倍。河西走廊年日照时数为 2800~3300 小时；祁连山区日照时数为 2600 小时左右；陇中日照时数为 2200~2700 小时；陇东日照时数为 2200~2600 小时；陇南北部日照时数为 2000~2300 小时，南部日照时数在 1800 小时以下。各地日照时数，从 3 月起开始增加，最大值出现在 6 月，从 8 月起开始明显减少，最小值河西地区出现在 2 月，河东地区大多出现在 9 月，这是由于河东地区秋季连阴雨天气影响的结果。日照时数年变化幅度，西北部大，东南部小。

2.2.6　气候划分

气候区划的目的在于比较确切地反映气候要素的区划组合和差异，以便在石窟寺保护过程中，能够根据各地气候区气候特征，针对性地进行保护措施筛选。甘肃省石窟分布区域气候划分见图 2-6。

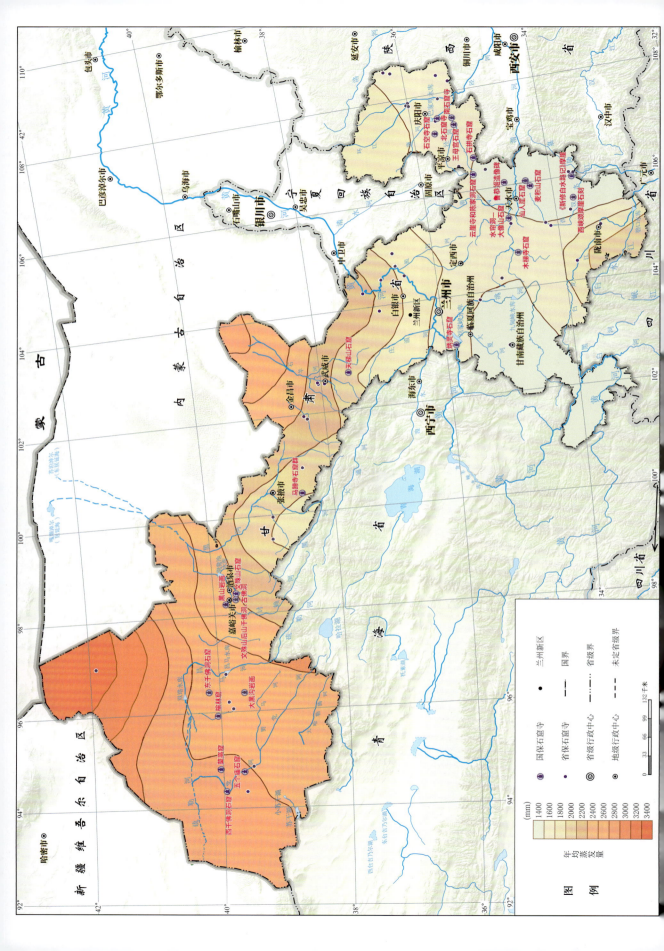

图2-6 甘肃省石窟寺气候环境图（气候区划图）

暖温带-中温带干旱区 I

中温带半干旱区 II

暖温带半湿润区 III

北亚热带湿润区 IV

高原温带湿润区 V

高原亚寒带半干旱区 VI

高原温带干旱区 VII

图例

I 暖温带-中温带干旱区
II 中温带半干旱区
III 暖温带半湿润区
IV 北亚热带湿润区
V 高原温带湿润区
VI 高原亚寒带半干旱区
VII 高原温带干旱区

国界
省级界
未定省级界
地级行政中心
兰州新区
国保石窟寺
省保石窟寺
省级行政中心

0 33 66 99 132千米

陇南南部河谷亚热带湿润区包括武都、文县大部分，康县南部河谷地带；陇南北部暖温带湿润区主要包括陇南地区中、东部，天水市南部及舟曲县东南部。

陇中南部冷温带半湿润区包括平凉地区，庆阳、定西、临夏三地州的南部及天水市北部；陇中北部冷温带半干旱区包括兰州、白银两市的大部和庆阳、定西、临夏三地州的北部。

河西走廊冷温带干旱区，本区位于祁连山以北，走廊北山以南，是一条长约1000公里，宽仅几公里至百余公里不等的狭长地带，包括武威、金昌、张掖、嘉峪关、酒泉五地市的走廊地带（疏勒河下游谷地除外）；河西西部暖温带干旱区包括安西、敦煌两县中部；祁连山高寒半干旱区包括武威、张掖、酒泉三地区南部山地和山间盆地；甘南高寒湿润区包括甘南的大部分。

2.3　甘肃省石窟寺地质环境特征

2.3.1　地貌环境

甘肃省位于我国黄土高原、内蒙古高原与青藏高原的交汇地带，分属黄河流域、长江流域及内陆河流域，甘肃省地域狭长，东西长1659公里，南北宽530公里，地势西南高东北低，海拔大多在1000米以上。省内地貌复杂多样，有高山、河谷、盆地、丘陵、戈壁、荒漠等各类型的地貌景观（图2-7）。甘肃砂岩石窟主要分布在河西、陇中、陇东三个地区，以陇东地区分布最为广泛，河西地区有零星分布，地貌形态多以丘陵和河谷阶地为主。

河西地区石窟多分布于祁连山与走廊过渡带，如张掖市肃南裕固族自治县马蹄寺石窟，开凿于祁连山中段北麓中低山区，山峦起伏，沟壑纵横，崖面多高大、直立，地表黄土堆积层普遍较薄。

陇中地区石窟多开凿于黄河干流及支流沿岸，为黄土高原梁塬峁地貌类型。中低山丘陵区，川、河间布地形高差比较大。炳灵寺石窟构造上处于祁连山褶皱带，区域属黄土丘陵地貌，以黄土梁、峁、沟壑为主，黄土梁绵延不断，沟谷沿山梁两侧分布，上宽下窄，谷底基岩出露，炳灵寺位于黄河峡谷右岸，峡谷两岸高山对峙，隘谷狭长幽深，曲折蜿蜒，是典型的丹霞地貌景观。白银市构造上属陇西盆地的北部，地貌特征以基岩山地和山间盆地为主，基岩山地属祁连山脉东延部分，地面基岩裸露，山势陡峻，阴坡多自然植被。法泉寺石窟、寺儿湾石窟、五佛沿寺石窟分布在黄河干流沿岸，石窟多位于山间盆地和中低山交界处的山前地带，崖面高度较小，石窟多一到两层大。

陇东和陇中同属黄土高原，与六盘山为界。陇东黄土高原的代表性石窟主要有北石窟寺、南石窟寺，该地地貌属陇东盆地，中部以黄土塬、梁、峁为主，河流呈 V 形下切，崖面竖直、高大，石窟上部山体裸露且坡度较陡，但后侧山体黄土覆盖层较

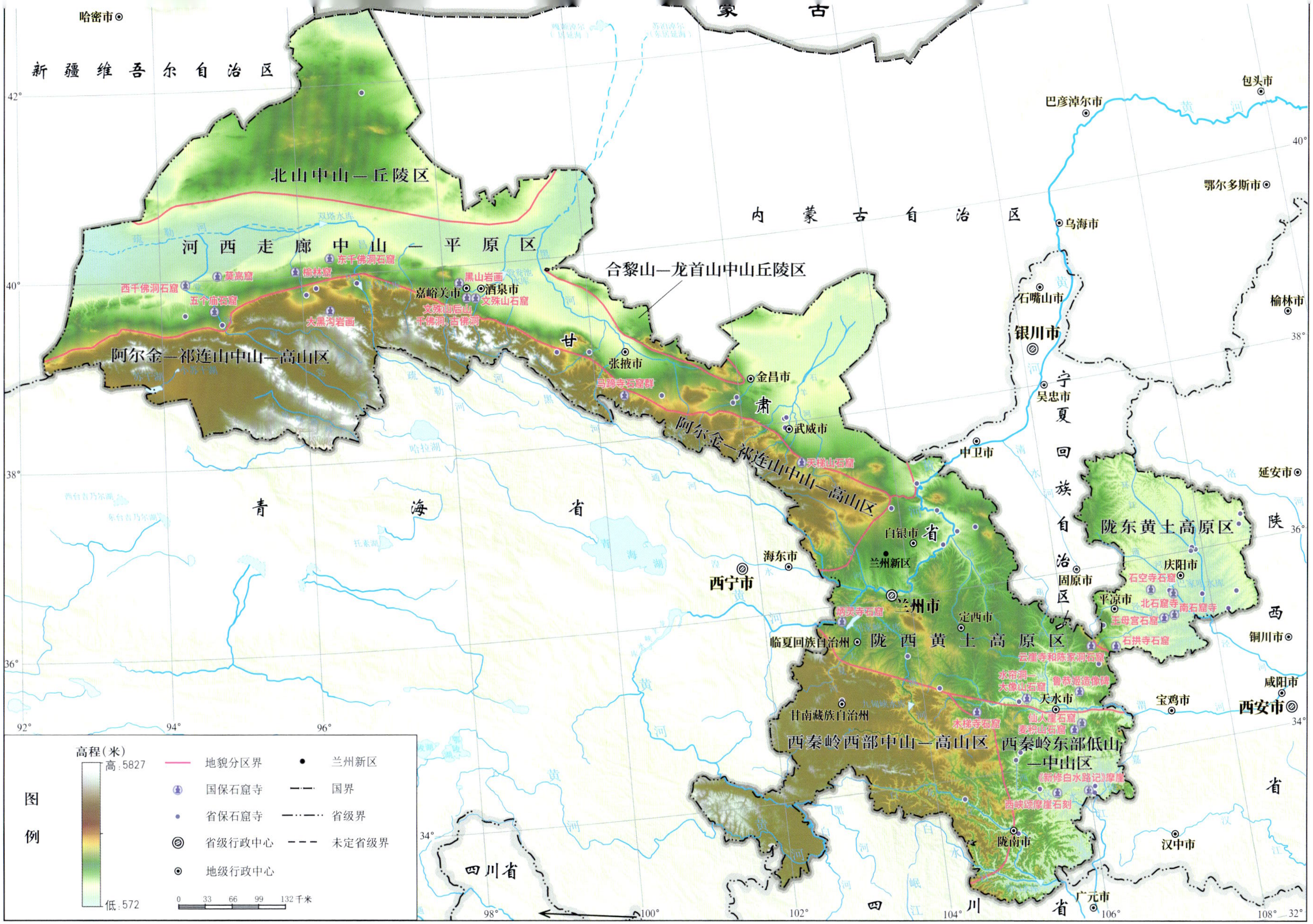

图 2-7　甘肃省石窟寺地貌环境图

图例

地貌分区界
国保石窟寺
省保石窟寺
省级行政中心
地级行政中心

兰州新区
国界
省级界
未定省级界

高程（米）
高: 5827
低: 572

0　33　66　99　132 千米

厚，沿河流多有石窟分布。沿六盘山两侧的中山土石山区和浅山丘陵沟壑区分布有石拱寺石窟，地貌单元已属陇西盆地东缘，崖面高大坡度陡。平定川的石窟位于子午岭东侧，地貌单元属陕北黄土高原，河流呈U形下切，崖面较为低矮，上部黄土堆积，莲花寺石窟、保全寺石窟、张家沟门石窟皆位于该区域。

2.3.2　地质环境

甘肃省内各个时代的地层均有发育，地层序列较为完整，从前长城系至第四系共16个系，以古生界发育最完善，构成省内地层主体（图2-8）。区域内地层有多种沉积相，沉积构造类型复杂多样，海相火山岩系发育广泛，时代丰富。总体上，可将甘肃境内地层分为五个大区：天山-内蒙古地层区、塔里木地层区、华北地层区、秦岭分区和巴颜喀拉山分区，其中，主要以塔里木、华北、秦岭三个地层区为主，区域展布也多以北西或近东西方向为主。

甘肃省砂岩石窟主要开凿在中生代白垩纪、新生代古近纪、新近纪地层。白垩系地层中的砂岩石窟主要位于兰州区、陇东区，地层为河口群、罗汉洞组、环河组、李洼峡组（表2-3）。

表2-3　甘肃省级以上砂岩石窟岩性统计表

地域	地区	名称	县（区、市）	地层及岩性
河西	张掖市	马蹄寺石窟群	肃南裕固族自治县	E_3b砂岩
陇中	临夏回族自治州	炳灵寺石窟	永靖县	K_1H砂岩、砂砾岩
	白银市	寺儿湾石窟	靖远县	K_1H砂岩
		法泉寺石窟	靖远县	E_3y砂岩、砾岩
		红山寺石窟	平川区	K_1H砂岩
		五佛沿寺石窟	景泰县	NG砂岩
陇东	平凉市	南石窟寺	泾川县	K_1lh砂岩
		石拱寺石窟	华亭县	K_1lw砂岩
	庆阳市	北石窟寺	西峰区	K_1lh砂岩
		石空寺石窟	镇原县	K_1lh砂岩
		玉山寺石窟	镇原县	K_1lh砂岩
		保全寺石窟	合水县	K_1h砂岩
		张家沟门	合水县	K_1h砂岩
		莲花寺石窟	合水县	K_1h砂岩

1）白垩系砂岩石窟

由于燕山运动的影响，甘肃早白垩世早期发生沉降活动，秦岭—中祁连山以北的广大地区，形成湖泊广布、河流发育、相互连通的低地，较为普遍的接受了沉积，形成了以红色碎屑岩为主的沉积。早白垩世末期以后，除零星小型山间湖盆沉积外，省

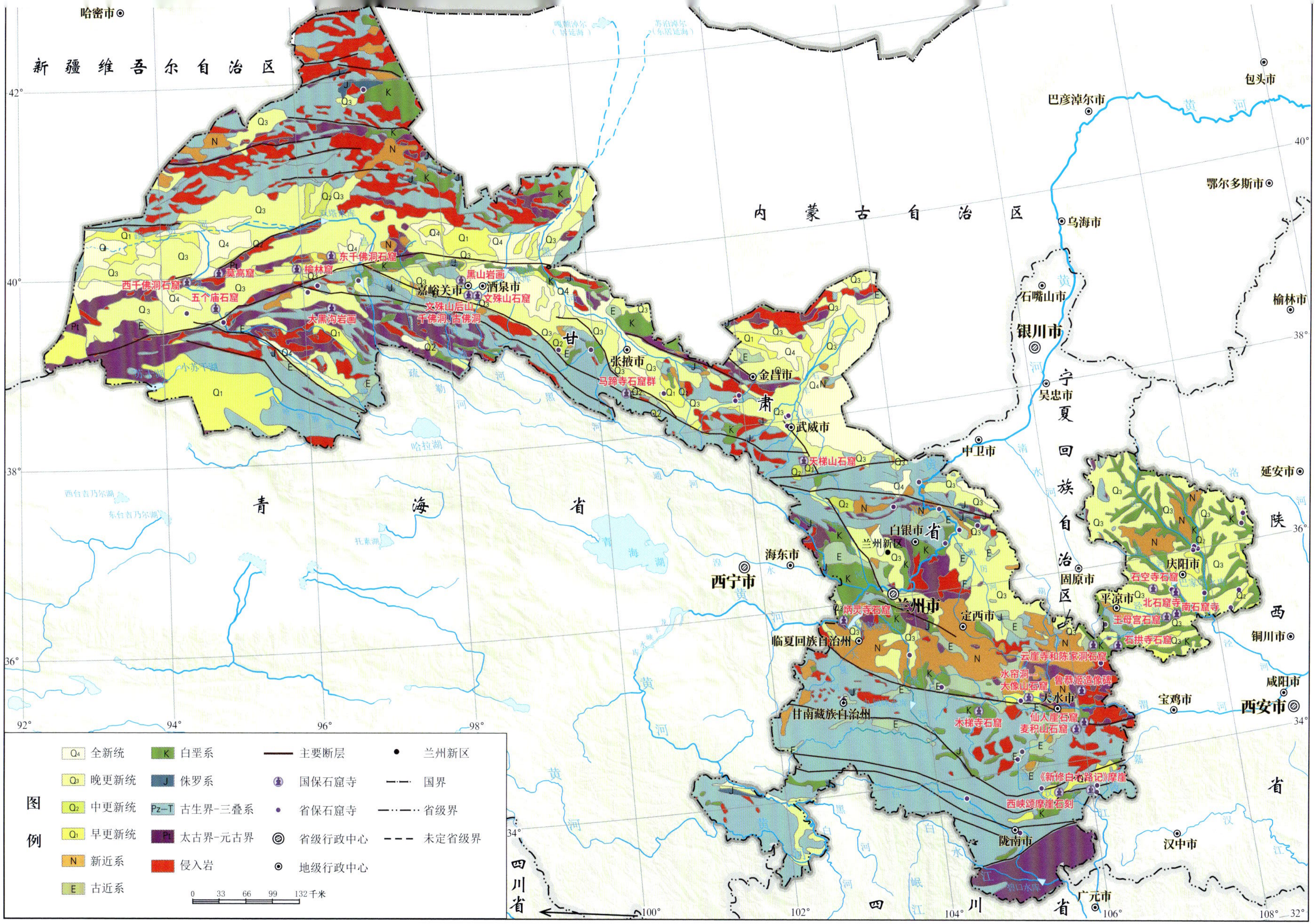

图2-8 甘肃省石窟寺地质环境图

内普遍缺失晚白垩世的沉积。甘肃省内白垩下统可划分为北山区、潮水区、走廊区、祁连区、兰州区、陇东区、西秦岭区 7 个区域。甘肃白垩系地层中的砂岩石窟主要位于兰州区、陇东区。地层为河口群（K_1H）、罗汉洞组（K_1lh）、环河组（K_1h）、李洼峡组（K_1lw）。兰州区白垩系地层中的砂岩石窟主要开凿在下统河口群，与下伏侏罗纪享堂群不整合接触，与上覆地层上统民和组或古近纪西宁群不整合接触。下统河口群包括两个非正式组级岩石地层单位，分为下组、上组地层，上、下组为整合接触，主要出露范围以兰州河口为中心，向西延入青海。河口群相变较大，盆地边缘岩性普遍较粗，以山麓、山麓-河流相粗碎屑岩为主，是一套紫红、棕红、棕褐、灰绿、蓝灰、橘红色组成的杂色碎屑岩沉积。在河口地区，以紫红、紫灰、棕红、绿灰、蓝灰等杂色泥岩与细—中粒砂岩互层的湖相沉积为主，下组以色杂及具蓝灰色的砂、泥岩互层为特征，底部以砾岩或粗砂岩不整合在侏罗纪享堂组及其以前的老地层或岩体之上，炳灵寺石窟主要开凿在底部。在靖远盆地，下组为蓝灰、深灰、黄绿、暗紫红色页岩夹粉细砂岩，上组为橘红、紫红色泥质岩、砂岩夹灰白色长石质粉—细砂岩，寺儿湾石窟和红山寺石窟主要开凿在上组。

陇东区白垩纪地层分平凉小区和庆阳小区，平凉小区主要在六盘山区域，庆阳小区主要在庆阳市区域。陇东区平凉小区白垩系地层石窟开凿在李洼峡组，与上覆马东山组和下伏和尚铺组皆呈整合接触。李洼峡组为湖相，灰白、灰绿、紫红、蓝灰砂岩、泥岩、泥灰岩、灰岩组成之韵律层，泥质岩、灰岩夹钙质胶结的薄层状石英质砂岩，常具鲕状构造。陇东区庆阳小区白垩纪地层上统缺失，下统为志丹群，志丹群自上而下分为泾川组、罗汉洞组、环河组、洛河组、宜君组，本区仅出露上部四组，各组间均连续沉积。砂岩石窟开凿在罗汉洞组和环河组。罗汉洞组为湖泊相碎屑岩，以镇原、泾川为中心，向西变薄，向西南厚度变大，粒度变粗，以砾岩为主夹砂岩；顶部为蓝灰色泥岩或泥灰岩夹层，底部为土黄色砂岩或紫红色砾岩。在环县合道川一带以棕色砂岩、粉砂岩、泥质岩为主；虎洞沟附近以棕红色砂岩为主，夹泥岩；南部镇原一带为黄棕、棕红色粗—细粒砂岩与泥质岩互层，砂岩多含砾，在崇信县厢房沟为暗紫红、黄绿色砾岩夹砂岩，主要出露在环县、庆阳市、西峰镇以西，代表性石窟有北石窟寺和南石窟寺。环河组主要岩性为棕红、紫红色以及少量灰、灰绿色泥岩、砂质泥岩、粉砂岩、砂岩韵律互层，由下往上砂岩减少，粒度变细，泥质岩多具微细水平层理及龟裂，粉砂岩具微细斜层理及波痕砂岩微斜层理发育，底部为棕红色具水平波状、微斜层理的砂岩，在甘陕交界的较大河谷中零星出露。

2）古近纪地层中的砂岩石窟

甘肃的古近纪为陆相湖盆及山间凹地型沉积，可将地层划分为北山区、祁连—走廊区、陇东区及西秦岭区 4 个区，砂岩石窟主要位于祁连—走廊区、陇东区。马蹄寺石窟地属祁连—走廊区，地层为古近纪渐新统白杨河组（E_3b）。该组以红色泥岩和砂岩为主，分布广泛，不整合于火烧沟组之上，其上被疏勒河组平行不整合所覆。在张掖盆地的班大口红崖子，以砖红、棕红色粉砂质泥岩为主，中夹青灰色泥岩、橘红色细砂岩及黄褐色砂砾岩，具斜层理，底部含石膏矿。法泉寺石窟地处陇东区，地层为古近纪渐新统野狐城组（E_3y）。该组仅在盆地北部的靖远一带出露，为一套暗红、紫红色砂质黏土，具底砾岩，夹钙质结核层，与下伏西柳沟组整合接触，与上覆甘肃群平行不整合接触，以石膏层的始现和消失与其上、下相邻组（群）分界。

　　3）新近纪地层中的砂岩石窟

　　甘肃新近纪地层分布于祁连山北麓、河西走廊及甘肃东部，北山亦有零星分布，为陆相湖盆及山间坳地型沉积，是一套棕黄、棕红色河流-湖泊相泥岩及砂岩，并有很多砾岩夹层，盆地边缘粗颗粒增多，以山麓相砾岩及砂岩为主。可划分为 3 个地层大区、4 个地层区和 5 个地层分区。砂岩石窟主要分布在兰州—陇西地层分区，地层为新近纪甘肃群（NG），代表性石窟为五佛沿寺。甘肃群广泛分布于兰州、陇中临夏和毛毛山南平城堡等盆地，由一套以黄、红、灰等色为主的泥岩、砂质泥岩、砂砾岩夹泥灰岩组成。底部为灰白色砾状粗砂岩，与下伏古近纪野狐城组含石膏层整合接触（局部为平行不整合），以石膏层的消失为界，与上覆第四纪五泉山组不整合接触。

2.3.3　水文地质环境

　　甘肃由于地处内陆，又在干旱、半干旱气候分界带上，受地形和气候影响，甘肃省水系分布情况特殊，水文地域分异明显。总体上甘肃省地表水系有长江水系、黄河水系、内陆河水系三大水系，12 个次级水系，乌鞘岭-毛毛山-景泰县北部一线以西是内流区域，补给形式多样，有降水、冰川融水和地下水。其中河西走廊及西北部分主要分布内陆河，陇中、陇东地区为黄河流域，陇南为长江流域。内陆河流域包括疏勒河、黑河、石羊河和苏干湖 4 个水系，黄河流域包括黄河干流、洮河、渭河、泾河、北洛河、湟水 6 个水系，长江流域为嘉陵江水系。陇东石窟群主要沿北洛河与泾河水系分布，白垩系罗汉洞组地下水补给来源有降水、地下水和凝结水，沿裂隙、孔隙运移，以沿裂隙运移为主；陇中石窟群沿黄河干流分布，地下水补给来源主要是降水沿裂隙入渗和黄河地面水侧向补给；河西石窟分布于内陆河水系，开凿位置大多距河流 1～3 公里内（图 2-9）。

2.3.4　地震特征

2.3.4.1　主要活动断层和地震震中

　　甘肃省主要的活动断裂有阿尔金断裂、金塔南山断裂、吕马断裂、北祁连山前断裂、龙首山北缘断裂、古浪断裂、毛毛山-老虎山断裂、海原断裂、西秦岭北缘断裂、迭部-白龙江断裂、东昆仑断裂、礼县-罗家堡断裂和哈南-青山湾-稻畦子断裂对甘肃石窟影响较大的 13 条断裂带（表 2-4）。甘肃省地震震中多分布在断裂带上或其交汇、转弯的部位，可以划分为 5 个地震带，分别是天水-兰州-河西走廊带（包括天水-康乐、兰州-榆中、河西走廊 3 个亚带），武都-天水带，山丹-民勤带，海原-景泰带和野马河、党河带，各带均有中强以上地震发生（图 2-10）。

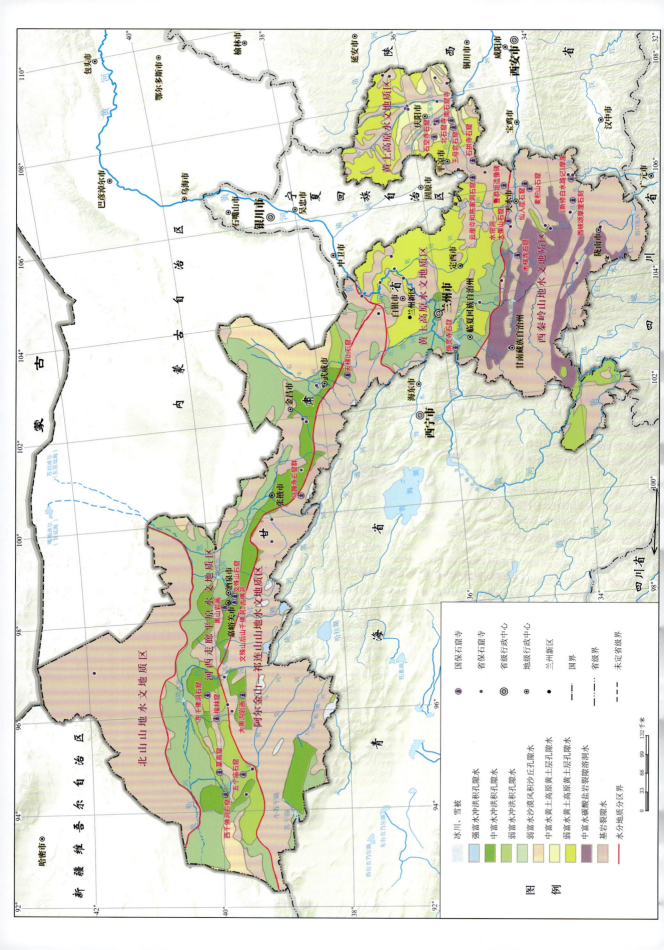

表2-4　甘肃省境内全国重点砂岩质石窟文物地震危害分析

石窟名称	地址	窟区及毗领地区（150公里范围）内地震活动情况	石窟开凿以来所遭过的历史最大影响地震及影响烈度	对石窟有重大影响的活动断裂及距石窟寺最近距离
马蹄寺石窟群（包括金塔寺石窟）	肃南	5.0～5.9级：28次；6.0～6.9级：8次；7.0～7.9级：3次；8级：1次	1548年张掖5级地震、2003年民乐6.2、5.8级地震（影响烈度：Ⅵ～Ⅶ度）	榆木山东缘断裂（3公里）肃南-祁连断裂（18公里）
炳灵寺石窟	永靖	5.0～5.9级：46次；6.0～6.9级：18次；7.0～7.9级：8次；8级以上：2次	兰州1125年7级地震（影响烈度：Ⅵ度）	马衔山-兴隆山断裂系（40公里）
北石窟寺	西峰	5.0～5.9级：30次；6.0～6.9级：11次；7.0～7.9级：3次；8级：1次	1920年海原8.5级地震（影响烈度：Ⅶ度）	海原断裂（105公里）牛首山-罗山东麓断裂（92公里）
南石窟寺	泾川	5.0～5.9级：35次；6.0～6.9级：12次；7.0～7.9级：3次；8级：1次	1920年海原8.5级地震（影响烈度：Ⅶ度）	海原断裂（85公里）牛首山-罗山东麓断裂（81公里）

2.3.4.2　地震烈度

地震烈度指某一地区的地面和各类建筑物遭受一次地震影响的强弱程度。石窟寺往往依山开凿或者沿着河谷崖体开凿，这就势必导致石窟寺开凿在地质活动较为活跃的地质构造带上。甘肃省几乎所有的砂岩石窟寺均在7度以上烈度区（图2-11），甘肃中西部砂岩石窟寺集中在河西走廊地震带，甘肃南部及陕西地区砂岩石窟寺主要集中在兰州-天水地震带和六盘山地震带。

2.3.5　不良地质现象

不良地质现象一般指崩塌、滑坡、泥石流、岩溶、土洞、河流冲刷等对工程建设不利或有不良影响的动力地质现象。甘肃省石窟赋存地质灾害图见（图2-12）。针对石窟保护，从洪水、泥石流、岩体稳定、风沙侵蚀、水库渗水、洞窟渗水、风化等角度探讨不良地质现象。经过调查统计，甘肃砂岩石窟普遍存在稳定性不足、渗水和风化问题（表2-5），稳定性主要受到崖体高度、石窟位置节理和裂隙影响，只有部分石窟崖壁高度低、石窟数量少、岩体完整性较好，稳定性问题不显著。另外，炳灵寺石窟因刘家峡水库影响，存在洪水和泥石流灾害，天梯山石窟位于黄羊水库一侧，地下水影响较大。

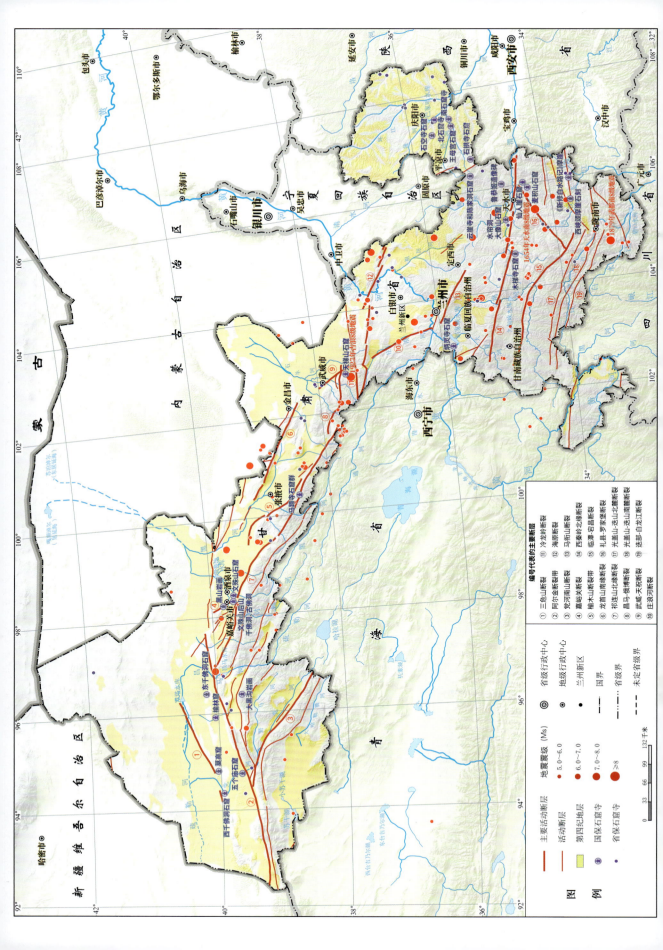

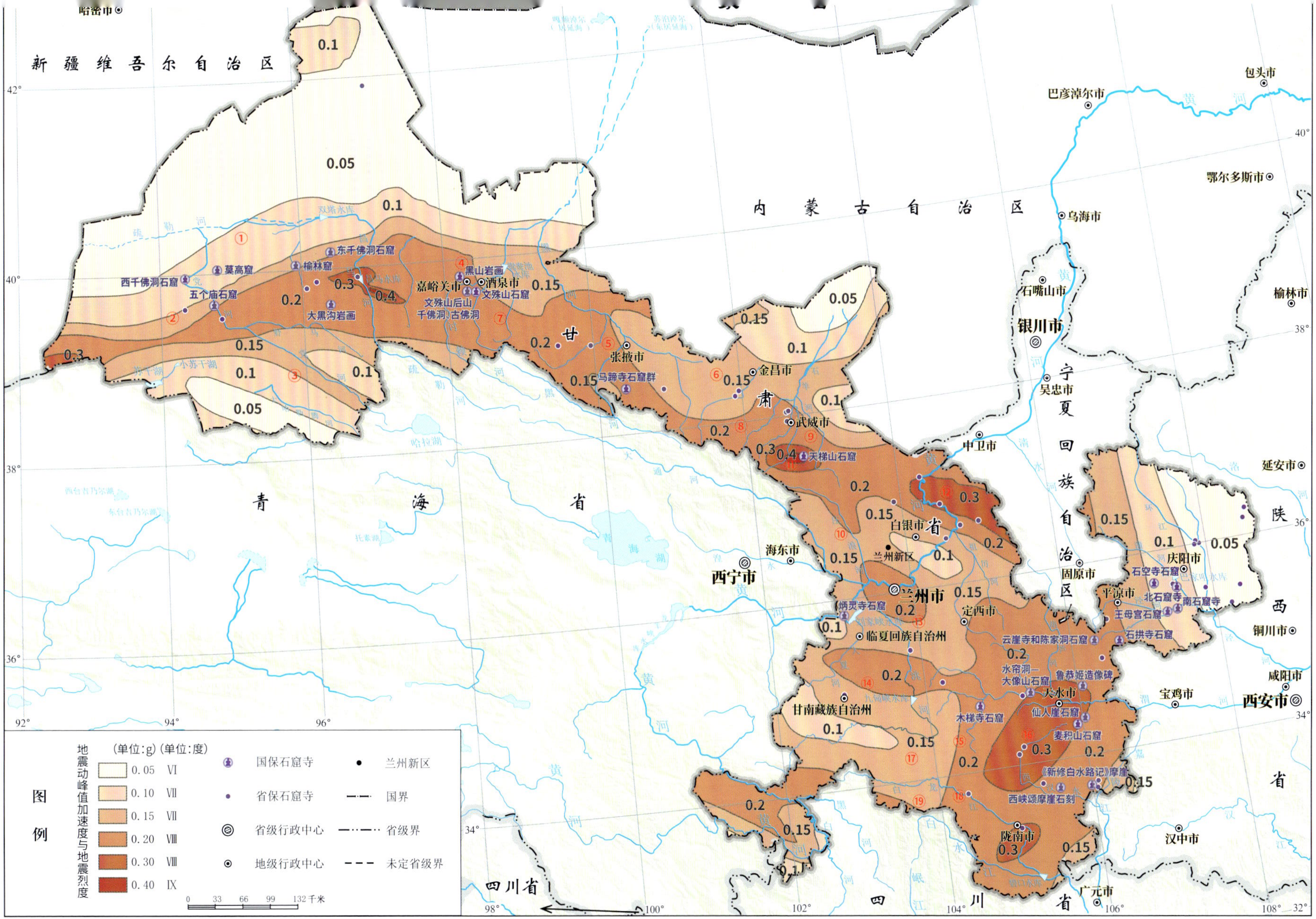

图2-11 甘肃省石窟寺地震加速度-地震烈度图

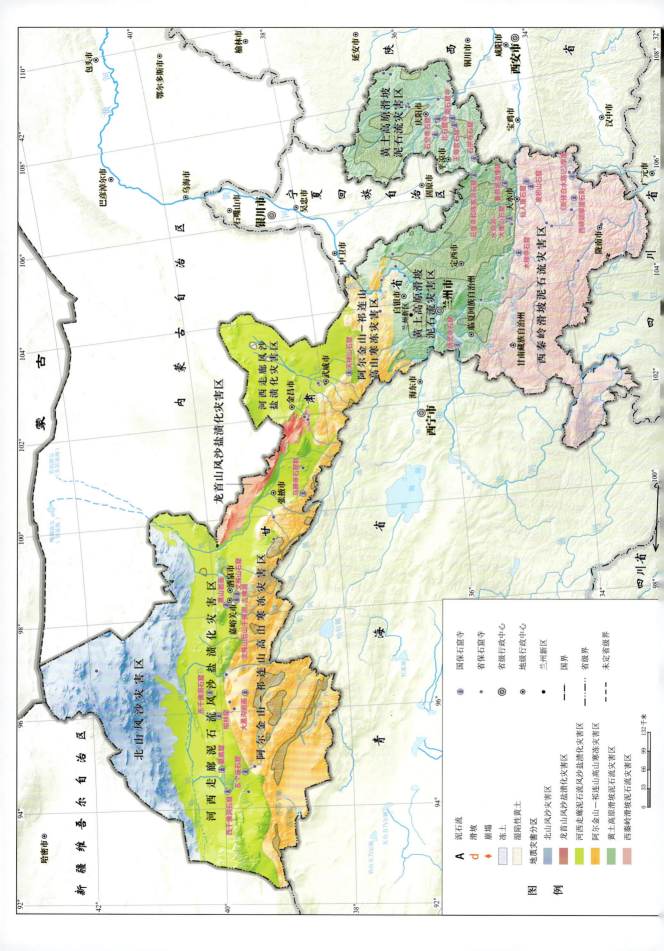

表 2-5　典型砂岩石窟主要不良地质现象统计表

石窟名称	洪水	泥石流	岩体稳定性	风沙侵蚀	风沙堆积	洞窟渗水	风化
马蹄寺石窟群			√			√	√
炳灵寺石窟	√	√	√			√	√
寺儿湾石窟						√	√
法泉寺石窟			√				√
红山寺石窟						√	
五佛沿寺石窟			√			√	√
石拱寺石窟			√			√	√
北石窟寺			√			√	√
南石窟寺			√			√	√
石空寺石窟			√			√	√
玉山寺石窟			√			√	√
保全寺石窟	√		√			√	√
张家沟门							
莲花寺石窟	√					√	√

2.4　甘肃省砂岩石窟寺病害特征

石窟崖体由于受到自然营力和人类活动的影响，岩体出现影响文物的安全和功能、环境风貌，以及人员安全的工程地质问题，均称为石窟的病害。石窟病害分类有多种，《中国石窟岩体治理技术》将石窟岩体病害划分为四大类型：危岩病害类型、坡体病害类型、渗漏水及水蚀病害类型、风化及风蚀病害类型。《石质文物保护工程勘察规范》（WW/T 0063—2015）将石窟寺病害分为结构失稳（边坡失稳、洞窟失稳）、渗漏、表层劣化三类。根据地域分布和石窟特点，按照河西地区、陇中地区、陇东地区划分，选取北石窟寺、南石窟寺、莲花寺石窟、保全寺石窟、石拱寺石窟、炳灵寺石窟、寺儿湾石窟、法泉寺石窟、五佛沿寺石窟、红山寺石窟和马蹄寺石窟共计11个砂岩石窟进行病害调查，基于甘肃省砂岩石窟寺病害调查结果，分析病害特点，将砂岩石窟病害分为三大类：岩体失稳病害、水蚀病害和浅表层劣化病害。

2.4.1　陇东地区砂岩石窟病害特征研究

2.4.1.1　北石窟寺

北石窟寺位于庆阳市西峰区董志镇南庄村寺沟自然村，蒲河和茹河在窟前交汇，东经107°32′00″，北纬35°36′35″，东北距庆阳市25公里，西距镇原县35公里。北石窟寺始建于北魏宣武帝永平二年，历经各代扩建和增修。北石窟寺包括寺沟及其西南1.5公里处的石道坡、花鸨崖和石崖东台和北面1.5公里处的楼底村1窟等5个部分，南北延续3公里。现存大小窟龛308个，造像2429躯，壁画残迹90多平方米。寺沟主窟群分3层，共294个窟龛，现存造像两千余身。主窟165窟，高14.5米、宽21.7米、深15.7米，为覆斗形佛殿窟。

1. 岩体失稳病害

通过对北石窟寺现场调查，岩体失稳病害按表现形式划分主要有裂隙和洞窟失稳两大类。

（1）采用罗盘测量产状统计节理裂隙的分布位置、发育状况，北石窟寺主窟区崖体共发育有123条节理裂隙，由于存在一条裂隙贯穿多个窟的情况，对有证据表明是一条裂隙的合并统计，对由于勘察深度所限，没有查清是否为同一条裂隙的分开统计。裂隙主要有节理、卸荷裂隙和变形裂隙三类，有五组优势裂隙（图2-13），较为潮湿的裂隙有40条，以张裂隙为主，大多为高倾角（图2-14）。

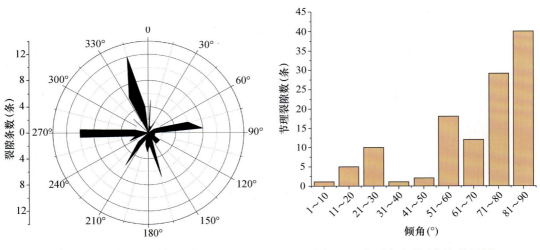

图2-13　北石窟寺裂隙倾向玫瑰图　　　　图2-14　北石窟寺裂隙倾角统计图

北石窟寺裂隙中有7条控制性节理，分布图见图2-15。J1：位于崖体最南端，在崖面可观察到从底层271、270龛之间向上延伸，在267窟北壁东侧可看到该节理，至崖顶。产状344°∠84°，张开度最大可达35cm，节理面呈波浪状，潮湿，有水泥填充。节理南侧的267、1、2三窟盐霜与粉化脱落现象严重（图2-16）。J2：底部位于278与20窟之间，经过二层栈道，在27与28窟之间继续向上延伸。产状3°∠75°，张开度最大可达47cm，裂隙面较为平直，有水泥填充，潮湿。J2两侧的洞窟内风化现象均较为严重，其中节理右侧窟内粉化剥落与泛盐现象严重，主要由于卸荷裂隙所致，节理左侧底层洞窟粉化剥落现象与二层洞窟片状剥落现象严重。J2左侧崖面植物生长痕迹更为明显，该侧岩体较为潮湿。J3：底部位于102龛与101龛之间，经过107龛与95龛之间，向北侧上方延伸，经过111与110龛至三台崖面。上部产状：175°∠85°；下部产状：340°∠73°。裂隙总长9.6米，张开度最大可达40cm。裂隙右侧崖面浅龛风化严重，受渗水影响表面风化壳脱落，暴露出内部新鲜的砂岩，使崖体颜色偏深。J3左侧崖体表面风化层保留，但进深较大的龛内依然存在落砂现象（图2-17）。J4：底部位于214、215龛之间，向上延伸至220与209龛之间，再向上延伸至三台崖面。产状345°∠81°，裂隙表面平整，内部有水泥及松散的土填充，张开度最大可达25cm，潮湿。节理左侧上方有支撑结构，且坡体上有冲沟形成，雨水侵蚀以及上部山体带来的压力使得该区域崖面整体较为破碎，风化严重，发育多条垂直于崖面的裂隙，使222窟内南侧西壁上部潮湿。节理右侧崖面干燥（图2-18）。J5：底部位于259、257窟之间，向上延伸至崖顶，长约20m，产状348°∠89°，张开度最大可达38cm，裂隙面平直，干燥，有水泥填充。J5经过南侧257窟北壁，窟内风化严重，存在泛盐、粉化剥落、低等植物生长、孔洞状风化现象。J6：底部位于261、260窟之间，向上延伸穿过泥岩标志层，长约15m，产状340°∠85°，张开度最大可达30cm，裂隙面平直，干燥，有水泥填充。J6北侧二层263窟南壁渗水，一层262窟内潮湿。节理两侧崖面地衣苔藓覆盖层较厚。J7：底部位于窟区在北端266龛北侧，向南侧上方延伸至泥岩标志层处，产状：下部：270°∠75°；中部：275°∠71°；上部：275°∠63°。上窄下宽，张开度12cm，裂隙面平直，干燥，有水泥填充。J7底部的265窟内有泉水出露。

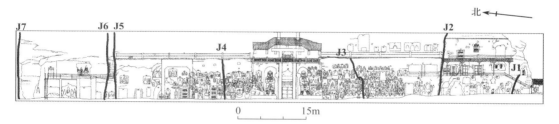

图2-15　北石窟寺控制性裂隙分布图

图2-16　J1、J2

图2-17　J3

　　卸荷裂隙分布有6条，分布图见图2-19。裂隙①为崖体南侧一条大型卸荷裂隙，大致平行于崖面发育，在70号窟、37号窟、269号窟内均有露头（图2-19）。贯穿70号窟，窟内十分潮湿，裂隙面平直，张开度可达5cm。该裂隙在37窟内南北贯通，张开度达5cm，裂隙面平直，潮湿。该窟内裂隙西侧崖壁盐霜严重于东侧，两窟内均较为潮湿。露头与267窟北壁裂隙面呈波浪状，有水泥填充，潮湿，裂隙西侧

图 2-18　J4

崖体风化严重，有大量盐壳覆盖且造像表面出现大面积苔藓类植物生长。裂隙②位于32窟东壁，产状79°∠63°，张开度5cm，裂隙面平直，潮湿。该裂隙西侧窟顶大量盐壳覆盖，而裂隙东侧龛壁保存较好，泛盐现象轻微。裂隙③位于23窟西侧窟顶，且与两旁小窟连通，产状118°∠26°，张开度2cm，长约12米，裂隙面平直，无填充，潮湿。裂隙④位

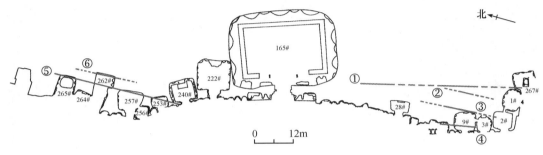

图 2-19　北石窟寺卸荷裂隙分布图

于16窟与9窟内顶部与南北两壁，产状168°∠88°。张开度最大可达2cm，裂隙面平直，潮湿，使9窟顶部苔藓生长窟壁风化严重。裂隙⑤贯穿262窟，产状268°∠55°，使262窟后壁潮湿，粉化剥落严重，窟内有苔藓类植物生长，裂隙延伸状况不明。裂隙⑥总长度可达28米，产状275°∠80°。从站道中部穿过265窟北侧，262、263南壁，257窟北壁、窟顶、南壁，张开度可达9cm。该裂隙穿过的洞窟底部主要表现为粉化剥落，上部多呈现片状剥落与盐霜病害。洞窟开凿的变形裂隙：L3-36，165窟西北角，地面向上延伸，至立面西北角至窟顶，产状75°∠74°，张开度2cm，长度约7m，裂隙较为潮湿，有少量泥质填充，靠近下方有数条次生裂隙，呈羽状分布（图2-20）。

图 2-20　L3-36分布图

（2）北石窟寺洞窟失稳主要表现为洞顶坍塌与层状剥落导致洞顶变薄两种形式。由于洞窟岩体为砂岩，中厚层，耐风化性能差，受节理、裂隙影响，整体性差，窟顶坍塌现象在大型洞窟中表现尤为明显，主要发生在主窟165窟与崖体北端262窟内。165窟顶部岩层很薄，且开窟后应力分布改变，窟顶裂隙发育，且上部覆盖层较薄，为雨水下渗提供直接通道，使得洞顶呈现台阶状交替剥落，洞窟顶部变薄，已通过加固工程予以保护。262窟由于裂隙渗水作用使窟壁及顶部风化严重，262窟正上方还开有一窟，洞顶坍塌使得两窟贯通，严重影响稳定性（图2-21a）

（a）262窟顶部坍塌　　　　　　　　　　（b）外部小型佛龛顶部风化

图2-21　窟顶塌落病害

小型洞窟由于空间小，该类病害不发育，但个别佛龛存在层状剥落导致的薄顶问题，该问题多由渗水造成。北石窟寺33处窟龛发育有顶部层状剥落问题，165窟两侧崖面佛龛多位于崖面中上部，栈道下方，判断该病害原因为栈道、平台汇集雨水，雨水沿平台裂隙下渗，使这些窟龛顶部形成层状剥落现象。

2．水蚀病害

北石窟寺水蚀病害主要有窟内渗水、窟内潮湿、崖面降水冲蚀和崖面渗水四种病害。

（1）北石窟寺窟内渗水主要有两种形式，一种为短途经的渗水，如165窟，因窟顶较薄，雨水可直接从窟顶经砂岩渗入窟内；另一种为岩层中的滞留水入渗，主要由泥岩夹层和节理裂隙造成。泥质夹层具有一定隔水作用，且石窟北侧地势较低，大气降水下渗至夹层处被阻隔，沿泥岩层面流淌，在崖体北端渗出，并在265窟内形成泉水，据调查，一般冬季浅、夏季深。由于岩体裂隙发育，部分裂隙贯通岩体，降水可直接沿节理、裂隙入渗或下渗的雨水沿泥岩层流淌，经过节理裂隙形成的通道从窟内渗出。据调查，在岩体加固工程实施之前，渗水点多达40个。位于崖体最南端的267窟，虽现场调查时未渗水，但存在渗水情况，此窟位于大型节理J1北侧，由于洞窟位于崖体端头，窟内卸荷裂隙也较为发育，使得窟南壁塌毁，现由砖砌成。渗水裂隙应为一条平行于崖面的大型卸荷裂隙，将大部分窟区与山体切割开，而267窟为该裂隙最南侧的露头，雨水从该裂隙下渗入山体，部分雨水在南端（267窟内）渗出（图2-22）。

图 2-22　267窟渗水

（2）由于石窟所在地层具有弱透水性，尤其石窟有贯通性裂隙或洞顶较薄洞窟，窟内非常潮湿，主要潮湿的洞窟有17个，大致分布在四个区域，即165窟北侧下层、中部165窟、J3南侧二层70窟、J2南侧至最南端一至三层洞窟。石窟最北侧一层洞窟由于地下水位较高和裂隙的存在，使得毛细水与裂隙水的活动成为窟内潮湿的主要原因，这一区域石窟主要是近地面处窟壁潮湿，粉化剥落现象显著。北侧二层263窟上方为泥岩夹层，上部山体内的水容易从夹层渗出，造成窟内潮湿，窟顶及东壁较为潮湿。165窟的水汽主要来自山体，其内部除与山体不相接的西壁外，其余三个侧壁均潮湿，其中东立面最为潮湿。除此之外，165窟顶部较薄，在雨季窟顶潮湿，落砂现象严重。位于崖面南侧中部二层的70号窟内发育有一条贯穿整窟的卸荷裂隙，为窟内水分来源的主要通道，且该窟较为封闭，基本位于山体内部，通风不畅也是其长期潮湿的原因。崖体最南端三层洞窟常年潮湿，该区域发育多条平行于崖面的卸荷裂隙，与泥岩夹层、J1、J2组合切割形成"渗水网"。

窟顶薄且顶部有平台易积水，并且因北石窟二层与三层栈道平台容易形成汇水面，雨水淤积下渗会对平台下方洞窟造成影响。2013年5月，在窟区上部平台铺设土工毯并修筑排水渠，但时间一长土工毯发生了老化开裂现象，雨水会从裂缝处向下渗透，使下层洞窟顶部掏蚀严重。南端二层洞窟内存在裂隙，而一层洞窟的潮湿推测与第一条控制性裂隙有关（图2-23）。

图 2-23　北侧一层洞窟底部潮湿

（3）因大部分崖面裸露无遮雨措施，所以北石窟寺降水冲蚀病害普遍存在，主要表现形式为雨水流淌形成的泥渍与冲沟。冲沟在竖直崖面处发育较少，仅在南端二层崖面有发育，现已设置遮雨棚。泥渍多集中在165窟两侧佛龛集中处。256窟门两侧崖壁，此窟周围均为裸露的崖壁，无小型佛龛开凿，雨水从未覆盖苔藓的崖壁流下，在窟门两侧形成泥渍。222窟南侧裸露凸出的崖面，这一处崖面较两侧崖面凸出且佛龛进深较浅，雨水容易冲刷进龛内。165窟南侧这一区域因一条大型裂隙存在，裂隙从三层栈道处向下发育至地面，雨水沿着裂隙流淌，使得裂隙两侧崖壁受到冲刷。最后为石窟最南端，最南端石窟二层有遮雨棚，一层崖面被低等植物覆盖，受降水冲蚀影响较小，仅在3号窟右侧无苔藓覆盖的较大区域有雨水冲刷痕迹。这四处冲蚀严重区域共同特征为上部无悬挑平台，使得降水可经过上层坡面直接流经佛龛，携带泥沙污染石窟表面（图2-24）。

图2-24　崖面冲蚀

（4）崖面渗水主要变现为裂隙渗水及泥岩隔水层处渗水两种形式。因北石窟二层与三层栈道平台容易形成汇水面，雨水淤积下渗会对平台下方洞窟造成影响。2013年5月，在窟区上部平台铺设土工毯并修筑排水渠，但时间一长土工毯发生了老化开裂现象，雨水会从裂缝处向下渗透，在21龛、28龛、70窟、125龛、222窟内发育有较严重的潮湿和渗水病害。由于泥岩具有隔水作用，北石窟三层栈道上方的泥岩夹层处应为崖面渗水的主要区域。

3．浅表层劣化病害

北石窟寺浅表层劣化病害主要有断裂与缺损、表面风化、污染与变色、表面生物病害和人为破坏五大类病害形式。

（1）断裂与缺损病害大致表现为三种形式，第一类为佛龛边缘因自然风化产生裂隙，主要分布于165窟南侧。第二类为龛内造像本体受风化产生的裂隙，这类情况较少，且裂隙两侧无位移现象。第三类为洞窟内大型造像的断裂与裂隙，在最南端的267窟中间的造像脖子处有一明显裂隙（或断裂）（图2-25）。缺损病害发育不普遍，仅在部分底层洞窟内存在，主要表现为造像底部因风化作用缺失（图2-26）。

图2-25　裂隙病害图

图2-26　窟东壁残缺

（2）表面风化病害表现形式多样。第一种表现形式为掏蚀病害，主要分布于石窟第三层底部的一条连续的掏蚀凹进风化槽（图2-27），厚20~30cm，深30cm。其次分布在崖体底部，由于窟前地面硬化、降水飞溅、降水量过大时地面水排泄不及时、降雪沉积等原因造成。此外分布于石窟三层北侧上部，由于岩体表面差异风化造成。第二种表现形式为结壳剥落病害，在北石窟发育较少，规模均较小，结壳厚度多小于1cm。一处位于165窟上方栈道北侧,该处崖壁表现形成较厚的风化壳,厚度约2cm(图2-28)。第三种表现形式为鳞片状起翘与剥落病害,普遍发育,大部分分布于窟顶,位于二层及南侧底层的洞窟片状剥落病害发育最为严重,主要原因为渗水导致(图2-29)。第四种表现形式为粉化剥落病害,普遍发育,其中窟顶及近地面处粉化剥落最为严重。近地面处洞窟受地下水毛细作用影响较大,二层三层的粉化剥落应与大气降水沿裂隙下渗有关(图2-30)。第五种表现形式为孔洞状风化病害,主要在石窟表面形成连续的圆形或椭圆形的风化凹槽,在北石窟呈现水平条带状分布,近地面处病害发育最为严重,与岩性有关(图2-31)。第六种表现形式为盐霜,在宏观上大致表现为点状分布、片状分布,分布普遍,潮湿的洞窟或较深的龛内更为严重,这些窟龛多大型节理裂隙发育。节理裂隙连通了山体内部的地下水,并为雨水下渗提供通道(图2-32)。

图2-27　泥岩夹层掏蚀

图2-28　结壳剥落

图2-29　鳞片状起翘与剥落

图2-30　粉化剥落

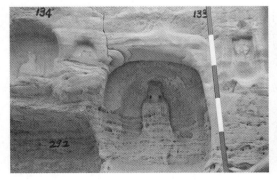

图2-31　孔洞状风化

图2-32　盐霜

（3）污染与变色病害主要有3种表现形式，第一种表现形式为粉尘污染，主要指文物表面附着有大量细小粉尘，在彩绘保存较好的造像表面能够观察到粉尘污染现象，其他地方由于风化剥落体现不明显（图2-33）。第二种表现形式为水锈结垢，在北石窟北端一层265窟正下方存在一处水锈结垢病害，有龙泉出露，泉水使得石窟下部崖面出现水锈结垢现象。第三种表现形式为泥渍覆盖病害，多位于崖面浅龛密集处（图2-34）。

图2-33　造像粉尘污染　　　　　　　图2-34　泥渍覆盖

（4）表面生物病害主要表现为高、低等植物寄生和高、低等动物痕迹4种。低等植物寄生在洞窟内外均有，外壁主要为地衣苔藓类生长痕迹，形成层状结壳，结壳多呈现墨绿色、白色、黄色，较为致密不易剥落。窟内同样存在低等植物生长痕迹，多为苔藓、霉菌，崖体南北两端洞窟内部低等植物活动较为频繁，这两端节理裂隙发育较多，病害多发生在较为阴冷潮湿的洞窟内（图2-35）。石窟上高等植物生长较少，多为草本植物，在崖面风化形成的小平台上，以及南侧三层洞窟底部，有草本及小灌木零星分布。窟区上部斜坡处，灌木生长明显增多，无高大的乔木生长。斜坡上部山体植被茂盛。

北石窟寺低等动物活动痕迹仅在个别洞窟内发现昆虫的排泄物、蜘蛛网等，均零星分布，未形成规模。高等动物病害在北石窟寺主要形式以鸟类粪便为主，基本都位于外侧崖壁及无遮挡的龛壁上，其污染物零星分布。

（5）人为破坏主要表现为划痕、人为污染和不当修复3种，划痕病害主要分布于窟壁及造像的次要部位，均未对文物价值造成重要影响；人为污染病害主要表现为烟熏痕迹，因烧香礼佛活动，烟熏痕迹多位于大型洞窟内。除此之外，在个别洞窟内发现有书写痕迹，影响游人观赏；北石窟寺不当修复现象主要表现为使用水泥修补洞窟裂隙、残缺部位等，改变了文物原貌，影响观赏（图2-36）。

2.4.1.2　南石窟寺

泾川南石窟寺位于泾川县东7.5公里城关公社下蒋家大队，泾河的北岸，东经107°26′54″，北纬35°21′48″，始建于北魏永平三年，唐代有扩建。南石窟寺坐北面南，现有5个窟龛，北魏洞窟一个（1号窟），唐代开洞窟一个，今名罗汉洞（4号

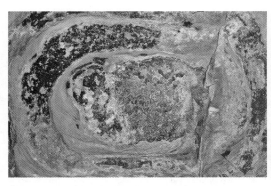

图2-35　低等植物寄生

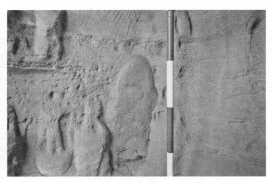

图2-36　不当修复

窟）。其余为唐代摩崖小龛，均风化严重。1号窟高11米、宽18米、深13.2米，平面呈长方形，窟壁一周绕高0.85米的台基，台基上雕七身立佛、二身弥勒菩萨，现存十四身胁侍菩萨，正壁现存浮雕面积50多平方米。

1．岩体失稳病害

通过对南石窟寺现场调查，岩体失稳病害主要有裂隙和洞窟失稳两大类病害形式。裂隙主要存在节理和卸荷裂隙两种。共发育有14条节理裂隙，其中较为潮湿的裂隙有6条，倾向位于181°～240°之间存在11条。石窟外壁崖体同样大型节理裂隙发育，大致可以分为平行于崖面发育与垂直于崖面发育两种。1号窟内发育有两条大型卸荷裂隙

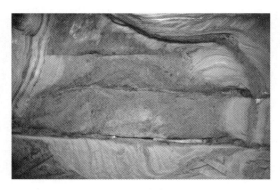

图2-37　1号窟窟顶裂隙

（图2-37、图2-38），均平行于崖面发育，贯穿全窟，张开度10～20cm，裂隙面波浪状，有水泥填充。在窟顶最南侧发育有一条规模较小的卸荷裂隙，从窟顶西缘延伸至窟顶中部，张开度约1cm，无填充。其次，南石窟寺存在边坡失稳及洞窟失稳病害、危岩体类边坡失稳问题（图2-39），现已得到治理。1号窟窟顶较薄，顶部西南角曾漏雨严重并发生塌落。

图2-38　1号窟东壁裂隙

图2-39　窟前危岩体

2．水蚀病害

水蚀病害主要有降水冲蚀、窟内潮湿、岩体潮湿三类。因大部分崖面裸露无遮雨措施，所以降水冲蚀病害普遍存在，主要表现形式为雨水流淌形成的白色痕迹。在西侧裸露崖体上比较显著。1号窟内潮湿，因卸荷裂隙发育，窟顶覆盖层薄，为雨水下渗提供便利。南石窟寺岩体潮湿现象明显且普遍，主要原因为调查前一天经过降雨，崖壁表面的苔藓等植物具有一定的保水作用，使得表面水分没有挥发完全。

3．浅表层劣化病害

（1）南石窟寺共调查到两处裂隙与断裂病害：一处位于西侧南侧大佛像脚部，有一处长约70cm的裂隙，未发生明显位移；另外一处位于南壁西侧菩萨像头部及脖子，均为风化裂隙，未贯通。存在三处缺损现象：第一处为东壁南侧佛像下巴缺损，继续发育可能导致佛像面部缺损，严重影响文物信息及观赏效果；第二处缺损位于北壁中间佛像手部；第三处位于中间佛像西侧菩萨像身体下部，主要表现为泥塑外壳风化剥落，均位于次要部位。

（2）表面风化病害表现为以下5种形式。第一种表现形式为结壳剥落，在南石窟寺栈道西侧崖体中部，斜层理与水平层理的交界处发育结壳剥落病害，上方水平层理处崖面被苔藓覆盖，而下方斜层理苔藓生长稀疏，崖体表面泛白。可看到较厚的片状断裂痕迹，断面厚度约1～2cm，未发现空鼓现象。第二种表现形式为鳞片状起翘与剥落病害，发育程度轻微，零星分布，主要分位于南立面窟门上方的地仗层处，这里曾经漏雨坍塌，地仗层起翘与雨水活动有关。西壁、北壁小佛像及其身后窟壁底部同样有该病害发育，小佛像后侧窟壁片状剥落现象更为明显，原因可能与地下毛细水作用有关。第三种表现形式为粉化剥落，分布广泛，洞窟内部与外侧崖壁均有发育。外侧崖壁粉化剥落主要位于西侧结构体及楼梯上方，西侧结构体水平层理区域粉化较严重于斜层理处。崖壁外侧粉化剥落严重区同样也是盐害严重的区域，矿物本身的性质加上可溶盐溶解重结晶作用加重了崖体粉化剥落现象。窟内粉化剥落现象普遍存在，因卸荷裂隙的发育形成裂隙渗水。佛像站立的平台上有一层较厚的松软潮湿的积沙。共发现3处较为严重的区域：第一处位于东壁中间小佛像身体及周围窟壁；第二处位于南壁窟门两侧佛像及后侧窟壁，塑像上半身泥皮几乎完全脱落，头部粉化剥落尤为严重；第三处位于西壁大佛头部及后侧窟壁上，佛头粉化剥落较为严重，几乎看不清原本面目。第四种表现形式为孔洞状风化，该病害仅小范围分布于西侧结构体上方。第五种表现形式为盐霜病害，在石窟内部与外侧崖壁均有发育。崖壁西侧结构体的泛盐现象表现为白色盐结晶析出，受雨水冲刷影响，可溶盐在表面富集。楼梯上方泛盐现象较为严重，沿裂隙呈条带组状分布并形成盐壳，并伴随有严重的粉化剥落现象，主要为栈道积水导致（图2-40）。4号窟外壁西侧泛盐现象较严重，形成盐壳并伴随着大面积的片状剥落，泛盐点上部与1号窟顶部截水沟相连，导致大气降水容易在此地汇集下渗。1号窟内泛盐病害普遍，多位于石窟中下部，呈现片状或条带状分布，泛盐严重处可形成结壳，裂隙的导水作用以及地下毛细水上升的作用，导致节理裂隙附近以及近地面处盐霜现象严重。

（3）南石窟内粉尘污染现象不显著，在佛像肩部可观察到灰尘覆盖，但对于文物观赏影响效果影响不明显。

（4）生物病害主要表现为高、低等植物寄生和高、低等动物痕迹4种，低等植物病害在外侧崖体发育显著，多位于崖体西侧结构体东面及栈道下方。主要为苔藓生长，形成壳状，局部崖体伴随片状剥落现象，雨后表面较为潮湿，潮湿深度约为3cm。栈道下侧崖壁十分潮湿，苔藓覆盖厚度约为1～2cm（图2-41）。高等植物多生

图2-40　盐霜

长于南石窟寺窟前平台以及山坡上部，草本植物、灌木和乔木均有生长。值得注意的是，窟区下部崖体产生的裂隙中也有灌木、乔木的生长，植物的根劈作用会加剧裂隙的发育（图2-42）。低等动物痕迹不显著，在崖壁及角落有蜘蛛结网现象，曾经1号窟门前有马蜂筑巢，如今马蜂巢已被清理，但偶尔会有马蜂活动。

图2-41　苔藓寄生

图2-42　高等植物生长

（5）洞窟内部未发现划痕，但在外侧崖壁情况较为严重，主要表现为游人刻字，两处极为明显位于西侧结构体以及楼梯上方崖面。调查到一处崖面水泥涂抹不当修复病害，位于崖体西侧结构体底部。

2.4.1.3　莲花寺石窟

莲花寺石窟位于甘肃省合水县东北90公里的太白镇莲花村北侧葫芦河与平定川水交汇口西面山丘的天然崖面上，东经108°33′59″，北纬36°10′32″。开凿于盛唐至北宋期间，崖面呈南北向展开，宽度约20米，高6.4米。现存各类大小窟龛24个，以小型浅龛和大型浅浮雕为主。现崖面上方建有混凝土预制板的防雨棚，其下有三根混凝土方柱支撑，窟区前有水泥平台及围墙。该寺遭到人为破坏严重，几乎所有窟龛造像的头部均被凿毁。

1. 岩体失稳病害

通过现场调查，共发现莲花寺石窟发育有4条裂隙。一条从崖壁最南地面2m处向北向上延伸，长约2.2米，产状145°∠25°，较为干燥无填充物。位于10龛北侧的裂隙，从地面延伸至龛顶，长4.5m，宽5cm，产状340°∠88°，底部较为潮湿。自21龛北延伸至16龛南侧的裂隙，近水平发育，宽约2cm，干燥无填充物。17龛北侧裂隙，自水泥地面向上至龛顶，宽约30cm，产状333°∠84°，干燥无填充物。窟区规模较小崖体整体性好，仅南端上部存在破碎块体构成危岩体（图2-43）。

图2-43　危岩体

2. 水蚀病害

水蚀病害主要表现为降水冲蚀以及轻微的崖体潮湿。虽然设置遮雨棚，依然存在水流冲刷痕迹。整个崖体均较为干燥，一处潮湿现象位于11号龛北侧第二尊佛像身体周围。

3. 浅表层劣化病害

（1）莲花寺石窟造像的自然破坏方式主要为粉化剥落和鳞片状起翘与剥落（图2-44），未发现缺损与断裂现象，所有造像残缺均为人为破坏所致。

（2）粉化剥落现象主要分布在窟区中上部及南侧下部靠近平台处，原因主要为雨水下渗以及毛细水作用（图2-45）。水泥平台的修建，阻止了雨水下渗，平台淤积的雨水，使得莲花寺石窟粉化剥落与盐霜现象极为严重。一条长约80cm、宽约20cm的风化带位于北侧崖体中下部。孔洞状风化位于泥岩夹层处，应为差异性风化导致。结壳剥落位于窟区中部，11号龛上方，伴随有空鼓现象。鳞片状起翘与剥落普遍存在，位于崖面中上部，主要与雨水下渗有关。盐霜分布范围广，较轻微的泛盐现象为点状析出，较为严重的区域呈片状分布甚至形成结壳。窟区南侧底部，以及距地面2米高处以上至水泥屋檐以下部分泛盐现象最为严重。

图2-44　鳞片状起翘与剥落

图2-45　粉化剥落病害

（3）粉尘污染现象在窟区崖体最上部，遮雨棚下坡度较缓的崖面较为明显，但未覆盖造像。生物污染主要表现为零星分布的鸟类粪便，均不成规模。

（4）遮雨棚下方有苔藓类植物生长，并在表面形成较薄的墨绿色覆盖层。窟区上部覆盖层薄，有杂草、灌木生长，周边植被更为茂盛，有乔木生长。低等动物痕迹主要为一处蜜蜂筑巢痕迹，位于崖体下部10号龛上方。

（5）人为破坏主要为人为污染病害，表现为烟熏痕迹，零星分布有人为书写痕迹。

2.4.1.4　保全寺石窟

保全寺石窟位于庆阳市合水县太白镇平定川源头西岸，东经108°35′14″，北纬36°15′36″，南距平定川口的莲花寺石窟约14公里，窟前有太白镇到平定川林场的简易公路经过。始凿于北魏太和年间，唐、宋金时期在窟前构筑长廊建筑，其后历代仍有重修。石窟坐西面东，分上下两层开凿在南北长约60米的崖面上，共编号有41个窟龛，下层龛共有27个，上层龛共14个。

1．岩体失稳病害

保全寺所在崖面共发育有14条节理裂隙，其中11条位于窟区，其余四条位于窟区南侧崖面（图2-46、图2-47）。大多数裂隙与节理发育位于两条泥岩夹层之间，未贯穿整面崖壁。这些节理裂隙均较为干燥，其中九条垂直于崖面发育，倾向位于1°～30°之间，多闭合，部分张开度可达3cm，裂隙面平直，干燥无填充。崖体整体稳定性好，但因节理裂隙的发育，以及泥岩夹层的存在，使得崖面局部较为破碎，掉块现象严重（图2-48）。

图2-46　裂隙

图2-47　裂隙

2．水蚀病害

水蚀病害主要表现为降水冲蚀。在崖面上可观潮到明显的雨水冲刷形成的泥渍，普遍存在。因为窟区崖体上方无任何遮挡措施，直接为泥土覆盖层，雨水混杂泥土流入窟区崖壁，污染佛龛及造像。

3．浅表层劣化病害

（1）保全寺石窟表面风化病害主要

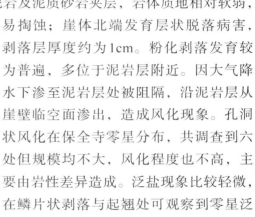

图 2-48　底部崖体破碎

包括掏蚀（图 2-49）、结壳剥落（图 2-50）、粉化剥落、孔洞状剥落、盐霜和鳞片状起翘与剥落病害（图 2-51）。崖体中下部存在泥岩及泥质砂岩夹层，岩体质地相对软弱，

图 2-49　掏蚀

易掏蚀；崖体北端发育层状脱落病害，剥落层厚度约为1cm。粉化剥落发育较为普遍，多位于泥岩层附近。因大气降水下渗至泥岩层处被阻隔，沿泥岩层从崖壁临空面渗出，造成风化现象。孔洞状风化在保全寺零星分布，共调查到六处但规模均不大，风化程度也不高，主要由岩性差异造成。泛盐现象比较轻微，在鳞片状剥落与起翘处可观察到零星泛盐现象，主要位于上层泥岩夹层处。

图 2-50　结壳剥落

图 2-51　鳞片状起翘与剥落

（2）鳞片状起翘与剥落主要分为两种形式：一种位于下方临空的凸起崖体处，临空面呈现片状剥落，片状剥落以上的崖体则出现较为均匀的明显分层；另一种位于崖体竖直的表面，为起翘剥落的现象，且伴有盐霜。保全寺石窟崖体底部掏蚀作用较为严重，致使崖体由上到下向内倾斜，导致石窟顶部出现大量的平行于地面的临空面，岩体中可能存在水平的裂隙面或软弱层，下渗的裂隙水会加速软弱层的风化。另一种

形式的片状剥落为典型的由于水盐作用而形成的起翘剥落现象，剥落后的崖壁呈现出粉化的状态。

（3）污染与变色主要表现为泥渍覆盖和生物污染两种类型。泥渍覆盖现象出现较为频繁。

（4）生物病害主要体现为高等植物寄生和高、低等动物痕迹，保全寺石窟完全露天保存，鸟类粪便污染现象比较普遍，石窟与马路之间的草地植被茂盛，有高大的乔木生长，且窟区上部上体均被植物覆盖。窟区地面有昆虫活动痕迹，崖体北侧顶部还有一处马蜂窝。

（5）因为石窟无人看管，石窟建筑上划痕普遍，窟前建筑遗迹上人为刻字最为严重。人为污染主要为烟熏痕迹，主要分布在北侧崖体，有建筑残迹的位置。

2.4.1.5 石拱寺石窟

石拱寺石窟位于甘肃省华亭县上关乡半川村北侧山梁崖面上，距山脚的村庄约100米，东距陇县50公里，北距华亭县41公里，位于甘肃华亭县上关乡半川村与陕西陇县新集川镇相接的地方。地理坐标东经106°39′31″，北纬35°4′27″。始建于北魏晚期，历经北周、隋扩建重修，12号窟宋代经过局部重修。石窟距地表高5～10米，东西长120米，从西向东排列，共有15个窟龛。

图2-52　6号窟西壁裂隙

1．岩体失稳病害

石拱寺崖体共发育有23条大型的节理裂隙，裂隙均干燥，倾向位于31°～60°之间的裂隙最多，存在10条，并且裂隙分支较多，尤其是浅层风化裂隙相互交叉，对石窟表面进行切割。这些裂隙容易成为基岩裂隙水的渗出点，且易风化（图2-52）。

2．水蚀病害

石拱寺石窟内部相对较为干燥，水蚀病害主要表现为降水冲蚀。窟内渗水现象仅有一处，规模较小，位于6号窟南壁两佛像之间板状剥落处，崖壁颜色较深且潮湿。石拱寺崖面陡峭、直立，上方无任何遮挡措施，降水冲蚀现象较为普遍。崖面上可清楚地观察到雨水流淌形成的泥渍。

3．浅表层劣化病害

（1）崖壁外侧佛龛内造像有一处风化裂隙发育，位于11号窟内，但未产生位移。

（2）表面风化病害主要有结壳剥落、零星分布粉化剥落、孔洞状风化、盐霜4种表现形式。其中，结壳剥落在大型洞窟内普遍发育，剥落层厚度约为2cm（图2-53），在较大的2号窟、6号窟以及9号小窟内都发现有板状剥落现象，且分布范围较大，顶部侧壁均有发育，洞窟顶部最为严重。黄色区域为暴露时间较长的壁面，而新暴露出来的崖体则呈现红色。石窟外壁东侧靠近地面处，也存在板状剥落现象。粉化剥落一处，位于 2 号窟窟顶，为裂隙渗水导致。孔洞状风化现象 1 处，位于南端崖体，呈条带状分布，风化带宽约 50cm。泛盐现象在石窟内部与外壁均有发育，但对石窟造成的影响较为轻微。

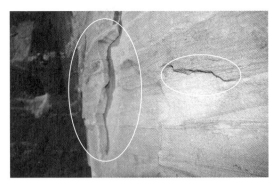

图 2-53　结壳剥落

一处范围较大的泛盐现象位于南端出露崖体，距地面高约 1 米的位置上，竖向条带状分布。大窟内泛盐现象轻微且规模较小，均位于近地面处，呈条带状、点状分布。

（3）因石窟外侧崖体陡直裸露，崖体南端表面泥渍覆盖现象较为普遍。

（4）高等动物痕迹主要表现为鸟类粪便，大型洞窟内部以及外侧崖壁佛龛上均有分布。不均匀变色现象在石拱寺表现突出，在大型洞窟内部普遍存在。由于洞窟内部存在板状剥落病害，表面板状剥落后，新暴露出来的崖体呈现砖红色，为原本的崖体颜色，而暴露时间较长的壁面呈现黄色，即风化之后的颜色（图 2-54）。6 号窟南立面底部生长浅绿色苔藓类植物，发育低等植物病害；石窟崖面有零星灌木与草本植物生长，山顶上的植被较为茂盛；低等动物痕迹体现为蜘蛛网痕迹。微生物活动现象有两处，6 号窟南壁有黑色微生物，12 号龛顶有白色微生物点状分布。

图 2-54　不均匀变色

（5）人为破坏主要表现为划痕、人为污染和不当修复 3 种：人为污染主要表现为烟熏，较为普遍，绝大多数洞窟内均有分布；不当修复主要表现为水泥修补痕迹，大窟内的一些裂隙处有水泥修补；划痕主要表现为游人刻字现象，在 10 号窟北壁发现一处刻字现象。

2.4.2　陇中地区砂岩石窟病害特征研究

2.4.2.1　炳灵寺石窟

炳灵寺位于甘肃省临夏州永靖县西南 40 公里的大寺沟西侧大佛山的崖壁上，东经 103°3′12.312″，北纬 35°48′41.591″，分为上寺、洞沟和下寺三处，坐西面东，南北向展开，崖体高度 40 余米。现存窟龛共计 216 个，石刻造像 680 尊，泥塑造像 108 尊，石胎泥塑造像 27 尊，壁画 900 余平方米，各类佛塔 56 座，以下寺大佛山崖壁上保存的窟龛最为集中，数量也最多，包含窟龛183个，分布在200余米长，60多米高的悬崖陡壁上。

1．岩体失稳病害

炳灵寺石窟裂隙包括10组剪节理和7条卸荷裂隙。石窟所在地层较破碎，卸荷裂隙、构造裂隙、风化裂隙和原生裂隙均有发育，其中对石窟稳定性影响较大的是卸荷裂隙和风化裂隙，卸荷裂隙平行崖面发育，贯通性好，有泥沙填充，宽度在0.5～4cm，切割深度不一；风化裂隙在底层洞窟分布最多最密集。由现场勘察统计的29组节理和裂隙可以判断出炳灵寺的节理倾向以南西向为主，一半以上的倾角度数在70°～80°之间，与大寺沟断层的倾向倾角具有一致性。石窟曾开展过多次崖面加固等保护工作，危岩体病害已得到有效控制（图2-55、图2-56）。

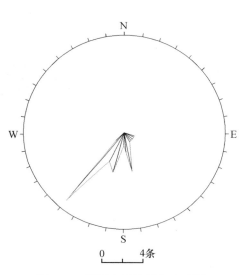

图2-55　炳灵寺裂隙倾向玫瑰图

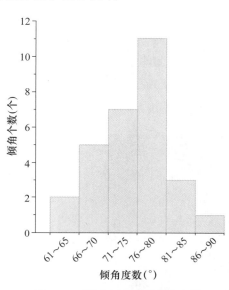

图2-56　炳灵寺裂隙倾角直方图

2．水蚀病害

炳灵寺石窟水蚀病害类型多样，存在崖面渗水（图2-57）、降水冲蚀、地表水冲蚀、窟内潮湿和窟内渗水病害（图2-58）。崖面中上部169号窟大佛顶部位置的泥岩

图2-57　崖面渗水

图2-58　169窟窟顶渗水

夹层有渗水现象，目前崖面有装设引水管，渗水沿引水管会滴落到栈道上。雨水携带崖顶的泥沙沿栈道与崖面之间的缝隙冲刷。雨水汇聚在底部洞窟窟脚，不断冲蚀破坏窟底表面，形成凹陷。降水引起窟前河水水位上升，造成窟区底部淹水；河水上涌携带泥沙，淤积在窟前。目前窟前修筑有拦水坝，较好地阻拦了地表水冲蚀。修筑人行栈道和拦水坝后底层洞窟几乎没有了积水现象，但底部洞窟仍潮湿。由于地下水水位较高，夏季降雨、河流涨水也会加剧毛细水作用，窟区形成积水。169号窟顶部及部分洞窟存在裂隙渗水问题。

3. 浅表层劣化病害

石窟所在岩体构成较复杂，含砾砂岩透镜体。169号窟大佛顶部位置有一泥岩夹层，透镜体与泥岩夹层易掏蚀。受降水冲蚀、毛细水和可溶盐等作用，6号窟和7号窟之间高1.5米处的佛像有板状结壳（图2-59），部分结壳空鼓起翘。6号窟南侧有鳞片状起翘与剥落，表面破碎，覆盖泥渍。134号窟北侧崖面有粉化剥落，底部有褐红色风化落沙堆积。134号窟开凿于褐红色粉砂岩上，岩体中含

图2-59　结壳剥落

青灰色细砂岩，地势较低，位于一层游览平台下部1.4米处，受水盐作用表面风化形成落沙。143号窟等底层洞窟崖面底部泛盐，盐结晶呈细带状分布于近地面约0.5米的范围内；169号窟南侧木楼梯处的崖面有大面积泛盐现象，盐结晶较为致密。

2.4.2.2　寺儿湾石窟

寺儿湾石窟古名为红罗寺，位于甘肃省靖远县北湾乡天字村东北2公里的红砂岩陡崖上，东经104°32′42.094″，北纬36°29′39.113″，海拔约1242m，崖体坐北朝南，高约32m。寺儿湾石窟创建于唐代，清康熙、嘉靖年间重修。原有6窟，现仅存1窟。

1. 岩体失稳病害

裂隙主要有节理和卸荷裂隙两种。石窟南侧有两组剪节理，两组节理近垂直相交，产状65°∠87°，走向近垂直于崖壁，闭合节理，节理贯穿至崖顶，间距1.4m、无充填，节理面平直、光滑、干燥；产状340°∠79°，走向近平行于崖壁延展方向，闭合节理，节理贯穿至崖顶，间距0.3m，无充填，节理面平直、光滑、干燥。卸荷裂隙主要有三条，其中两条分布在崖面，产状248°∠81°，走向近平行于崖壁，微向外倾，宽10～20cm，从地面向上延伸至崖顶，呈锯齿状，有泥沙充填，充填物未胶结，节理面干燥。窟内顶部有一条卸荷裂隙，延展方向近平行于崖面，宽2～5cm，呈锯齿，裂隙面潮湿。崖面整体岩体较完整，稳定性好，洞窟所在区域无危岩体，在崖体北端，由于人为开挖洞室，在节理作用下有不稳定小块体（图2-60）。

2．水蚀病害

石窟地下水位较浅，受地下水毛细作用和岩体地下水侧向径流，虽然已经修筑了一条半环形的隔水洞，但窟内常年仍保持潮湿状态，窟壁粉状风化严重。洞窟所在崖面呈高角度斜坡，顶部有较宽的平台，利于降水汇集，崖面可见雨水冲蚀形成的冲沟，表面有降水携带的泥渍（图2-61）。

图2-60　节理　　　　　　　　　　　　图2-61　泥渍

3．浅表层劣化病害

（1）由于风化作用，崖体表面形成较多的结壳，结壳表面稍密，内部疏松，进而形成空鼓，呈片状剥落，一般厚度可达5cm，为表层风化的主要病害。由于地下水位较高，砂岩胶结较差，表面粉状风化严重，窟壁墙脚可见大量粉状风化堆积（图2-62）。崖壁上部有一层较薄泥质夹层，相对隔水，盐析严重，崖壁底部由于地下水毛细作用，析盐、酥碱严重。其余部位未见泛盐现象。

图2-62　粉化剥落

（2）洞窟内由于人为活动，烟熏现象比较严重。

（3）岩体外侧局部有青黑色苔藓生长的残留，多位于冲沟附近，覆盖厚度较浅，表面较致密。崖面有零星灌木生长，且部分植物生长于卸荷裂隙中。

2.4.2.3　法泉寺石窟

法泉寺石窟位于甘肃省靖远县城东10公里的扬梢沙河出山口，东经104°45′45.112″，北纬36°36′56.423″，海拔约1390m，崖体面向东南，高度从几米到近百米不等。法泉寺始建于北魏，距今已有1500多年的历史，经隋、唐、五代、宋、元、明、清等朝代凿修，现存36个洞窟。

1. 岩体失稳病害

大佛殿至北魏三窟的崖面间存在四组节理和一条卸荷裂隙。节理近竖直发育，节理面平直、干燥，部分张开度较大，可达20cm，有风化物填充，卸荷裂隙位于北魏三窟中间窟窟顶，走向122°，东西向延伸贯穿窟顶，宽度5～10cm，无充填，节理面锯齿状、干燥。

2. 水蚀病害

法泉寺石窟崖顶有第四纪风化黄土堆积，降水携带顶部黄土形成泥流冲刷而下，崖面有明显的浅黄色泥皮覆盖。大佛殿、水帘洞北魏三窟临近山泉，雨季形成季节性河流，河水流经窟前导致窟内潮湿，窟壁冰凉。雨水和山泉等汇聚形成的季节性河流流经窟前，引起附近洞窟的地表水冲蚀，加剧洞窟崖面底部的风化凹进。

3. 浅表层劣化病害

浅表层劣化病害主要有鳞片状起翘与剥落、粉化剥落、孔洞状剥落病害3种表现形式。

法泉寺石窟窟顶和崖面普遍发育片状风化，水流冲刷使崖面龟裂，严重时风化区域以片状形式剥离岩体表面；骨魂殿南侧、武庙北侧、全佛洞周围、观音殿与玉佛楼之间、北魏三窟的崖面均有粉化剥落，粉化区域地面有大量落沙堆积；玉佛楼与凌霄阁之间的崖面有少量的孔洞状风化，降水作用和风化作用导致岩体中胶结较差的砂砾石层剥落，形成孔洞，直径10～15cm（图2-63、图2-64）；人为破坏主要体现为烟熏痕迹（图2-65）。

图2-63　鳞片状起翘与剥落

图2-64　粉化剥落

图2-65　窟顶烟熏

2.4.2.4　五佛沿寺石窟

五佛沿寺石窟位于景泰县城东20km的五佛乡，东经104°18′02.012″，北纬37°10′31.631″，海拔约1308m。五佛沿寺石窟始建于北魏，现存一窟为中心柱窟，窟内正中凿一方形中心柱，边长4.6米，中心柱四面开券顶龛。窟内四壁及中心柱各个看面为西夏至明清时期塑修的造像和影塑千佛。

1．岩体失稳病害

石窟南侧约5m的废弃洞窟有一组张节理，产状345°∠81°，宽约1cm～3cm，有盐结晶充填，节理面平直，潮湿。石窟南侧下部的泥岩地层有三组剪节理。一组节理产状287°∠22°，间距0.4m，有钙质胶结的中砂岩填充，呈闭合状态；一组节理产状70°∠49°，间距0.75m；一组节理产状260°∠26°，宽0.7m，三组节理的节理面均平直、干燥（图2-66、图2-67）。

图2-66　节理

图2-67　节理

2．水蚀病害

石窟窟顶较薄，约0.2～0.3m，雨水下渗或毛细水上升导致窟内湿度增加；主窟窟前有木构建筑遮挡，窟内气体流动性差，水汽不易散出，导致窟内常年潮湿。石窟位于黄河的二级阶地，地下水位较高，主窟整体修复加固过，但窟顶较薄，受地下水和降水下渗影响，仍有渗水现象。

3．浅表层劣化病害

主窟顶部和废弃洞窟受强烈的水盐作用为主导，窟壁大面积粉化剥落，底部有厚层混盐落沙堆积。受渗水影响，主窟窟顶有片状剥落，南北两壁及两角的塑像风化严重。废弃洞窟内盐霜严重（图2-68），广泛分布于窟顶及四壁。窟

图2-68　盐霜

顶较薄、裂隙发育和降水下渗都为可溶盐结晶提供了条件。大部分盐结晶呈颗粒状附着于窟壁，南壁节理的缝隙中生长有银白色针状可溶盐，长约1cm。

2.4.2.5　红山寺石窟

红山寺石窟又称开元寺石窟，位于甘肃省白银市平川区共和镇政府以西的红砂岩山上，东经105°0′57.092″，北纬36°38′22.218″，海拔约1549m。红山寺始建于北魏，明清扩建修缮。

1. 岩体失稳病害

岩体上有两组剪节理，一组节理位于开元石窟南端山顶，走向140°，间距30~65cm，呈闭合状态，节理面平直、干燥；一组节理位于石窟外北东向的崖面，走向220°，间距30cm，节理面平直、干燥。石窟窟顶南部有一条贯通的卸荷裂隙，走向80°，裂隙宽度约5~10cm，无充填，节理面锯齿状，下雨时有渗水现象（图2-69）。

2. 水蚀病害

石窟窟顶较薄，窟内南部的卸荷裂隙在雨季会形成水的通道，造成窟内渗水。目前窟内南壁上方有一个方形通气口，相对缓解窟内湿气，阴晴天时窟内潮湿情况相比过去有所减轻。

3. 浅表层劣化病害

石窟整体的风化程度较弱，以局部粉化剥落为主（图2-70），物理风化作用最强。在风化区域可见褐红色落沙，落沙细密干燥。崖面可以看到局部少量泛盐，盐结晶呈颗粒状紧密附着在岩体表面（图2-71）。崖面局部覆盖灰白色地衣、青黑色苔藓。

图2-69　节理

图2-70　粉化剥落

图2-71　盐霜

2.4.3　河西地区砂岩石窟病害特征研究

河西地区石窟多为砾岩和砂砾岩，砂岩质石窟多分布于祁连山与走廊过渡带，如张掖市肃南裕固族自治县马蹄寺石窟，马蹄寺石窟地理坐标分布范围为东经100°22′30″～100°30′00″，北纬38°25′00″～38°32′30″。马蹄寺石窟窟龛多分布在范围约为28平方公里的山崖壁上，洞窟之间的距离在2公里至10公里不等。马蹄寺石窟群可划分为四大部分，即千佛洞区域，北寺区域，上、中、下观音洞区域以及金塔寺区域，共有70多个洞窟。

马蹄寺石窟主要病害类型有岩体失稳、水蚀病害和浅表层劣化病害。

（1）马蹄寺石窟群处于构造活动区，节理裂隙发育成熟，在千佛洞石窟、北寺石窟和观音洞石窟均存在，多呈平行或雁行状排列，长度达数米至数十米，此次调查共有8处节理和2处裂隙，其中包括四处贯穿崖面。部分卸荷裂隙切割崖体形成危岩体，如石窟节理裂隙发育，贯穿崖面，走向约100度，倾角约70度，连通性好，外侧的危岩体有坍塌隐患（图2-72、图2-73）。

图2-72　千佛洞节理

图2-73　下观音洞裂隙

图2-74　窟顶渗水

（2）水蚀病害表现为崖面冲蚀、窟内潮湿和窟内渗水（图2-74）。马蹄寺石窟崖面相对干燥，区域较潮湿，崖面窟龛有部分降雨冲蚀。千佛洞石窟雨水冲刷严重，观音殿西有泥皮存在，地藏殿西侧等窟龛存在有冲痕。窟内水来源主要为降雨与近地面毛细水作用。北寺站佛殿窟内开凿有八公德水井，水位为3米，造成水井附近距离地面1.5m处潮湿。北寺石窟所在崖体由于锚杆过于紧密，表面杂草清理后，流水沿根茎渗入内部，渗水情况更加严重。下观音洞石窟由于开凿较高，窟内干燥。

（3）浅表层劣化病害的主要表现形式有粉化剥落、孔洞状风化、鳞片状起翘与剥落、片状剥蚀、生物病害和人为破坏6种。其中，粉状风化主要分布在千佛洞中区，受风蚀、雨蚀共同作用，粉状风化在近地面区域较多（图2-75）。粉化剥落多分布在崖壁底部及千佛洞窟东区窟龛中，由于受到潮湿影响，剥落严重，出露红色岩体。孔洞状风化主要分布在千佛洞中区，受风蚀、雨蚀共同作用，孔洞状风化多沿崖体层理分布，孔洞直径平均在20～30厘米。观音殿、地藏殿与药师殿周围崖壁孔洞大小不一，其直径最小在10至20厘米，最大在1米。鳞片状起翘与剥落分布在马蹄寺石窟崖面（图2-76），片状剥落多位于节理、窟龛周围，厚度大小不一。千佛洞石窟片状剥落厚度在1～3厘米；北寺三十三天石窟南端岩壁片状剥落厚度在3至5厘米；观音洞石窟片状剥落位于步道中部，厚度在0.5至1米。千佛洞东区崖面有苔藓等植被覆盖（图2-77），风化较弱。窟区崖体顶部及崖面凹槽处普遍有草本灌木类高等植物寄生。人为破坏主要表现为烟熏污染。

图2-75　粉化剥落

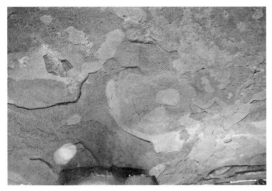

图2-76　片状剥落

图2-77　生物病害

2.4.4　甘肃省砂岩石窟病害区域特征

2.4.4.1　陇东地区

陇东地区主要包括陇山以东的庆阳市和平凉市，由于降水量大，砂岩层理明显且透水性相对较大，地层存在二元结构，即上部多覆盖有渗透性相对较好的黄土，下部为白垩系砂岩，因而石窟主要病害为生物病害、表面粉化、盐霜和孔洞状风化。陇东地区整体节理、裂隙较为发育，因差异风化形成的危石和危岩体规模较小，薄顶洞窟存在失稳问题。环河组石窟崖面较为低矮，裂隙以闭合性节理为主；罗汉洞组岩性不均一，层理变化较大，且大型节理裂隙发育，大型洞窟顶部风化变薄，出现失稳病害，受卸荷裂隙影响，存在小型危岩体；李洼峡组崖体相对高大，大窟稳定性差，发育有大型的裂隙。该区域石窟浅表层劣化病害为甘肃省较为严重区域，北石窟寺、南石窟寺、平定川流域石窟表现最为明显。受人为活动影响，该区域石窟烟熏病害普遍存在。生物病害表现为石窟顶部多植被覆盖，植被覆盖度大，以乔木和灌木为主，洞窟内部和崖体表面，多生长有苔藓，大部分区域苔藓结壳。该区降水量大，岩体普遍潮湿，除石拱寺石窟由于地层为李洼峡组胶结较好外，其余石窟砂岩胶结性差，表面粉化强烈，尤其底层洞窟多见粉化堆积。该区域盐霜病害严重，泛盐多呈带状或以渗水点为中心的不规则状出现，部分形成盐壳，主要由岩体渗水和潮湿引起，受地层层状结构和产状影响，呈水平条带状分布。由于地层不均性引起差异风化，孔洞状风化普遍存在，但就单个石窟来说，分布面积一般相对较少，主要分布在岩性不均匀及底部水蚀、风蚀活动较强位置，多呈条带状水平分布。

2.4.4.2　陇中地区

陇中地区主要包括以兰州为中心的白银市区域石窟和临夏回族自治州永靖县炳灵寺石窟，皆位于黄河干道及其附近。该区域石窟普遍存在烟熏病害，黄河干道和支流的砂岩石窟受地形地貌影响，病害呈现两类不同的分布特征。陇中黄河支流石窟如法泉寺、五佛沿寺、红山寺皆位于高阶地上，崖体直立高度小，石窟一般规模小，岩体普遍较干燥，多以卸荷裂隙为主，节理少，危岩体规模小，洞窟较为稳定，病害不严重，五佛沿寺和红山寺由于顶部覆盖层较薄，有少量沿裂隙渗水现象及泛盐。五佛沿寺和法泉寺地层时代较晚，岩性胶结差，局部有表面粉化现象，而红山寺地层时代为白垩纪，表面粉化不明显。黄河干道石窟，地下水作用强烈，浅表层主要病害为表面粉化、盐霜和渗水，局部发育微生物病害。个别石窟崖体高大，如炳灵寺石窟，因地层不均匀，存在差异风化形成的危岩体。

2.4.4.3　河西地区

河西地区多为砾岩石窟，砂岩石窟相对较少，典型石窟为马蹄寺石窟群，石窟崖体整体胶结状况较好，稳定性较强，存在节理、裂隙问题，部分裂隙切割形成危岩体，体量均较小。该地区以短时强降水为主，崖面受降水冲蚀影响，部分裂隙存在渗水问题。浅表层劣化病害主要为植物病害、孔洞状风化及烟熏，局部存在表面粉化和盐霜现象。

第3章 甘肃省砂岩石窟浅表层劣化分类分级研究

3.1 砂岩石窟寺浅表层劣化病害分类分级

3.1.1 砂岩石窟寺浅表层劣化病害分类

根据甘肃省砂岩石窟病害调查结果，本书梳理了陇东地区、陇中地区和河西地区砂岩石窟寺浅表层劣化病害及其表现形式（表3-1），甘肃省砂岩石窟浅表层劣化病害主要有断裂与裂隙、缺损、掏蚀、结壳剥落、鳞片状起翘与剥落、粉化剥落、孔洞状剥落、盐霜、粉尘污染、水锈结垢、泥渍覆盖、不均匀变色、低等植物寄生、高等植物寄生、低等动物痕迹、高等动物痕迹、微生物活动、划痕、人为污染和不当修复共20种。

表 3-1   甘肃省砂岩石窟浅表层劣化病害统计表

地区	石窟名称	断裂与缺损		表面风化						污染与变色				生物病害					人为破坏		
		断裂与裂隙	缺损	掏蚀	结壳剥落	鳞片状起翘与剥落	粉化剥落	孔洞状剥落	盐霜	粉尘污染	水锈结垢	泥渍覆盖	不均匀变色	低等植物寄生	高等植物寄生	低等动物痕迹	高等动物痕迹	微生物活动	划痕	人为污染	不当修复
陇东地区	北石窟寺	☆	☆	☆	○	★	★	★	★	○	○	○	—	☆	☆	○	○	○	○	☆	☆
	南石窟寺	☆	○	—	○	☆	★	○	★	—	○	—	—	○	○	○	○	○	○	○	○
	莲花寺石窟	—	—	—	○	★	★	○	★	—	—	—	—	○	☆	○	○	○	—	★	—
	保全寺石窟	—	—	★	○	○	★	—	○	—	—	—	—	○	○	○	○	○	☆	☆	—
	石拱寺石窟	○	—	—	○	○	○	—	○	—	—	—	★	○	○	○	○	○	○	☆	—
陇中地区	炳灵寺石窟	—	—	★	○	○	☆	—	☆	—	—	—	—	○	—	—	—	—	—	☆	—
	寺儿湾石窟	—	—	—	☆	○	○	—	☆	—	—	—	—	○	—	—	—	—	—	☆	—
	法泉寺石窟	—	—	—	○	★	★	—	○	—	—	—	—	○	—	—	—	—	—	○	—
	五佛沿寺石窟	—	—	—	○	★	★	—	★	—	—	—	—	○	—	—	—	—	—	○	—
	红山寺石窟	—	—	—	—	★	★	—	☆	—	—	—	—	—	—	—	—	—	—	☆	—
河西地区	马蹄寺石窟	—	—	—	○	★	★	☆	☆	—	—	—	—	☆	—	○	—	—	—	☆	—

注：主要病害——★，零星病害——○，次要病害——☆，无此病害———。

结合甘肃省砂岩石窟浅表层劣化病害的表现形式和成因将20种浅表层劣化病害分为五大类。第一类为断裂与缺损，包括断裂与裂隙、缺损；第二类为表面风化，包括掏蚀、结壳剥落、鳞片状起翘与剥落、粉化剥落、孔洞状剥落、盐霜6种病害；第三类为污染与变色，包括粉尘污染、水锈结垢、泥渍覆盖、不均匀变色4种病害；第四类为生物病害，包括低等植物寄生、高等植物寄生、低等动物痕迹、高等动物痕迹、微生物活动5种病害；第五类为人为破坏，包括划痕、人为污染、不当修复。

3.1.2　砂岩石窟寺浅表层劣化病害分级

石窟浅表层病害涉及石窟赋存岩体及与岩体相连、就地开凿的造像、窟龛等不可移动文物，石窟浅表层病害的分布具有复杂性，为病害的准确分级带来较大的不确定，有些病害，本身虽然很严重，但在石窟分布总体不多；有些病害虽然在整个石窟寺分布不广泛，但对某一个洞窟而言，又占据主导地位；有些病害虽然本身不严重，但在整个石窟寺分布极为广泛。因此，从病害的分布和病害的严重程度可按照两个层次进行分级，第一层次首先按照病害在研究对象所有病害的分布和影响程度定性分级，第二层次按照单一病害的发育特征和对文物的影响定量分级。

第一层次分级主要按照病害的分布和病害对整个石窟寺或洞窟的危害分为三级：主要病害、次要病害和零星病害（表3-2）。需要指出的是，第一层次分级根据评估对象的不同会进行转化，如某一病害可能在整个石窟寺区域为次要病害，但对某一洞窟而言，或洞窟某一部分而言，可能转化为主要病害；另一方面，某一病害在整个石窟寺区域为主要病害，但对某一洞窟而言，或洞窟某一部分而言，可能为次要病害。零星病害则为在石窟极小面积的区域内偶然发生的病害，无论针对整个石窟还是单个洞窟均为局部小面积分布，无转化为主要病害或次要病害的可能。

表3-2　浅表层劣化病害分级表

病害分级	分级说明
主要病害	在评估对象区域内对比所有病害分布相对较广；或虽然分布较少，但对石窟价值保存有重大影响，持续发育
次要病害	在评估对象区域内对比所有病害分布相对较少，对石窟价值保存影响较小
零星病害	在评估对象区域内对比所有病害分布极少，对石窟价值保存影响小

第二层次按照上述五大类，20亚类浅表层病害的发育特征和对文物的影响进行定量分级，各类病害的分级如下所述。

3.1.2.1　断裂与缺损

1. 断裂与裂隙

断裂与裂隙主要指石质造像、窟壁等小块体已有明显裂隙或与主体有明显位移，存在与母体分离的可能性，也包括已经断裂分离，但可以恢复的现象。根据病害的程度可分为三级（表3-3）。

表3-3　断裂与裂隙病害分级表

病害分级	分级描述
一级	断裂体于母体已经分离或完全断开
二级	有贯通裂隙，断裂体已有明显变形位移，已处于不安全状态
三级	有裂隙，裂隙未完全贯通，并且无明显位移，仅有断裂可能

２．缺损

缺损主要指石质造像、窟壁突出部位等文物在自然营力作用下部分残缺，而且缺损仍受外力作用，有继续扩大的可能。对于受人为作用已经缺损而且无法恢复的、不再扩大的不属本病害范畴。根据缺损部位和影响程度分三级（表3-4）。

表3-4　缺损病害分级表

病害分级	分级描述
一级	缺损发生在文物结构主要部位，对文物安全有重要影响
二级	缺损发生于主要部位，严重影响文物功能，对文物价值有重要影响，如脸部、重要刻饰、文字等
三级	缺损发生于次要部位，但对文物完整性价值有影响

3.1.2.2　表面风化

１．掏蚀

掏蚀主要指岩体表面由于差异风化造成连续、大范围风化凹进或崖体根部受自然营力作用掏蚀凹进的病害。根据风化程度对岩体稳定性影响程度可分为两级（表3-5）。

表3-5　掏蚀病害分级表

病害分级	分级描述
一级	掏蚀已经对岩体稳定性造成较大影响
二级	掏蚀目前对岩体稳定性影响不严重，但继续发展会对岩体稳定性造成较大影响

２．结壳剥落

结壳剥落主要指岩体或文物表面由于水盐、温度周期变化影响，表面风化、疏松结壳，多伴随有表面空臌起翘，在自然营力作用下，表面呈片状、板块状剥落的现象。根据风化结壳的厚度及剥落的难易程度可分为三级（表3-6）。

表3-6　结壳剥落病害分级表

病害分级	分级描述
一级	结壳厚度大于5cm，易剥落
二级	结壳厚度为1～5cm，易剥落
三级	结壳厚度小于1cm，不易剥落

3．鳞片状起翘与剥落

鳞片状起翘与剥落主要指由于热胀冷缩、冻融作用等造成石质文物或岩体表面呈薄片状起翘与剥落的现象。根据起翘病害形态可分为三级（表3-7）。

表3-7　鳞片状起翘与剥落病害分级表

病害分级	分级描述
一级	表面起翘超过2层，剥落严重
二级	表面起翘两层，连续，剥落严重
三级	表面起翘密集，单层，不连续

4．粉化剥落

粉化剥落主要指在温湿度变化、水盐、冻融作用下表面疏松，呈细小颗粒脱落的现象表面，多发生于砂岩类石窟。表面风化剥落可根据风化速度定量分级，野外可根据风化程度分为两级（表3-8）。

表3-8　粉化剥落病害分级表

病害分级	分级描述
一级	有明显风化剥落，手触表面疏松
二级	可看到明显风化剥落，手触文物或岩体表面较致密

5．孔洞状剥落

孔洞状剥落主要指表面溶解、风蚀风化，软质夹杂物溶解脱落，而在文物或岩体上形成孔洞的风化现象。根据病害的连续程度可分为两级（表3-9）。

表3-9　孔洞状剥落病害分级表

病害分级	分级描述
一级	孔洞状风化呈带状或成片出现
二级	有孔洞状风化现象，但不连续

6．盐霜

盐霜主要指由于毛细水与可溶盐活动，使得可溶盐在岩体表面富集析出的现象。这类病害在石材质地较为疏松的砂岩、泥灰岩与凝灰岩文物表面较为常见。根据盐结晶程度和表现形式可分为三级（表3-10）。

表3-10　盐霜病害分级表

病害分级	分级描述
一级	表面泛白，有盐壳生成，部分盐壳已起翘
二级	盐结晶呈片状分布，表面泛白
三级	可见盐颗粒结晶

3.1.2.3　污染与变色

1．粉尘污染

粉尘污染主要指文物表面附着有大量细小粉尘。根据粉尘污染部位分布和粉尘成分、颜色可分为三级（表3-11）。

表3-11　粉尘污染病害分级表

病害分级	分级描述
一级	粉尘沉积较厚，含有大量有机成分，严重影响文物色调和观瞻
二级	文物表面普遍有粉尘沉积，对文物观瞻有轻微影响
三级	区部有粉尘沉积，不影响文物整体观瞻

2．水锈结垢

水锈结垢主要指由于降水或渗水在文物或岩体表面形成的一层沉淀物（多为钙质）。根据水锈结垢分布程度和对文物或岩体影响程度可分为三级（表3-12）。

表3-12　水锈结垢病害分级表

病害分级	分级描述
一级	结垢分布面积广，颜色明显不同，严重影响文物或岩体观瞻
二级	结垢呈点状或条带状零星分布，颜色明显不同，影响文物观瞻
三级	结垢厚度小于1mm，致密，文物表面颜色无明显改变

3．泥渍覆盖

泥渍覆盖主要指造像、佛龛等文物表面由于降水冲刷导致表面覆盖有泥皮或泥渍；对岩体表面形成的泥渍可归入降水冲蚀病害。根据泥渍分布程度可分为三级（表3-13）。

表3-13　泥渍覆盖病害分级表

病害分级	分级描述
一级	有大于三条条带状泥渍，或呈面状分布
二级	泥渍呈条带状分布，条带数目小于或等于三条
三级	泥渍呈斑点状零星分布

4．不均匀变色

由于风化作用导致岩石颜色变化，对长期地质历史形成的变色不在本书研究范畴，根据变色的分布可分为两级（表3-14）。

表3-14　不均匀变色病害分级表

病害分级	分级描述
一级	表面有多处较大范围变色，已经严重影响文物或崖体外貌观瞻，多呈花斑状
二级	表面有局部部位变色，文物或岩体外貌观瞻影响不大

3.1.2.4　生物病害

1．低等植物寄生

低等植物寄生主要指附着在文物和崖体表面，指真菌类、苔藓类、藻类、蕨类等低等植物生长或死亡后遗留的残迹。根据分布和形态可分为三级（表3-15）。

表3-15　低等植物寄生病害分级表

病害分级	分级描述
一级	低等植物呈大面积分布，并且呈层状结壳，结壳比较疏松，易剥落
二级	低等植物呈大面积分布，并且呈层状结壳，结壳比较致密
三级	表面有零星低等植物分布

2．高等植物寄生

高等植物寄生主要指草本、灌木、乔木等对崖体安全保存有影响的高等植物寄生。根据植物覆盖度可分为三级（表3-16）。

表3-16　高等植物寄生病害分级表

病害分级	分级描述
一级	植物覆盖度达100%
二级	植物覆盖度为30%～100%
三级	植物零星分布，覆盖度不足30%

3．低等动物痕迹

低等动物痕迹主要指昆虫在文物表层生活所留下的痕迹，如虫窝、虫卵及分泌物等。根据病害分布形态可分为两级（表3-17）。

表3-17　低等动物痕迹病害分级表

病害分级	分级描述
一级	成范围出现，分布比较密集
二级	零星出现，没有形成规模

4．高等动物痕迹

高等动物痕迹主要指高等动物在文物表层生活所留下的痕迹，如鸟窝、鸟类粪便及动物爬行痕迹等。根据污染分布范围可分为三级（表3-18）。

表3-18　高等动物痕迹病害分级表

病害分级	分级描述
一级	岩体或文物整体上大部分分布有污染物，岩体或文物外貌已完全改变，对岩体或文物外貌有重大影响
二级	污染物分布较多，对岩体或文物外貌有较大影响
三级	污染物局部有分布，对岩体或文物外貌有一定影响

5．微生物活动

从肉眼观测该类物质像霜附着于文物表面，会呈现不同颜色，一般情况下白色、灰色和黑色居多。根据病害分布形态可分为两级（表3-19）。

表3-19　微生物活动病害分级表

病害分级	分级描述
一级	成范围出现，分布比较密集
二级	零星出现，没有形成规模

3.1.2.5　人为破坏

1．划痕

划痕主要指文物表面与雕刻造型无关的人为刻画痕迹。根据划痕数量和对文物价值的影响可分为三级（表3-20）。

表3-20　划痕病害分级表

病害分级	分级描述
一级	有多条划痕，对文物价值有重要影响
二级	有多条划痕，或划痕对文物价值有一定影响
三级	有一条划痕

2．人为污染

人为污染主要指人为涂鸦、书写及烟熏等造成的文物和岩体污染现象；或由保护引起的变色与污染，例如采用铁箍、铁质扒钉等加固断裂部位而引起的文物表面变色和不正当涂刷引起的表面变色。根据病害的分布和程度可分为三级（表3-21）。

表3-21　人为污染病害分级表

病害分级	分级描述
一级	污染范围较大，并且呈层状，常有剥落现象
二级	污染范围较大，严重影响观瞻
三级	有零星或局部小范围人为污染

3．不当修复

不当修复主要指对文物或岩体进行黏结、加固、修补等改变文物原貌的现象。根据对文物或岩体的影响可分为两级（表3-22）。

表3-22　不当修复病害分级表

病害分级	分级描述
一级	位于文物或岩体主要部位，对文物价值认知或岩体观瞻有重要影响
二级	位于文物或崖体次要部位，对文物价值有一定影响

3.2　砂岩石窟寺浅表层劣化病害分类分级体系应用

北石窟寺石窟群被发现以来，经过长期的风化作用，砂岩表层产生了多种典型风化病害，风化程度参差不齐。同时，北石窟寺风化问题受到中外诸多学者的关注，不少专家学者先后多次到北石窟寺考察研究，积累了丰富的基础数据。根据对北石窟寺浅表层劣化病害的调查分析，结合上文中砂岩石窟寺浅表层劣化病害分类分级方法，以北石窟寺为例，进行砂岩石窟寺浅表层劣化病害分类分级体系应用。

3.2.1　断裂与缺损

3.2.1.1　断裂与裂隙

根据断裂与裂隙病害的影响程度将病害等级划分为三级（表3-3），断裂与裂隙病害分布如图3-1所示。将佛龛边缘因自然风化产生裂隙（主要分布于165窟外两侧佛龛集中处，多位于崖面上部与底部）、龛内造像本体受风化产生的裂隙均归为三级病害（图3-2b），洞窟内大型造像的断裂与裂隙（在最南端的267窟中间的造像脖子处有一明显裂隙，这是窟内唯一一处佛像断裂与裂隙病害），归为二级病害（图3-2a）。

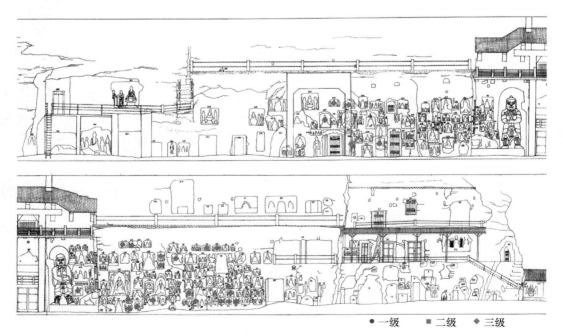

●一级　■二级　◆三级

图3-1　断裂与裂隙病害分布图

（a）佛头裂隙（二级）　　　　　　　　　　　（b）龛内裂隙（三级）

图 3-2　断裂与裂隙病害

3.2.1.2　缺损

根据缺损部位和影响程度分三级（表 3-4）。缺损病害同样集中于 165 窟两侧崖壁开凿的小佛龛上（图 3-3），发育部位多集中在崖面中部，缺损现象是上文提到的断裂与裂隙病害进一步发展的结果。佛龛多有一定进深，龛内造像缺损现象并不严重，反而佛龛突出的边缘容易风化残缺。因病害主要发生于次要部位，所以大多数佛龛边缘缺损归为三级病害（图 3-4b），仅有 90 号佛龛缺损发生在造像底部，将其归为二级病害。除此之外，在北侧一层 253 窟内东壁与南壁的造像底部出现缺损现象，可划分为二级（图 3-4a）。

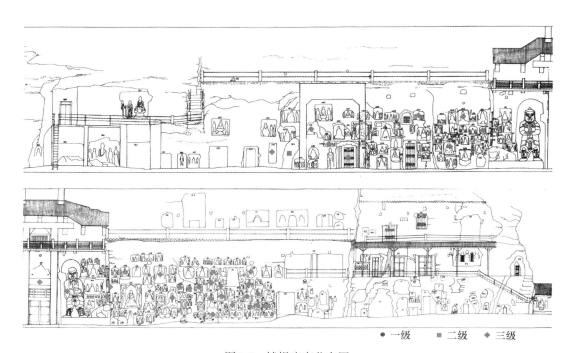

● 一级　　■ 二级　　◆ 三级

图 3-3　缺损病害分布图

（a）二级　　　　　　　　　　　　　　　　　（b）三级

图3-4　缺损病害

3.2.2　表面风化

3.2.2.1　掏蚀

根据风化程度对岩体稳定性影响程度可分为两级（表3-5）。一级病害有两种典型类型，第一种分布于石窟第三层底部的一条连续的掏蚀凹进风化槽，厚度20~30cm，平均深度约30cm，在北端与南端均经过水泥修补，该凹槽影响岩体稳定性并可导致渗水（图3-5、图3-6）；第二种分布于石窟三层北侧上部，由于岩体表面差异风化造成，产生层状掏蚀凹进现象（图3-7），因窟区三层存在一条软弱夹层带，这一区域岩性较弱，岩层间隙松散，胶结差，易发生掏蚀。石窟三层北侧上部崖体突出，呈现一个悬空的状态，在重力作用的影响下更容易发生风化掉落，影响下部游人安全。二级病害分布在崖体底部（图3-8、图3-9），由于窟前地面硬化、降水飞溅、降水量过大时地面水排泄不及时、降雪沉积等原因，造成根部酥碱，产生掏蚀，掏蚀深度为3~5cm，对于崖面稳定性影响微弱。

图3-5　泥岩掏蚀位置分布图（一级）

图3-6　崖体底部掏蚀部位分布图（二级）

图 3-7　泥岩夹层掏蚀病害

图 3-8　崖体底部掏蚀病害

3.2.2.2　结壳剥落

根据风化结壳的厚度及剥落的难易程度可分为三级（表3-6）。这一病害在北石窟发育五处（图3-10），四处位于石窟南侧，结壳剥落规模均较小，结壳厚度均小于1cm（图3-11a），该现象与盐霜病害伴生，由于空鼓部位均位于窟壁及造像身体次要部位，不影响文物信息。还有一处位于165窟上方栈道北侧，该处崖壁表现形成较厚的风化壳（图3-11b），且部分空鼓区域已经脱落，厚度约2cm。

图 3-9　掏蚀凹进

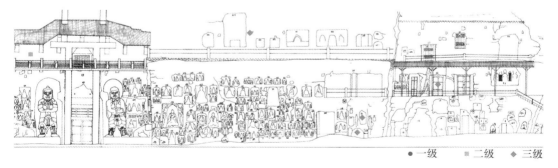

● 一级　■ 二级　◆ 三级

图 3-10　结壳剥落病害分布图

3.2.2.3　鳞片状起翘与剥落

根据起翘病害形态可分为三级（表3-7）。在北石窟寺共调查到74个窟龛发育有鳞片状起翘与剥落病害。在这74个大小窟龛内，有45个窟龛的病害分布于顶部（图3-12）。由分布图可观察到位于南侧洞窟片状剥落病害发育最为严重，为一级。南侧二层洞窟位于泥岩层下方，岩层滞水为下层洞窟提供了长时间的水源补给，导致片状剥落严重；而北侧底层洞窟由于节理裂隙穿插发育，裂隙水渗使窟顶多片状剥落病害及盐霜，多数为三级病害（图3-12）。南端洞窟上部为栈道，栈道平台为雨水汇集下渗提供条件（图3-13）。

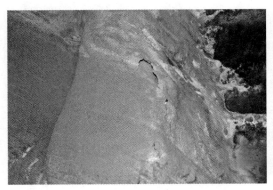 

（a）32窟内结壳剥落　　　　　　　　　　　（b）三层栈道处空鼓现象

图3-11　结壳剥落病害

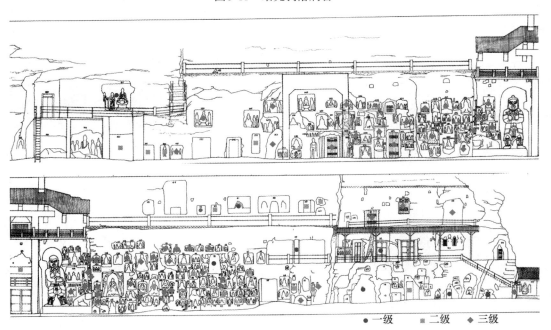

●一级　■二级　◆三级

图3-12　鳞片状起翘与剥落病害分布图

3.2.2.4　粉化剥落

粉化剥落可根据风化速度定量分级，野外可根据风化程度分为两级（表3-8）。在北石窟调查到有64个窟龛粉化剥落病害发育情况较为严重，在这64个窟龛中，有35个窟龛的粉化剥落病害位于窟顶部，有17个窟龛的粉化剥落病害发育在侧壁下部靠近底面处（图3-14）。近地面南北两侧的窟内，粉化剥落情况较为严重，划分为二

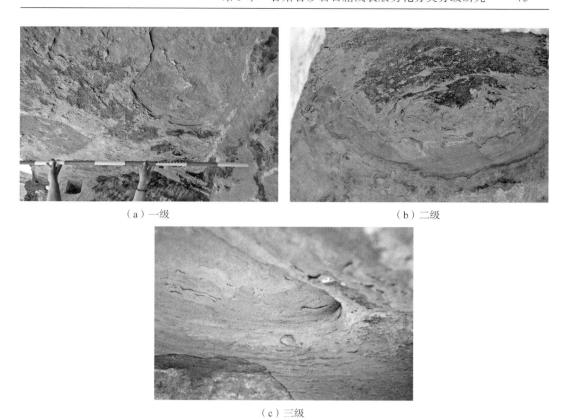

（a）一级　　　　　　　　　　　　　　　　（b）二级

（c）三级

图 3-13　鳞片状起翘与剥落病害

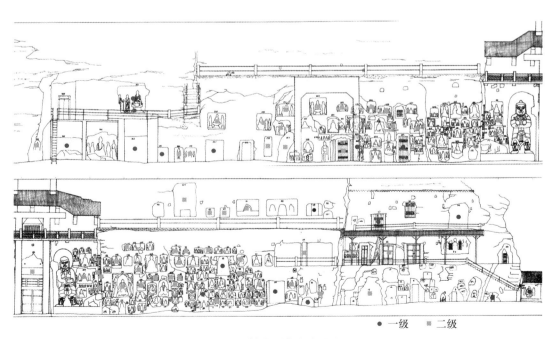

● 一级　　■ 二级

图 3-14　粉化剥落病害分布图

级（图3-15）。近地面处洞窟受地下水毛细作用影响较大，北端有泉水出露，而地层向北东倾斜，基岩裂隙水容易沿层面流动，在石窟北侧汇集，导致两端的洞窟潮湿，粉化剥落现象严重。二、三层的粉化剥落应与大气降水沿裂隙下渗有关，如崖体中部佛龛粉化应与步道渗水有关，而崖体南侧二、三层洞窟粉化与平行于崖面的卸荷裂隙相关。

（a）一级 （b）二级

图3-15 粉化剥落病害

3.2.2.5 孔洞状剥落

根据病害的连续程度可分为两级（表3-9）。共计在68个窟龛内及其外侧崖壁上发育该种病害（图3-16），且在这68个窟龛中超过70%的孔洞状剥落病害发育在石窟

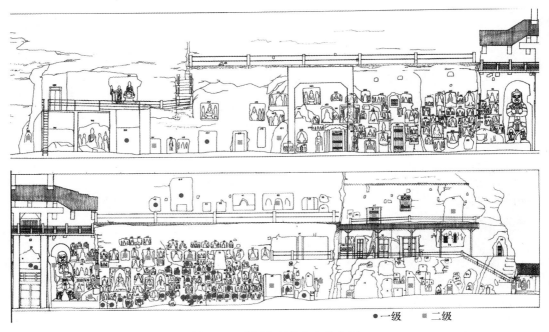

● 一级 ■ 二级

图3-16 孔洞状剥落病害分布图

中下部。由图 3-17 可知，165 窟南侧佛龛集中的崖壁上孔洞状剥落分布范围最大，尤其是近地面处与裂隙附近孔洞状剥落病害发育程度最为严重，石窟南侧三层栈道以上的崖面也有孔洞状剥落发育，应与岩性有关。

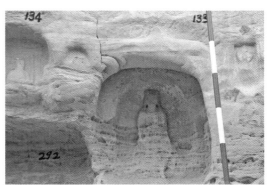

（a）一级　　　　　　　　　　　　　　　（b）二级

图 3-17　孔洞状剥落病害

3.2.2.6　盐霜

根据盐结晶程度和表现形式可分为三级（表 3-10）。在 42 个窟龛内存在泛盐病害，且多发育在洞窟或较深的龛内，这些窟龛往往阴冷潮湿，空气流通能力差，典型的如南北两端一层洞窟内（图 3-18）。其中，出现盐壳的洞窟有 18 个，主要位于崖体最北侧一层窟内，这些窟均紧邻垂直崖面发育的控制性节理，崖体南端盐壳发育的洞

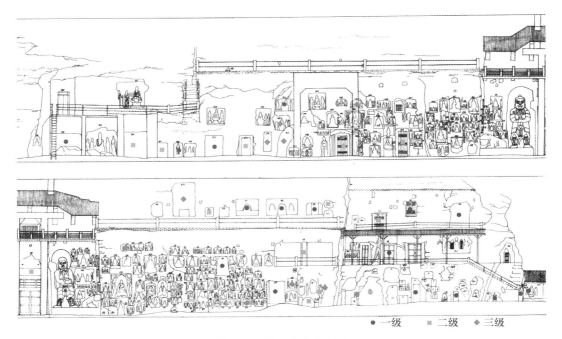

● 一级　■ 二级　◆ 三级

图 3-18　盐霜病害分布图

窟也较多，这一区域同样发育两条大型节理，连通了山体内部的地下水，与卸荷裂隙交错切割，形成渗水网，加速可溶盐富集；呈片状分布的洞窟有15个，主要分布于崖体北侧一层洞窟及J2两侧洞窟内；盐在顶部析出的窟龛有20个，主要位于崖体中部浅龛里（图3-19）。

（a）盐壳（一级）

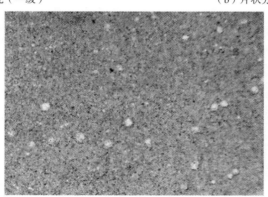

（b）片状分布（二级）

（c）盐结晶（三级）

图3-19　盐霜病害

部分窟内泛盐呈条带状分布，这些窟多位于底层和顶层，底层岩性为黄色粗砂岩含粉砂岩夹层，交错层理，其中可溶盐多分布在水平层理，斜层理较少；上层石窟岩性为黄、棕红色粗砂岩、细砂岩互层，可溶盐多分布于深色砂岩层中，泛盐区域砂岩颗粒较细，同样斜层理泛盐少，水平层理泛盐较多。

3.2.3　污染与变色

3.2.3.1　粉尘污染

根据粉尘污染部位分布和粉尘成分、颜色可将病害等级分为三级（表3-11）。北石窟寺粉尘污染病害均可划分为三级病害，即局部有粉尘沉积，并不影响文物整体的观赏效果。崖壁佛龛粉尘污染不严重，多集中在龛底部不影响文物观赏，病害等级为三级（图3-20）。

（a）造像头部与肩部粉尘污染　　　　　　　　　　（b）佛龛底部粉尘污染

图3-20　粉尘污染病害

3.2.3.2　水锈结垢

根据水锈结垢分布程度和对文物或岩体影响程度可分为三级（表3-12）。水锈结垢病害位于石窟北端一层265窟正下方，水锈结垢呈条带状分布，未覆盖造像表面，为病害等级为二级（图3-21）。

图3-21　水锈结垢病害

3.2.3.3　泥渍覆盖

根据泥渍分布程度病害可分为三级（表3-13）。泥渍覆盖病害均位于165窟两侧崖壁佛龛中下部（图3-22），进深较浅的佛龛泥渍覆盖居多，进深较深的佛龛则由于龛上沿出现缺损，导致雨水流入。可分为斑点状零星分布（三级）、条带状分布（二级）、片状分布（一级）三种形式（图3-23）。

3.2.4　生物病害

3.2.4.1　低等植物寄生

根据分布和形态可分为三级（表3-15）。点状分布为三级；片状分布且明显改变文物表面颜色者为二级；将生长集中形成结壳或造成文物表面片状脱落者划分为一

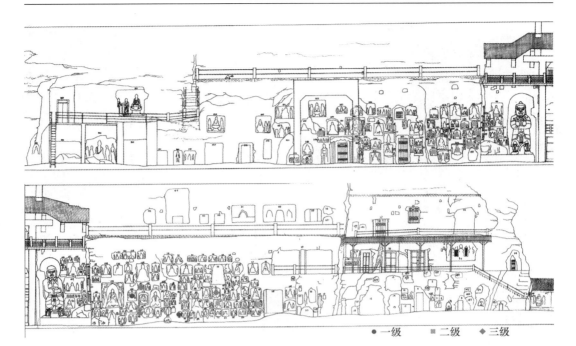

● 一级　■ 二级　◆ 三级

图3-22　泥渍覆盖病害分布图

（a）一级

（b）二级

（c）三级

图3-23　泥渍覆盖病害

级。崖体外壁主要为地衣苔藓类低等植物生长痕迹（图 3-24），形成层状结壳，结壳多呈现墨绿色、白色、黄色，较为致密不易剥落。生长部位主要分布在崖体最北端、165 窟两侧三层栈道上方和南端一层崖面，未覆盖造像表面，为二级。窟内同样存在低等植物生长痕迹，多为苔藓、霉菌，崖体南北两端洞窟内部低等植物活动较为频繁（图 3-25、图 3-26），这两端节理裂隙发育较多，多发生在较为阴冷潮湿的洞窟内。

图 3-24　石窟外侧崖壁低等植物寄生病害分布图（二级）

（a）一级　　　　　　　　　　　　（b）二级

（c）三级

图 3-25　低等植物寄生病害

3.2.4.2　高等植物寄生

根据植物覆盖度可分为三级（表 3-16）。石窟开凿区域治理的崖壁上，高等植物生长较少，多为草本植物，在崖面风化形成的小平台上，以及南侧三层洞窟底部，有草本及小灌木零星分布，为三级病害（图3-27）；窟区上部斜坡处，灌木生长明显增多，无高大的乔木生长，植物覆盖率不及100%，为二级病害；斜坡上部山体植被茂盛，有乔木生长，覆盖度超过100%，为一级病害（图3-28）。

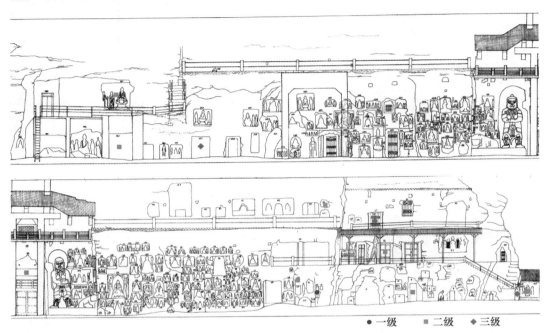

●一级　■二级　◆三级

图3-26　低等植物寄生病害分布图

图3-27　山体上部植被茂盛

3.2.4.3　低等动物痕迹

根据病害分布形态可分为两级（表3-17）。北石窟寺低等动物活动痕迹不显著，仅在个别洞窟内发现有昆虫的排泄物、蜘蛛网等，均零星分布，未形成规模，为二级病害（图3-29）。

图3-28　窟区及上部坡体高等植物寄生病害分布（一级、二级）

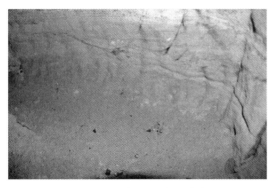

图 3-29　低等动物痕迹病害　　　　　　　　图 3-30　鸟粪痕迹（三级）

3.2.4.4　高等动物痕迹

高等动物痕迹病害在北石窟寺并不显著，主要形式以鸟类粪便为主，基本都位于外侧崖壁及无遮挡的龛壁上，零星分布，对岩体或文物外貌有一定影响，为三级病害（图 3-30）。

3.2.4.5　微生物活动

微生物活动在北石窟寺并不显著。

3.2.5　人为破坏

3.2.5.1　划痕

根据划痕数量和对文物价值的影响可分为三级（表 3-20）。划痕在北石窟寺零星分布。这些划痕多分布在窟壁或是造像的次要部位，均未对文物价值造成重要影响，属于二级、三级病害（图 3-31）。

3.2.5.2　人为污染

根据病害的分布和程度可分为三级（表 3-21）。人为污染病害主要表现为烟熏痕迹，多位于大型洞窟内，共调查到21处（图 3-32）。三级5处：有零星或局部小范围覆盖，不影响整体观赏性；二级11处：污染范围较大，严重影响观瞻，几乎覆盖了整个窟顶及大部分窟壁；一级5处：污染范围较大，并且呈层状，常有剥落现象，几乎覆盖了整窟，已经看不清造像及壁画的原貌。除此之外，在个别洞窟内发现有书写痕迹，影响游人观赏，从而将其划分为二级病害（图 3-33）。

3.2.5.3　不当修复

根据对文物或岩体的影响可分为两级（表 3-22）。北石窟寺不当修复现象主要表现为使用水泥修补，改变了文物原貌，影响观赏。一共调查到22处，绝大多数不当

（a）三级　　　　　　　　　　　　　　（b）二级

图3-31　划痕病害

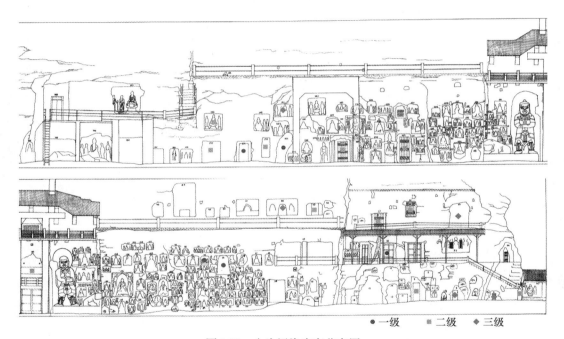

● 一级　■ 二级　◆ 三级

图3-32　人为污染病害分布图

修复位于文物及崖体的次要部位，为二级病害。仅有一处水泥修补面积较大且位于主要部位（251窟），严重影响文物观瞻，判定为一级病害（图3-34、图3-35）。

3.2.6　小结

通过对北石窟表面风化病害类型统计及分级总结，北石窟寺寺沟主窟群浅表层劣化病害特征统计见表3-23。北石窟寺浅表层劣化主要病害为表面风化，包括鳞片状起翘与剥落、粉化剥落、孔洞状剥落和盐霜，出现频率占比分别为25.51%、21.77%、23.81%和14.29%，对应一级病害占比分别为10.81%、23.44%、55.88%和40.48%；次要病害主要有断裂与缺损、掏蚀、粉尘污染、泥渍覆盖、低等植物寄生、高等植

（a）一级

（b）二级

（c）三级

图 3-33　人为污染病害

●一级　◆二级

图 3-34　不当修复病害分布

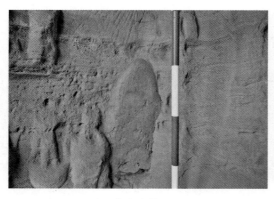 

（a）一级 （b）二级

图3-35　不当修复病害

物寄生、人为污染和不当修复，出现频率均低于12%；零星病害有结壳剥落，水锈结垢，高、低等动物痕迹，微生物活动和划痕，出现频率低，均小于4%。

表3-23　北石窟寺寺沟主窟群浅表层劣化病害特征统计表

病害类型			病害频次	出现频率（%）	病害程度	病害分级		
						一级（%）	二级（%）	三级（%）
石窟浅表层劣化病害	断裂与缺损	断裂与裂隙	26	8.84	次要	0	3.85	96.15
		缺损	34	11.56	次要	0	5.88	94.12
	表面风化	掏蚀	3	—	次要	66.66	33.33	0
		结壳剥落	5	1.70	零星	0	20.00	80.00
		鳞片状起翘与剥落	73	25.51	主要	10.81	20.27	68.92
		粉化剥落	64	21.77	主要	23.44	76.56	0
		孔洞状剥落	68	23.81	主要	55.88	44.12	0
		盐霜	42	14.29	主要	40.48	35.71	23.81
	污染与变色	粉尘污染	23	7.82	次要	0	0	100.00
		水锈结垢	1	0.34	零星	0	100.00	0
		泥渍覆盖	19	6.46	次要	10.53	21.05	68.42
	生物病害	低等植物寄生	12	4.08	次要	8.33	66.67	25.00
		高等植物寄生	1	0	次要	0	0	100.00
		低等动物痕迹	10	3.40	零星	0	100.00	0
		高等动物痕迹	6	2.04	零星	0	0	100.00
		微生物活动	3	1.02	零星	0	100.00	0
	人为破坏	划痕	7	2.38	零星	0	28.57	71.43
		人为污染	21	7.14	次要	23.81	52.38	23.81
		不当修复	22	7.48	次要	4.55	95.45	0

注：①病害频次为北石窟寺寺沟主窟群发育该类病害的窟龛总数量；②出现频率即该病害频次与窟龛总数（294）的百分比；③病害分级为不同等级的病害频次与病害总频次的百分比。

第4章　表面风化机理研究——以北石窟寺为例

　　庆阳北石窟寺位于甘肃省庆阳市西峰区，属于典型的温带大陆性气候区，四季分明而光照充足，年降水量主要集中于夏季，受季节性短时间强降水及地表径流冲刷作用影响，呈现沟壑纵横、交错切割的典型黄土高原地形地貌特征，尤其受河流侧蚀作用影响，在河谷两侧常出露白垩纪河湖相沉积的弱胶结砂岩（K），产状平缓、近似水平，倾角主要分布在3°～7°之间，为北石窟寺的营造提供了理想的天然构筑材料（图4-1），但随着时间的流逝在砂岩表面出现了粉化剥落、酥碱、生物病害等不同类型的病害，严重制约着北石窟寺的长久有效保存，因而对于区域工程地质条件以及表面砂岩病害调查有助于深刻剖析砂岩风化规律以及揭露风化机理。

图4-1　庆阳北石窟寺立面图

4.1　北石窟寺赋存环境

4.1.1　气象特征

4.1.1.1　温湿度特征

　　根据北石窟气象站2011年5月1日至2012年6月1日气象数据，1月温度最低，最低温度−18.5℃，7月、8月温度最高，最高温度为39.6℃；一般在11月中旬或下旬日候平均气温开始降至0℃以下，3月上旬气温又回升到0℃以上。平均气温日较差为

9～19℃，最大日较差达29.5℃。从季节上，日较差春季最大，冬季最小。相对湿度变化较大，全年相对湿度均在25%～100%波动，日相对温度变化也十分剧烈（图4-2）。

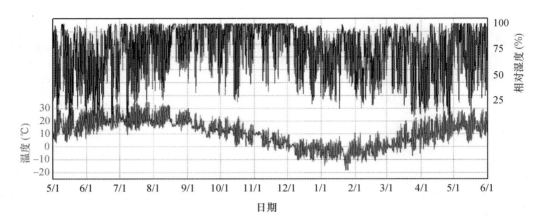

图4-2　北石窟年温度与空气相对湿度变化

1．温度

根据日最高温度与日最低温度制作出日温度变化区间，可以看出6～8三个月温度最高，最高温度近40℃，12月和1月温度最低，极值一般出现在1月下旬，最低温度达18.5℃（图4-3）。

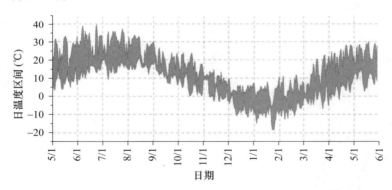

图4-3　日温度变化区间

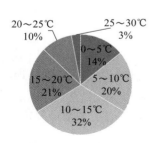

图4-4　温度日较差天数统计

通过对2011年5月1日至2012年5月1日日较差统计，日较差小于5℃共52天；5～10℃共72天，10～15℃共117天占全年天数的32%；15～20℃共78天，20～25℃共36天，大于25℃共10天，日较差大于15℃占全年总天数的34%。日温度的剧烈变化促进岩体的风化（图4-4）。

2．相对湿度

北石窟寺区域相对湿度较高，全年90%天数的最高空气湿度大于90%，最低湿度因季节具有较大差异，夏季最低湿度在10%～30%之间波动，冬季在30%～70%波动，夏季的相对湿度变化要大于冬季（图4-5）。

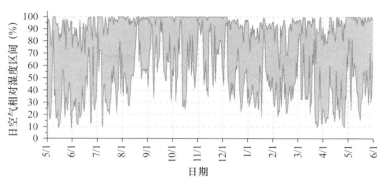

图 4-5　日相对湿度变化区间

通过对日相对湿度变化的统计，日变化大于60%的天数为112天，占全年的30%，40%~60%的天数共142天，占全年的39%。全年绝大多数天数空气相对湿度变化剧烈，这种剧烈的干湿循环为岩体的劣化提供了条件（图4-6）。

4.1.1.2　降雨与蒸发特征

北石窟区域年内降水分配不均，夏季偏多，冬季偏少。降水随月份逐渐增多，7月达到最大。2013年7月降水量达180mm。冬季降水均不足50mm，夏季和秋季降水较多，其中7~9三个月月均降水量达到100mm，占全年降水量的60%（图4-7）。

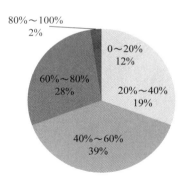

图 4-6　相对湿度日较差天数统计

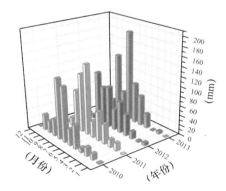

图 4-7　2010~2013年月降水量分布

4.1.1.3　风场特征

全区常年东南风与西北风交替出现，频率均占各风向总和的20%左右，累年平均风速<2m/s，最大平均风速<3m/s。一般春季风较大，夏季次之。7级以上大风年平均5次，最多年份为10次。最大瞬间风速曾出现过28m/s（图4-8）。

4.1.2　工程地质特征

4.1.2.1　地质演化

北石窟寺地质构造属于关山至六盘山褶皱带以东鄂尔多斯台区，大约形成于19

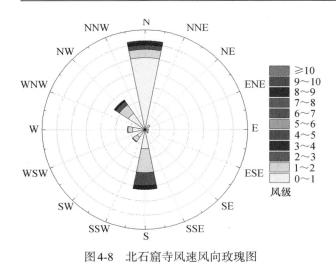

图4-8　北石窟寺风速风向玫瑰图

亿年前远古时期。经过数亿年地壳频繁振荡，地台多次发生海浸，时而为陆地，时而为大海，沉积发育成含煤的海陆交替相石炭岩地层。中生代侏罗纪，陇东形成大湖和沉积。侏罗纪后期，华北发生燕山运动，甘肃省陆地再次抬升。新生代起，喜马拉雅山运动，横亘西南的六盘山脉褶皱拔地而起，奠定现代地貌基础。第四纪（约258万年前）起，由于地壳差异运动，青藏高原由1000米上升至2000米，西北出现断陷盆地，陇东、陕北和宁夏、内蒙古部分地区形成鄂尔多斯盆地，即今陕甘宁盆地，积水成湖。中更新世，青藏高原上升到3000米，陕甘宁盆地缩小，气温升高，堆积发育许多条状红色古土壤。晚更新世，地壳继续上升，青藏高原升到4000米，北上印度洋暖流被阻，西伯利亚高压加强，大陆季风形成，北方气候变得干冷，西北风强烈，将蒙古高原砂土带向东南，在西北东部飘落下来，长期积累，最厚处百米以上，形成一望无际黄土平原。全新世，地质运动使整个黄土平原出现中度挠曲和隆升，将原来黄土堆积的低平盆地抬升为黄土高原。

4.1.2.2　地形地貌

北石窟寺位于甘肃东部富饶辽阔的陇东黄土高原的西侧蒲河和茹河交汇处东岸的覆钟山崖壁上。覆钟山受河水冲刷沟壑切割形成，因形似巨钟而得名，山顶标高低于董志塬，山体基座为白垩系砂岩，上覆黄土。因其独特的钟形山体，山体四周为环山梯田，下为荒坡，植被覆盖良好，河流的侵蚀切割，尤其是线状侵蚀，形成了沟壑支离破碎的各种黄土地貌形态。

（1）黄土残塬梁峁沟壑：黄土质地疏松，遇水易湿陷和流失。长期的侵蚀、切割、发育、演变，原来沉积的较平坦的地面切割成碎块，一些碎块变小，甚至消失。形成顺高谷深，沟壑纵横，树枝状沟谷相间的地貌轮廓。分布有大小不等的塬、梁、峁、坪、川等多级阶状地貌。黄土梁多呈长条形，一般近东西向延伸。梁顶宽度一般为100~450米。梁侧坡度较陡，可达25°~30°，梁间水系发育，沟谷多呈V型，下游为U型。黄土峁系黄土梁继续侵蚀而成，呈圆形或椭圆形，峁顶呈穹形，宽约500~800米，长一般1000~1500米。两峁之间常成鞍状相连，相对高差20~40米，水系发育密度较梁区为大，沟谷切割深度40~80米，相对高差150~200米，梁峁在地域分布上并存。

（2）河谷谷地：发育于黄土高原的沟谷，主要有蒲河、茹河等，各河流及其主要支流不同程度地发育有河漫滩与Ⅰ—Ⅴ级阶地，除河漫滩及Ⅰ级阶地外，其余阶地以基座式阶地为主，其上为黄土所披覆。石窟位于二级阶地之上，开凿的岩崖高 20 米，海拔 1064～1084 米。

4.1.2.3　地层岩性特征

庆阳市位于鄂尔多斯盆地西南部，属于内陆新华夏系统沉降带，区域内主要出露地层为白垩纪泥、砂岩以及第四纪黄土，其中第四纪黄土出露较广，而白垩纪泥、砂岩仅沿河谷两侧出露，其中北石窟寺窟区由上述两套地层组成，中、下部为白垩系砂岩，上部为黄土，现分述如下。

白垩纪罗汉洞组（K_1lh）：砂岩产状平缓近似水平，为河湖相沉积，出露于蒲河左岸及一级支沟沟底，其岩性为砂黄色细粒长石、石英砂岩，差异风化明显，坡面上见风化凹槽，总厚 70～100 米，属河流相堆积。165 号窟窟顶坍塌处可见到泥质砂岩夹层已风化成砂状，严重处已蚀空。

第四纪广泛分布于全区，主要为黄土和冲洪积物。马兰黄土（Q_3^{eol}）：分布于山体上部的斜坡地带和山顶，粉粒为主，浅黄色，土质较均匀而疏松，具孔隙和垂直裂隙与柱状节理，厚度变化较大，厚 5～70 米。冲洪积物（Q_3^{al-pl}）：分布于沟垴、沟道及两侧、河谷Ⅲ级阶地下部，上部岩性为粉质黏土，呈可塑、稍密—中密，下部砾卵石层，厚 2～8 米。

4.1.2.4　地质构造

庆阳市的地质构造，属于内陆新华夏系统沉降带构造盆地，为中国北方华北地台大地构造单元的一部分，属于祁连山—贺兰山—吕梁山"山"字构造东翼盾地褶皱带。最深层基底由震旦系片岩、片麻岩组成。上层为震旦系石英岩和砂质灰岩，亦有寒武系和下奥陶统形成的碳酸盐岩。中奥陶统为绿色砂页岩。中上石炭统多为海陆交互相含煤建造，直接伏于中奥陶统之上。以上为二叠系以后的陆相沉积。二叠系、三叠系沉积岩厚度达 3000 米，为当时鄂尔多斯沉积中心。自中元古代至第三纪各代沉积岩总厚度达 7000 余米。平凉至环县山城堡以西有"牛首山太统山隆起"，是古生代一系列边缘凹地相地层，有含煤的海陆交替相石炭二叠系地层，从印支运动时期隆起，形成"古陆梁"。白垩纪晚期所出露的白垩纪砂页岩交互层均呈水平分布，后经长期侵蚀，从白垩纪末期至第三纪间，形成一个广阔的古剥蚀面，除其边缘局部沉积第三纪红土层外，大部直接被第四纪土状堆积物覆盖。白垩纪基岩的古剥蚀面是黄土高原的下层基础。第四纪地层由下更新世的红黏土（又称午城黄土）、中更新世的老黄土（又名离石黄土）与砂砾层、上更新世的黄土（又称马兰黄土）至全新世的灰黄色薄层堆积物组成。全市各地土层厚度不一，合计约在 60～240 米之间，以西峰附近最厚，在 240 米左右。

鄂尔多斯盆地早白垩世早期下沉，首先接受了以山麓、河流相为主的粗碎屑岩沉积。环县—泾川一带为盆地的沉积中心。至早白垩世末期，燕山运动表现为强烈上升，早白垩世沉积遭到强烈破坏、剥蚀和改造。所以陇东地区的白垩系砂岩岩性较差。区内岩相较稳定，未见岩浆活动，白垩系砂岩为向西倾斜的单斜层，产状平缓。牛首山-罗山东麓断裂：位于庆阳北石窟、泾川南石窟以西，北沿牛首山罗山—云雾山—小关山分布，走向NW30°，长约120公里，断裂卫片影像清晰，左旋兼逆断性质，其上发现多次古地震事件，1561年沿断裂发生了7级地震。海原断裂：西起兴泉堡，东至南海子峡附近，走向由NWW向转为NNW向，延伸237公里，由十一条不连续断层段组成，第四纪以来曾有不同程度的活动。沿断层在不同时期内发生过多次古地震事件。1920年沿海原活断层发生了8.5级地震，目前中强地震频繁发生。

4.1.3　水文地质条件

4.1.3.1　地下水

庆阳市境内地下潜水层深30～50米，西峰至肖金小于30米，后官寨乡高庄至董志镇赵庄一带18～20米，近原地带埋深大于70米，最深约150米。潜水水质直接受降雨补给，雨水矿化度0.03克/升，渗入地下后升高为0.02～0.03克/升。属碳酸根—镁—钙型淡水。地下潜水天然资源1850立方米/年，可开采资源872万立方米/年，在西峰—董志—肖金一线，埋藏深度小于40米，矿化度小于0.7克/升，总硬度一般为8.9dH。蒲河及其支沟中的潜水，藏于基岩之上或基岩裂隙之中，沿河两侧富集，分布稳定、水质好、埋藏浅，在10米左右，最深30～50米。分布在董志西之寺沟川至肖金、显胜、蒲河川一带，而庆阳北石窟寺正建造于该区域。

4.1.3.2　地表水

西峰区与镇原县界河，古称清水，又称蒲川河，发源于宁夏固原境内，流向从区西北边境向南流入泾河，区内河段长50.5公里。年平均天然流量7.52立方米/秒。"黑水河在庆阳府城西一百二十里，源出太白山，合蒲川水流入宁州界"。上游名马家河，古称大胡河，由西北向东南流经镇原县殷家城乡，在三岔镇有安家川河从西注入后，始称蒲河。再向东南流，有康家河从北汇入，至彭原乡五郎铺村祁家昂西有大黑河从北汇入。然后转向南流，为镇原县和西峰区的界河。南流至覆钟山北石窟寺，有交口河、茹河二水从西注入。又有蛮女河、南霸河、跑蛇沟诸水由东汇入。再南流至蒲河口转向东南流，于宁县长庆桥北汇入径河，全长175公里，流经西峰境约45公里。蒲河在枯水期水深0.38米，流速0.65米/秒；洪水期水深3.5米，流速3.7米/秒。总硬度26.18dH，总矿化度1.3克/升。流域面积7189平方公里，年径流量2337亿立方米，年输沙量4770万吨，最大含沙量981千克/立方米。

茹河古称蔚茹水，位于县城南，属泾河水系。源于宁夏回族自治区彭阳县开城乡刘家沟和六盘山大湾乡吾儿朵，两源在黄岗山东侧汇合后，从郭原乡王嘴村周庄组入境，经郭原、武沟、开边、城关、屯字、太平、上肖 7 乡镇，在太平镇柳嘴村寺沟口汇入蒲河，流经县域长 75 公里，流域面积 768 平方公里，年均流量 0.92 立方米 / 秒，年总径流量 0.29 亿立方米，泥沙含量 498 千克 / 立方米，最大洪峰流量 3157 立方米 / 秒。

4.2　北石窟寺砂岩岩性特征

为保证所研究样品与砂岩崖体病害的相似性，在北石窟寺北侧约 100m 处与北石窟寺地层相匹配的砂岩区域取样，取样点与石窟寺处在同一平行高度，以此保证所取岩样与石窟寺砂岩尽可能一致。在此基础上采用传统方式开采，避免现代开采方式对岩体稳定性的影响。同时，考虑到原生裂隙对样品制备的影响，选择从裂隙下方开始取样，并统一去除表层 50cm 的风化层，确保试验所用样品结构完整且无风化层。样品运输前，均在样品表面铺草垫并打木框架，以防运输过程磕碰（图 4-9）。取样现场发现存在砂粒粒径级配明显不同的两种砂岩，本节通过试验区分和比较这两种砂岩的矿物成分、化学成分、微观结构、物理性质、水理性质、力学性质、声学性质等，为进一步解释北石窟寺崖体砂岩的差异性风化打下基础，同时可为其他北石窟寺砂岩研究者提供基础数据。

（a）北石窟寺北侧取样点　　　　　　　　　　　（b）30cm³ 正方体样品

图 4-9　北石窟寺取样点及样品

4.2.1　粒度分析

分别制备两种砂岩试样，见图 4-10。从图中可看出颗粒较细的砂岩呈灰白色，颗粒较粗的砂岩呈灰褐色，两种砂岩存在较大差异，因此进行砂粒颗粒分析试验并划分种类。

两种砂岩的砂粒粒径级配结果见表 4-1，可以看出灰白色岩样的粒径主要为 0.075~0.25mm，含量在 71% 左右，以细粒为主，判定为细粒砂岩；灰褐色岩样的粒径主要为 0.075~0.5mm，含量为 98% 左右，以中粒为主，细粒较少，判定为中粒砂岩。从制样过程中亦可大致分辨出砂岩种类，中粒砂岩质地较软弱，切割时声音低沉且易发生磨损；而细粒砂岩质地较硬，切割时音调较高，常见制样缺陷为块状缺损。

（a）灰白色细粒砂岩　　　　　　　　　　（b）灰褐色中粒砂岩

图4-10　北石窟寺两种砂岩

表4-1　砂粒粒径分布

岩样种类	>2（mm）	1～2（mm）	0.5～1（mm）	0.25～0.5（mm）	0.075～0.25（mm）	<0.075（mm）	d_{60}（mm）	d_{30}（mm）	d_{10}（mm）
灰白色细粒砂岩（%）		0.05	0.11	16.54	71.26	12.03	0.17	0.10	0.07
灰褐色中粒砂岩（%）		0.31	61.22	37.08	1.37		0.31	0.16	0.09

在上述结果的基础上，分别计算两种砂岩的不均匀系数 Cu 和曲率系数 Cc，以区分中粒和细粒砂岩的颗粒均匀程度，计算公式如下：

$$Cu=\frac{d_{60}}{d_{10}} \tag{4-1}$$

$$Cc=\frac{d_{30}^2}{d_{60}d_{10}} \tag{4-2}$$

式中，d_{60} 为小于某粒径累计百分含量为60%所对应的颗粒粒径；d_{30} 为小于某粒径累计百分含量为30%所对应的颗粒粒径；d_{10} 为小于某粒径累计百分含量为10%所对应的颗粒粒径（亦称有效粒径）。计算结果见下表4-2，两者不均匀系数均小于5，曲率系数均小于1，因此认为中粒和细粒砂岩分选性差，级配不良。

表4-2　砂岩颗粒的不均匀程度

砂岩种类	不均匀系数 Cu	曲率系数 Cc
中粒砂岩	3.44	0.92
细粒砂岩	2.42	0.84

4.2.2　物理性质

物理性质测试内容包括两种砂岩的天然密度、天然含水率和岩石比重，测试天然密度采用蜡封法，测量天然含水率使用烘干法，测量岩石比重使用比重瓶法，具体试验方法参照《工程岩体试验方法标准》（GB/T 50266—2013），测试结果见表4-3，可知北石窟寺中粒和细粒砂岩天然含水率均较低，细粒砂岩的天然密度和岩石比重均大于中粒砂岩。

表4-3　物理参数测试结果

砂岩种类	天然密度ρ（g/cm^3）	比重Gs	天然含水率ω（%）
中粒砂岩	1.89	2.62	0.16
细粒砂岩	2.05	2.64	0.25

4.2.3　力学性质

首先制取高径比为2.0的中粒和细粒砂岩圆柱样各6个，3个岩样为一组，分别在干燥条件下和饱和条件下测试其单轴抗压强度，采用WDW-300型微机控制电子万能试验机进行测试，按0.1mm/min对试样加荷，直到试样破坏为止，记录最大破坏载荷，计算出单轴抗压强度值。

岩石浸水饱和后强度降低的性质称为软化性，用软化系数表示，其值为砂岩试样的饱和抗压强度与干燥抗压强度之比。Beck等研究发现岩石的力学性能随相对湿度的变化而变化，其中单轴抗压强度随着含水量的增加而显著降低，达到临界含水量后稳定在较低值附近，砂岩孔隙网内的水分导致强度大幅度降低，原因可能是颗粒间接触能的降低。此外，岩石的强度很大程度上取决于一些变量，如胶结物，大多数细颗粒岩石通常比粗颗粒岩石有更大的抗压强度，矿物颗粒（碎屑）之间的结合和晶体之间的互锁程度也影响着岩石的抗压强度。

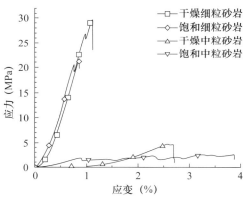

图4-11　干燥、饱和砂岩应力-应变关系曲线

图4-11给出了中粒和细粒砂岩在不同含水条件下的应力-应变关系曲线，得出了抗压强度σ_c、弹性模量E和软化系数k_r，见表4-4。从图4-11可以看出，中粒砂岩受压后经历压密阶段、线弹性阶段和屈服阶段，达到峰值强度后应力下降，岩样破坏且失去承载力，其中饱和中粒砂岩试样长期处于屈服阶段且应变较大；细粒砂岩受压后经历压密阶段和线弹性阶段，岩样出现一条贯通裂缝后继续承压，直至达到应力峰值后脆性破坏，失去承载力。由表4-4可知，在饱和状态下中粒和细粒砂岩的抗压强度和弹性模量均减小，其中中粒砂岩抗压强度和弹性模量下降比例分别高达41.86%和29.04%，软化系数k_r低至0.58；干燥和饱和状态下，中粒砂岩抗压强度值和弹性模量均占细粒砂岩的10%～15%，说明北石窟寺中粒砂岩软化性强，细粒砂岩软化性差，前者抗风化性较差。

表4-4　干燥、饱和砂岩力学参数测试结果

砂岩种类	抗压强度 σ_c（MPa）			弹性模量 E（GPa）			软化系数 k_r
	干燥状态	饱和状态	前后变化	干燥状态	饱和状态	前后变化	
中粒砂岩	4.30	2.50	−41.86%	4.20	2.98	−29.04%	0.58
细粒砂岩	28.1	21.9	−22.06%	38.8	34.6	−10.82%	0.78

4.2.4　水理性质

1. 吸水性测试

砂岩吸水性取决于砂岩本身所含裂隙、孔隙的数量、大小、开闭程度及分布情况。吸水率测试可得到岩样的吸水率 ω_a；饱和吸水率测试可得到饱和吸水率 ω_{sat}，然后计算出饱和系数 k_w、总开孔隙率 n_0、大开孔隙率 n_b，见下式：

$$k_w = \frac{\omega_a}{\omega_{sat}} \qquad\qquad (4\text{-}3)$$

$$n_0 = \frac{\rho_d \cdot \omega_{sat}}{\rho_\omega} \times 100\% \qquad\qquad (4\text{-}4)$$

$$n_b = \frac{\rho_d \cdot \omega_a}{\rho_\omega} \times 100\% \qquad\qquad (4\text{-}5)$$

式中，ω_a 为砂岩自由吸水率；ω_{sat} 为砂岩强制饱和吸水率；ρ_d 为砂岩干密度；ρ_ω 为纯水密度。岩样通过烘箱干燥（105～110℃）后，还留有矿物和黏土束缚水（图4-12）。

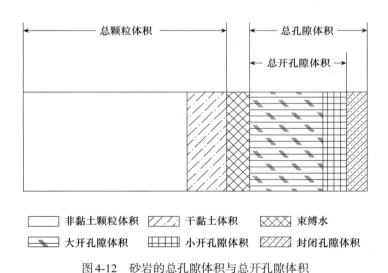

图4-12　砂岩的总孔隙体积与总开孔隙体积

结果见表4-5吸水性测试，可以看出中粒砂岩吸水率、饱和吸水率、总开孔隙率和大开孔隙率均大于细粒砂岩，而饱和系数相近，说明中粒砂岩大开孔隙发育程度较高，小开孔隙发育程度与细粒砂岩相近。

表 4-5　吸水性测试

砂岩种类	ω_a（%）	ω_{sat}（%）	k_w	n_0（%）	n_b（%）
中粒砂岩	10.70	13.50	0.79	25.40	20.10
细粒砂岩	7.50	10.20	0.76	20.80	15.30

2．耐崩解性测试

首先将 50mm×50mm×50mm 砂岩试样在 105℃下烘至恒重后，在干燥器内冷却至室温后称重。然后将试样放在多孔板上，将多孔板和试样一起浸入水中，见图 4-13。试验过程中，水温应保持在（20±2）℃范围内，24h 后将试样和多孔板从水槽中取出，将试样在 105℃烘至恒重后称重，循环两次，计算出耐崩解指数 I_{d2}，结果见表 4-6。从表中可以看出耐崩解指数均为 0.999，砂岩在静水中不发生崩解，耐崩解性很强。

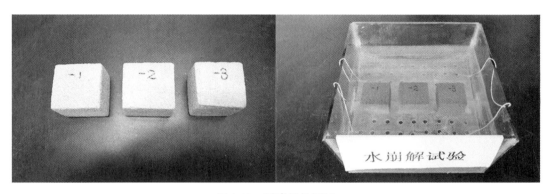

图 4-13　耐崩解性测试

表 4-6　耐崩解性测试

砂岩种类	质量（g）		质量损失（g）	耐崩解指数 I_{d2}
	试验前	试验后		
中粒	230.37	230.18	0.19	0.999
细粒	259.83	259.61	0.22	0.999

4.2.5　声学性质

通过测试北石窟寺两种砂岩的纵波波速探究其声学性质，砂岩纵波波速可反映其物理力学状态，弹性模量越大、力学强度越高则纵波波速越大，反之亦然。借助 A1410 PULSAR 脉冲超声检测仪，采用对测方式，首先对两种砂岩试样（70mm 方样）进行各向异性（波速）测试，定义各向异性指数 $\gamma = v_\perp / v_\parallel$，其中 $v_\perp$ 为垂直层理方向的波速，$v_\parallel$ 为平行层理方向的纵波波速。γ 越大岩样各向异性越明显；反之，则越弱。之后分别测量两种砂岩圆柱试样（$\phi = 50mm$，$h = 100mm$）在不同温度下的纵波波速，以此探究岩样尺寸形状和环境温度对测试纵波波速的影响，测试结果见图4-14。

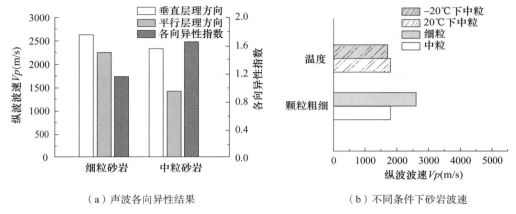

（a）声波各向异性结果　　　　　　　　（b）不同条件下砂岩波速

图4-14　波速测试结果

由于设备误差和人工操作误差，多次测试同一试样波速结果误差在200m/s内均属正常，从图4-14中可以看出中粒砂岩各向异性指数大于细粒砂岩，其各向异性强于细粒砂岩；40℃范围内温度对测试砂岩纵波波速的影响并不明显，温度较低时波速较小，基本在测量误差之内；细粒砂岩纵波波速远大于中粒砂岩，约为后者的1.45倍；测试同种砂岩时，70mm正方体试样纵波波速略大于圆柱试样（$\phi=50$mm，$h=100$mm），说明砂岩纵波波速的测试受岩样尺寸形状的影响。

4.2.6　矿物化学成分

4.2.6.1　矿物成分测试

使用X射线衍射仪测定北石窟寺两种砂岩矿物成分及比例。取粉末状样品10g，通过X射线衍射可得出两种砂岩的衍射线谱，再比较线谱强度，略算出矿物成分的相对含量，见表4-7。从表中结果可知，中粒和细粒砂岩的主要成分均为石英，相比中粒砂岩来说，细粒砂岩石英占比较低，长石占比较高，含有少量白云石和黏土矿物，而中粒砂岩大部分为石英颗粒，含少量长石。根据显微镜观察结果，细粒砂岩中白云石为钙质胶结物，黏土矿物为填隙物，两者共同存在减小了砂岩颗粒间隙，保证了细粒砂岩较好的胶结程度；中粒砂岩中少量黏土矿物作为接触式胶结的胶结物质，由于相对石英、长石这类造岩矿物含量较小，进行矿物成分测试时并未检测出。

表4-7　XRD矿物成分分析结果

砂岩种类	石英（%）	斜长石（%）	微斜长石（%）	白云石（%）	蒙脱石（%）	伊利石（%）
中粒砂岩	89	6	5	/	/	/
细粒砂岩	65	11	6	14	2	2

4.2.6.2　化学成分测试

借助布鲁克M4微区X射线荧光光谱仪（μ-XRF）对中粒和细粒砂岩样进行元素分析，设置测试电压为50kV，电流为200μA，铑靶，光斑为20μm，结果见图4-15。同时将岩样放入TESCAN扫描电子显微镜样品室中，设置检测电压为25kV进行能谱仪（energy dispersive spectrometer，EDS）分析，表4-8为SEM-EDS检测砂岩颗粒化学成分的结果。由上述检测可以发现，北石窟寺中粒和细粒砂岩的元素组成类似，主要含有Fe、K、Ca、Si、Ti、Mn元素，中粒砂岩含有少量Cl元素；能谱分析结果表明中粒砂岩颗粒主要成分为石英，并含有少量氧化铁和长石，细粒砂岩颗粒主要成分为石英，并含有少量氧化铁、长石和白云石，该结果与前述矿物成分分析结果相吻合。

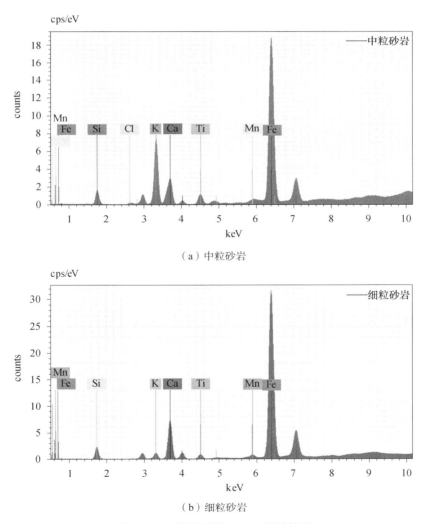

（a）中粒砂岩

（b）细粒砂岩

图4-15　两种砂岩的μ-XRF测试结果

表4-8　SEM-EDS检测砂岩颗粒的化学成分

砂岩种类	Na₂O（%）	MgO（%）	Al₂O₃（%）	SiO₂（%）	K₂O（%）	CaO（%）	Fe₂O₃（%）
中粒砂岩	0.48	3.68	11.54	74.59	2.77	/	6.66
细粒砂岩	0.36	2.22	10.58	69.53	6.35	3.36	7.60

4.2.7　微观结构测试

借助电子显微镜、扫描电镜（scanning electron microscope，SEM）和光学相干断层扫描系统（optical coherence tomography，OCT）等测试仪器观察两种砂岩试样的微观结构，如粒径统计分析、孔隙率、孔隙分布特征等。石英砂粒由于其物理化学性质相对于其他常见矿物稳定，因而也能较好地保存表面微观结构，通过分析石英颗粒表面的SEM图像，可解释砂岩的沉积环境；应用统计学方法，对试样表面不同区域测量的孔隙率进行定量分析与表征，研究其孔隙变化特征和非均质性。因SEM成像与CT成像分辨率存在差异，所以平均孔隙率的数值存在一定差异，需要进行压汞试验对比校正方法。

图4-16为两种砂岩分别在电子显微镜和扫描电镜下的表面微观结构，分析两种

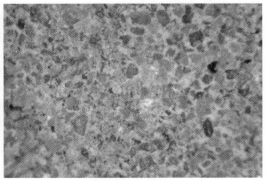

（a）显微镜下中粒砂岩（×150）　　　　　（b）显微镜下细粒砂岩（×150）

（c）SEM下中粒砂岩（×150）　　　　　（d）SEM下中粒砂岩（×150）

图4-16　砂岩表面微观结构

砂岩石英颗粒的形态，可判断出两种砂岩均为河流沉积形成，搬运介质以动力大小不等、定向搬运的水流为主，石英颗粒之间以碰撞摩擦、滑动为主，亦有少量滚动；颗粒形态以次棱角为主，表面较干净光滑，具有各种浅擦沟痕；由于搬运距离和水流作用强度不同，两种砂岩石英颗粒形态有差异。

　　图 4-17 为 OCT 扫描岩样的结果，分别在中粒圆柱岩样表面选择 5 个同样大小的区域（图 4-17a）、在细粒圆柱岩样表面选择 6 个同样大小的区域（图 4-17b）进行孔隙测量。SEM 和 OCT 图像根据灰度计算出的孔隙率及压汞测试结果见图 4-18，可以看出细粒砂岩孔隙率标准偏差大于中粒砂岩，说明前者孔隙不均匀度大于后者；在三种测试方法下，中粒砂岩孔隙率均大于细粒砂岩孔隙率，且 OCT 扫描测量结果最大，压汞测试结果次之，SEM 测量结果最小。由于 OCT 扫描测量方法和 SEM 测量方法均通过图像灰度计算孔隙率，而压汞法是根据测量压入试样水银的压力和体积的变化量，通过数学模型换算出孔隙率，结果更加直观、可靠。因此，认为中粒砂岩的孔隙率为 27.3%，细粒砂岩的孔隙率为 20.8%，后者为前者的 76.2%。

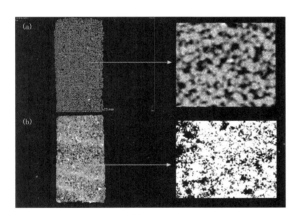

图 4-17　中粒砂岩 OCT 扫描结果

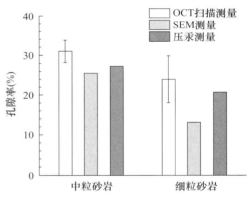

图 4-18　三种方法测量孔隙率

4.2.8　小结

　　（1）北石窟砂岩可分为中粒砂岩和细粒砂岩，两者均属分选性差、级配不良的砂岩；中粒砂岩含水率低，吸水性强；细粒砂岩含水率高，吸水性弱，且前者大开孔隙发育程度较高，两者小开孔隙发育程度相近；两种砂岩均具强耐崩解性。

　　（2）两种砂岩的主要矿物成分均为石英和长石，细粒砂岩含有少量白云石和黏土矿物。两种砂岩的元素结果类似，主要含有 Fe、K、Ca、Si、Ti、Mn 元素，中粒砂岩含有少量 Cl 元素。

　　（3）岩样密度越大，颗粒越细，孔隙率越小，纵波波速越大，中粒砂岩纵波波速为细粒砂岩的 68.8%；岩样温度对波速无显著影响。

　　（4）中粒砂岩和细粒砂岩无侧限抗压强度均低于 30MPa，前者抗压强度和弹性模量远小于后者，仅占 15.3%；饱和作用对无侧限抗压强度影响很大，中粒砂岩抗压强度下降 41.86%，软化性强。

（5）中粒砂岩的颗粒较大，粒径为 363.27±81.75μm，细粒砂岩的颗粒较小，粒径为 184.74±43.91μm；两种砂岩均由河流沉积形成。

（6）OCT 扫描测试结果表明，细粒砂岩孔隙不均匀度大于中粒砂岩；中粒砂岩孔隙率大于细粒砂岩孔隙率，后者为前者的 76.2%。

4.3　单因素作用下砂岩风化特征

4.3.1　试验方案

北石窟寺造像大部分凿刻于厚层细粒砂岩上，并且发育有不同类型的病害，而凿刻于中粒砂岩的崖体造像大多严重粉化剥落，部分造像甚至仅剩凿刻痕迹，是当前保护研究工作的重中之重。为揭示风化机理，在所取样品中选择性能较好的细粒砂岩进行室内风化模拟试验。将未风化砂岩加工成高 100mm、直径 50mm 的圆柱试样和 50mm×50mm×50mm 的方形试样，对加工后的岩样进行筛选，先剔除存在缺陷及视觉上差别较大的岩样，再用超声波检测仪测其纵波波速，从中选出波速相近的岩样，方便开展对比研究。根据北石窟寺所在区域的环境特征，选取水、温度、盐作为风化因子，排列组合三种风化因子设计 7 组环境耦合模拟室内风化模拟试验，如图 4-19 所示，根据北石窟寺环境特征确定模拟试验的部分边界条件。

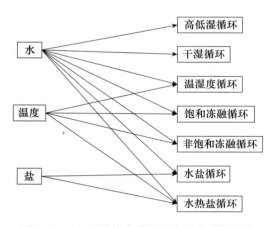

图4-19　7组环境耦合模拟室内风化模拟试验

4.3.1.1　高低湿循环试验

依据北石窟气候特征分析，北石窟寺区域相对湿度年平均值为 75.6%，全年大部分天数的相对湿度最高值超过 90%，全年相对湿度在 25%～98%，同一天内相对湿度的变化也相当剧烈，剧烈变化的高低湿循环为崖体砂岩劣化提供了条件，根据湿度变化，我们确定了高低湿循环试验的边界条件，见表 4-9。此次试验设置了两个相对湿度等级，室温下将试样分别放入保湿器和干燥器中，保湿器盛水后相对湿度可达到 95%；干燥器内放入干燥剂后相对湿度可达 10%。

表4-9　高低湿环境控制方法

试验仪器	试验环境			试验方法概述
	模拟环境	温度范围（℃）	相对湿度范围（%）	
保湿器	高湿	24～28	>90	岩样放置16h
干燥器	低湿	24～28	<30	岩样放置8h

试验开始后，先将试样在保湿器中放置16h后再拿出放入干燥器中8h，试样所处环境温度基本稳定在室温，相对湿度为10%～90%，如此1个循环结束。一个循环用时24h，共120个循环，同时设置一组高湿参照样置于保湿器中，使其长期处于相对湿度大于90%的高湿环境。

4.3.1.2　温湿度循环试验

北石窟寺地区1月平均温度最低可达−18.5℃，7月、8月平均温度最高可达39.6℃，全年温度日较差平均值大于10℃的天数高达241天，由此可知北石窟寺崖体砂岩所处环境温湿度循环频繁且剧烈。借助恒温室内和低温冰箱实现试验环境的温湿度同时变化，两种环境的温湿度监测结果见图4-20，试样所经历的温差约45℃，相对湿度差值约为60%，据此提出温湿度环境控制方法，见表4-10。

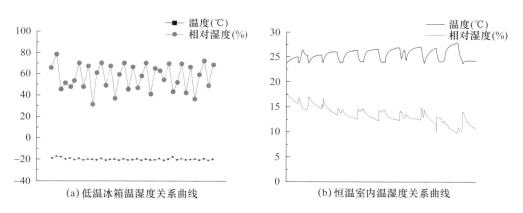

(a) 低温冰箱温湿度关系曲线　　　　(b) 恒温室内温湿度关系曲线

图4-20　不同环境下温湿度关系曲线

表4-10　温湿度环境控制方法

试验仪器	试验环境			试验方法概述
	模拟环境	温度范围（℃）	湿度范围（%）	
恒温室内	高温低湿	24～28	10～15	岩样放置18h
低温冰箱	低温高湿	−18～−20	40～70	岩样放置6h

试验开始后，将干燥岩样放入温度为−20℃的低温冰箱6h，再将岩样从低温冰箱中取出至恒温室内放置18h，如此1个温湿度循环结束，用时24h，共进行80个循环。

4.3.1.3 干湿循环试验

根据北石窟寺2010～2013年降水量监测数据统计，该地区一年内降水分配不均，夏季偏多，主要集中在7～9月，冬季偏少，四年平均降水量为468.5mm，可知北石窟寺崖体砂岩常常处在降水的环境下，持续降水后岩体表层水分又蒸发，高频率干湿循环促进了崖体砂岩表面风化。试验开始后，岩样在蒸馏水中浸泡16h，之后放置在40℃烘箱中24h，以此为1个循环，用时40h，共110个循环。

4.3.1.4 非饱和冻融循环试验

北石窟寺崖体砂岩表层受降雨、降雪影响下，水分向岩体内部扩散，含水量由外及内逐渐降低，岩体内部多为非饱和状态。北石窟寺所在区域12月至次年3月气温常降低至0℃以下，最大可达−20℃左右，此时岩体内水分结冰发生冻胀，气温上升后又消融，这种冻结消融循环往复的现象会造成北石窟寺崖体砂岩的劣化。用胶头滴管均匀加水后用保鲜膜包裹砂岩试样，设置含水率为4%的非饱和冻融循环试验试样，使试样表层水分分布均匀后，放入保湿箱内20h；之后将岩样放入低温冰箱（−20℃）4h，环境温度控制在−18～−20℃范围内，如此为1个循环，用时24h，共80个循环，试验控制方法见表4-11。

表4-11 非饱和冻融循环试验控制方法

试验仪器	试验环境			试验方法概述
	模拟环境	温度范围（℃）	含水率（%）	
保湿箱	室温高湿	24～28	4	包膜放置20h
低温冰箱	低温高湿	−18～−20	冻结	放置4h

4.3.1.5 饱和冻融循环试验

每年的12月至次年3月，北石窟寺所在地区冬季气温导致崖体砂岩体内部水分结冰，尤其在降雨和降雪后，岩体表面在低温状态下频繁发生冻胀融化，这种现象可使石窟砂岩体结构发生扰动和破坏，同时会加速砂岩体表面风化，因此设置饱和冻融循环试验来研究冻融风化机理。将砂岩试样放入水中浸泡20h，使其充分吸水后取出岩样，放入−20℃的低温冰箱4h，如此为1个循环，用时24h，共80个循环，试验控制方法见表4-12。

表4-12 饱和冻融循环试验控制方法

试验仪器	试验环境			试验方法概述
	模拟环境	温度范围（℃）	含水率	
水盒	室温浸泡	24～28	饱和	岩样放置20h
低温冰箱	低温	−18～−20	冻结	岩样放置4h

4.3.1.6　水盐循环试验

北石窟寺地区年降水量较大且地下水丰富，导致水害严重，如崖面雨水冲刷、崖体根部雨水溅蚀、窟内渗水、毛细水等，这些水携带和搬运大量易溶盐，形成的水盐运移既加速了崖体砂岩造像的风化，也影响了造像的艺术价值。通过分析北石窟寺窟区泉/井水的易溶盐成分及含量，发现北石窟寺泉水中的易溶盐主要有 KCl、$NaCl$、K_2SO_4、Na_2SO_4 等，水样中总含盐量在 0.04% 左右，含量较低。另外，采集北石窟寺三处盐害区域剥落的砂岩薄壳，使用离子色谱仪进行易溶盐测试，结果见表4-13，可知北石窟寺砂岩盐害的易溶盐成分以 Na_2SO_4 为主。

表4-13　盐害样品易溶盐成分测试结果

离子类别		崖体北端砖窟南壁	中心塔柱东壁	32 窟窟顶
阳离子 （mg/L）	Li^+	/	0.059	0.060
	Na^+	103.469	14.992	8.224
	K^+	140.106	9.623	3.854
	Mg^{2+}	294.727	22.707	10.785
	Ca^{2+}	/	14.010	47.291
阴离子 （mg/L）	F^-	0.100	0.740	0.623
	Cl^-	6.951	2.930	1.729
	NO_3^-	53.988	10.761	20.231
	SO_4^{2-}	5163.386	123.911	350.800

选择硫酸钠开展水盐循环试验。配置不同浓度硫酸钠溶液（饱和、5%、3%、1%）加注到砂岩试样上进行预试验，滴加量为岩样质量的3%。当硫酸钠溶液浓度分别为饱和、3%和5%时，岩样劣化速率过快，在短期内即可破坏，盐分在岩样表面结晶析出后过于富集，难以观察和监测岩样在水盐循环作用下的劣化过程，与现场风化现状不符。因此配置浓度为1.5%硫酸钠溶液，将岩样浸泡于溶液中16h，之后放入恒温恒湿箱（35℃，RH50%）中24h，如此为1个循环，试验控制方法见表4-14，用时40h，共22个循环。

表4-14　水盐循环试验控制方法

实验仪器	试验环境			实验方法概述
	温度范围（℃）	相对湿度范围（%）	盐溶液浓度（%）	
溶液容器	24～28	饱和	1.5	岩样浸泡16h
恒温恒湿箱	35	50		岩样放置24h

4.3.1.7　水热盐循环试验

当北石窟寺崖体盐害区域在低温环境下遭受降雨、降雪天气或基岩裂隙渗水时，砂岩体表面的易溶盐先受潮融化渗入岩体，在低温下易溶盐溶液在岩体表面冻结，待气温升高后易溶盐溶液融化后重新结晶，针对这种相对复杂的过程，设计水热盐循环试验。水热盐循环试验同样选定浓度为1.5%的硫酸钠溶液进行试验。将岩样浸泡在溶液中16h，之后拿出放入低温冰箱（－20℃）中4h，冻结后再转入恒温恒湿箱（35℃，RH50%）中24h，如此为1个循环，用时44h，试验控制方法见表4-15，共22个循环。

表4-15　水热盐循环试验控制方法

试验仪器	试验环境			试验方法概述
	温度范围（℃）	相对湿度范围（%）	盐溶液浓度（%）	
溶液容器	24～28	饱和		岩样浸泡16h
低温冰箱	－18～－20℃	40～70	1.5	岩样冻结4h
恒温恒湿箱	35℃	50		岩样放置24h

4.3.2　试验监测指标及仪器设备

4.3.2.1　试验检测指标

室内风化模拟试验共7组试验，采用10种指标监测砂岩试样在试验过程中的劣化表现，其中6种为定量指标，4种为定性指标，见表4-16。

表4-16　试验采用监测指标表

监测指标类型	监测指标名称	所需主要仪器设备
定性	表观劣化特征	Canon 相机
	微细观劣化特征	OLYMPUS SZX16体视显微镜、TESCAN扫描电子显微镜
	孔隙特征监测	YXLON工业X射线计算机断层扫描系统
	质量损失监测	花潮天平（0.01g）
定量	色度值监测	3nh手持式测色仪
	波速监测	A1410 PULSAR 脉冲超声检测仪
	表观形貌监测	Creaform Handy SCAN手持式三维扫描仪
	体积变化监测	Creaform Handy SCAN手持式三维扫描仪
	表面硬度监测	Equotip Picclol 2表面硬度仪
	抗压强度监测	WDW-300型微机控制电子万能试验机

4.3.2.2　主要仪器设备

1．OLYMPUS SZX16体视显微镜

借助OLYMPUS SZX16体式显微镜对各组风化模拟试验样品进行观测，分别在80倍和200倍下观测风化试样表面颗粒间的分布特征，探究和比较不同环境下劣化作用过程。

2．TESCAN扫描电子显微镜

探测器为背散射探测器，配备有高亮度肖特基电子枪，以获得高分辨及低噪声成像，景深大，视野大，成像立体效果好，有利于EDS成分分析。

3．YXLON 工业 X 射线计算机断层扫描系统

X 射线计算机断层扫描系统简称 CT 机，通过辐射 X 射线锥扫描岩样后产生大量 2D 图像，由检测器收集 2D 图像，之后处理这些 2D 图像创建岩样内外部几何图形的 3D 体积渲染，设置电压为 160kV，电流为 0.41mA，分辨率为 13.15μm。通过扫描岩样可看出岩样内部孔隙分布特征，计算出选定区域的孔隙率。

4．3nh 手持式测色仪

色度可量化砂岩试样表面颜色的变化程度，弥补了肉眼识别不清的不足。用 ΔE 表示总色差的大小，$\Delta L+$ 表示偏白，$\Delta L-$ 表示偏黑，$\Delta a+$ 表示偏红，$\Delta a-$ 表示偏绿，$\Delta b+$ 表示偏黄，$\Delta b-$ 表示偏蓝，总色差 $\Delta E=\sqrt[2]{(\Delta L)^2+(\Delta a)^2+(\Delta b)^2}$，色差分级见表 4-17。

表 4-17　色差分级表

范围	色差	肉眼观察
$0\sim0.25\Delta E$	非常小或没有	
$0.25\sim0.5\Delta E$	微小	肉眼分辨不出
$0.5\sim1.0\Delta E$	微小到中等	
$1.0\sim2.0\Delta E$	中等	肉眼轻微察觉色差；当色差敏感度不高时依然看不出
$2.0\sim4.0\Delta E$	有差距	肉眼略清晰地辨别出色差，但不明显
$4.0\Delta E$ 以上	非常大	色差非常明显，肉眼观察出两种颜色

5．A1410 PULSAR 脉冲超声检测仪

7 个干点接触式传感器组成菊花轮阵列，与常规声波仪的区别是可在不使用耦合剂的情况下快速测定砂岩的纵波波速，超声波频率为 50kHz，超声波脉冲发射频率为 5～25Hz，纵波波速测量范围为 1000～15000m/s，测试深度为 50～2500mm。

6．Creaform Handy SCAN 手持式三维扫描仪

精确度最高达 0.03mm，分辨率高达 0.05mm，体积精确度为 0.02～0.06 mm/m，采用定位标点及 7 束交叉激光线对岩块表面进行 480000 点次每秒的测量，可快速完成实时可视化 3D 扫描。然后，通过 Geomagic 软件处理点云数据，可获得风化前后表面形貌变化的标准偏差及 3D 比较图，同时也可计算岩样体积。

7．Equotip Picclol 2 表面硬度仪

用 Equotip Picclol 2 表面硬度仪（精度为 0.3%）测量岩样的表面硬度值，可以直接反映岩样经受劣化作用后表面抵抗变形和损伤的能力，间接反映出岩样表面的劣化程度。测试硬度选用正方体试样，在每个面测试 4 个值，共计 24 个值，去掉其中的最大值和最小值求其平均值，得出最终的表面硬度值。

4.3.3　风化特征分析

4.3.3.1　表观劣化特征

从 7 组模拟风化试样中各取一个圆柱岩样，分别从正面和顶面持续拍照监测，见图 4-21。

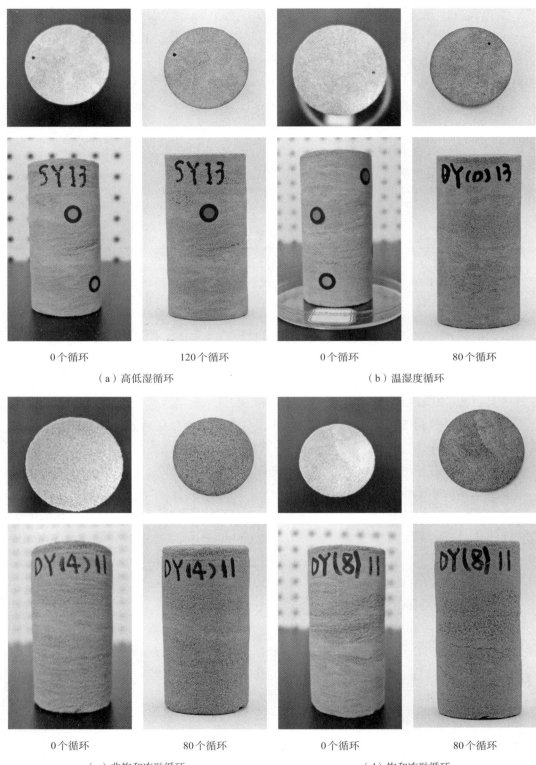

0个循环　　　　　　120个循环　　　　　　0个循环　　　　　　80个循环

（a）高低湿循环　　　　　　　　　　（b）温湿度循环

0个循环　　　　　　80个循环　　　　　　0个循环　　　　　　80个循环

（c）非饱和冻融循环　　　　　　　　　（d）饱和冻融循环

图4-21　风化岩样表观劣化特征监测

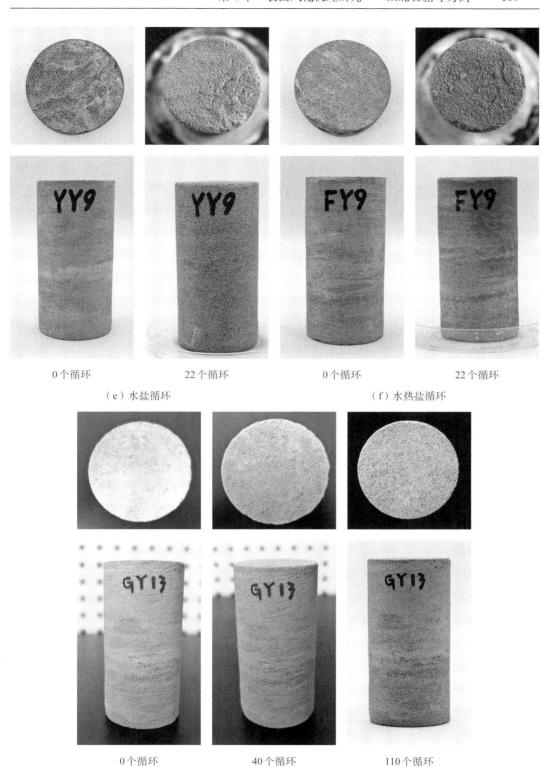

0 个循环　　　　　22 个循环　　　　　0 个循环　　　　　22 个循环

（e）水盐循环　　　　　　　　　（f）水热盐循环

0 个循环　　　　　40 个循环　　　　　110 个循环

（g）干湿循环

图 4-21　（续）

从图4-21中可得出以下结果。

（1）岩样经历120个高低湿循环后表观特征无明显变化。

（2）岩样经历80个温湿度循环后表观特征无明显变化。

（3）岩样经历80个非饱和冻融循环后，表观特征发生了变化，主要表现为原状时相对有棱角的区域，砂岩颗粒脱落而趋于平缓；圆柱岩样底部的较粗颗粒脱落严重，顶部孔隙增多，颗粒间距变大以及部分颗粒脱落后顶面粗糙度明显增大。

（4）岩样经历25个饱和冻融循环后，圆柱样上端出现一条细微裂缝；第45个循环时，表面出现数条较短的微裂缝且主要出现在颗粒较细的区域；之后随着循环数的增加，裂缝逐渐沿截面方面延伸，深度和宽度也越来越大；80个循环时，出现在岩样上端的第一条裂缝较宽处达1mm，延伸长度已超过半个截面；从圆柱岩样顶面来看，主要表现为较粗颗粒掉落、颗粒间距增大，粗糙度增大。

（5）岩样在水盐循环过程中表面粗糙度肉眼可见变大。随着循环数的增加，岩样表面脱落的颗粒越来越多，主要表现为硫酸盐结晶膨胀后，结晶区域的砂岩颗粒随着析出的结晶盐同时掉落，岩样顶面部分区域颗粒脱落现象严重，产生凹槽。

（6）岩样在水热盐循环过程中表面粗糙度明显增加，10个循环后产生明显差异性风化，部分区域呈膨胀隆起，部分区域颗粒损失严重或颗粒即将掉落；18个循环后整个岩样表面粗糙度增大，除盐结晶区域（白色区域）外，其他区域的砂岩颗粒仅黏附在岩样表面，尤其是岩样的顶面区域，砂粒呈絮状物堆积状态，一触即掉；22个循环后岩样顶面颗粒酥软，部分颗粒脱落后形成数条较深的凹槽。

（7）岩样经历40个干湿循环后顶面出现泛盐现象，之后随着循环数的增加，岩样顶面的结晶盐又逐渐溶解，最后直至消失，原因是岩样浸泡饱和后使内部的易溶盐溶解并产生了水盐运移现象，最终使易溶盐在圆柱样顶面结晶富集，之后又逐步溶解于水中。

4.3.3.2 微细观劣化特征

在显微镜下调节80倍和200倍观察各组风化试样，比较各组岩样的微细观结构特征和胶结类型，见图4-22，分析结果如下。

（1）岩样在120个高低湿循环后微细观结构几乎无变化，胶结类型无变化，胶结物基本无流失。

（2）岩样经历80个温湿度循环后表面胶结物略有损失，但并没有随着温湿度循环数的增加而产生明显劣化现象，变化过程极其缓慢。

（3）岩样经历110个干湿循环后表面胶结物减少，其损伤过程在后期较缓慢，局部区域孔隙增多，胶结方式由基底式胶结转化为孔隙式和接触式胶结。

（4）岩样经历80个非饱和冻融循环后表面胶结物流失较严重，尤其第10个循环后，主要矿物颗粒（石英、长石等）间填充物明显减少，颗粒间距增大，之后随着循环数的增加，胶结物流失速度较缓慢，胶结方式以孔隙式胶结为主。

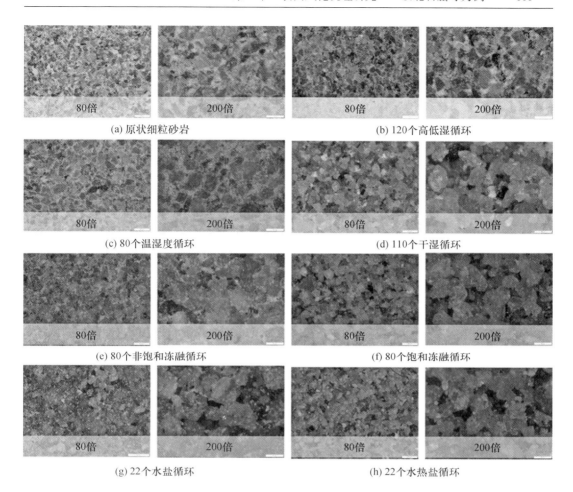

(a) 原状细粒砂岩　　　　　　　　　　(b) 120个高低湿循环

(c) 80个温湿度循环　　　　　　　　　(d) 110个干湿循环

(e) 80个非饱和冻融循环　　　　　　　(f) 80个饱和冻融循环

(g) 22个水盐循环　　　　　　　　　　(h) 22个水热盐循环

图4-22　体式显微镜下观测风化岩样

（5）岩样经历80个饱和冻融循环后表面胶结物流失严重，几乎观察不到钙质胶结物，胶结方式由基底式为主转变为接触式为主，颗粒间孔隙数量增多，颗粒间距增大，孔隙体积增大。

（6）岩样经历22个水盐循环过程中部分颗粒间胶结物流失严重，表现出颗粒间胶结物的差异性流失，胶结程度较差，胶结方式既有基底式胶结，也有接触式胶结，颗粒表面有大量盐结晶体，孔隙增多，部分颗粒掉落。

（7）岩样经历22个水热盐循环后微观结构变化较大，颗粒表面有大量盐结晶体，部分颗粒间胶结物流失严重，存在差异性风化现象，胶结程度较差，胶结方式既有基底式胶结，也有接触式胶结，胶结方式的改变取决于该区域处是否有结晶盐，岩样表面孔隙增多，颗粒间距大幅增加。

4.3.3.3　孔隙变化特征

岩样经X射线计算机断层扫描系统（CT）扫描后导入软件进行处理，在扫描得出的三维图像中从外往里依次选择三个相同体积的小区域进行孔隙率计算，见图4-23。

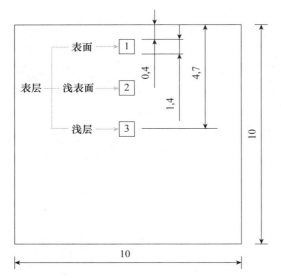

图4-23　样品测试示意图（单位：mm）

由于CT机每扫描一个岩样发射的X射线剂量不同，以及人为判定孔隙范围存在误差，计算所得的孔隙率并非绝对值，通过比较岩样不同区域的孔隙率可得出孔隙率的变化趋势，以饱和冻融循环试样为例（图4-24），其余六组岩样孔隙率变化趋势见图4-25。

由图4-24、图4-25得知，岩样经历劣化作用后表面孔隙率均大于浅表面，且从外往内连通孔隙体积减小，随着循环数的增加，岩样表层孔隙率和连通孔隙体积整体增大。7组岩样孔隙变化特征的不同点如下。

40个循环　　　　　　　　　80个循环

（a）区域1（表面）

40个循环　　　　　　　　　80个循环

（b）区域2（浅表面）

图4-24　饱和冻融循环试样CT观测图

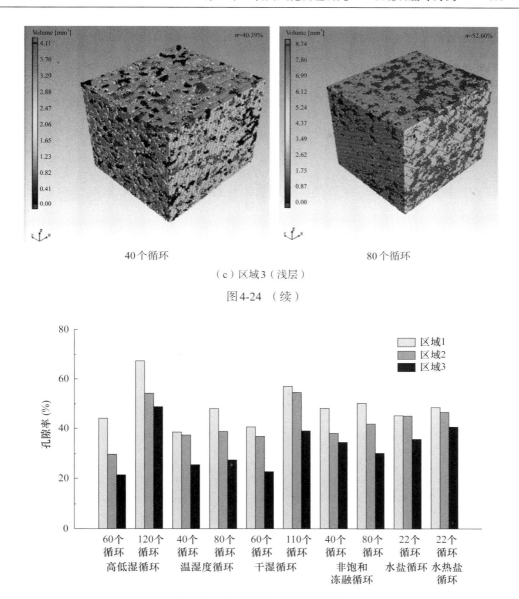

40个循环   80个循环

（c）区域3（浅层）

图4-24 （续）

图4-25   CT计算风化岩样孔隙率

（1）岩样长期经受高低湿循环作用，表层整体孔隙率增长较其他劣化作用较大，高低湿循环作用影响范围主要集中在表面区域，由外向内劣化效果递减。

（2）温湿度交替变化对岩样孔隙率的影响范围主要集中在表面和浅表面区域，且随着循环数的增加，影响范围逐渐缩减为表面区域。

（3）干湿循环作用对岩样的影响范围较深，整个表层区域孔隙率均随循环数的增加而增大。

（4）在非饱和冻融循环作用下，岩样表层孔隙率短期内缓慢增长且持续稳定，主要作用范围在表面区域，表面小的孔隙在冻胀和消融作用下发育成大裂隙，同时浅层区域孔隙被挤压减小。

（5）在饱和冻融循环作用下，岩样表层孔隙率短期内迅速增长且随着循环数的增加持续增加，影响范围也逐步增大。

（6）水盐循环和水热盐循环作用对岩样表层孔隙率影响效果类似，特征在于表面和浅表面孔隙率略大于浅层孔隙率且三个区域的连通孔隙体积大小相似，说明水盐循环和水热盐循环对岩样影响深度更大。

4.3.3.4　质量损失监测

试验开始后定期称取各组风化试样质量，监测结果见图4-26。

从图4-26可得出如下八个结论。

（1）高低湿循环样质量变化很小，经历120个循环后平均质量下降接近1.6g，平均质量下降比为0.4%，且劣化过程中有质量回升的现象，观察分析后可知这种现象产生的原因是干燥器内的干燥剂未及时更换，不能一直保持极低湿度，导致测量质量时数值回升。

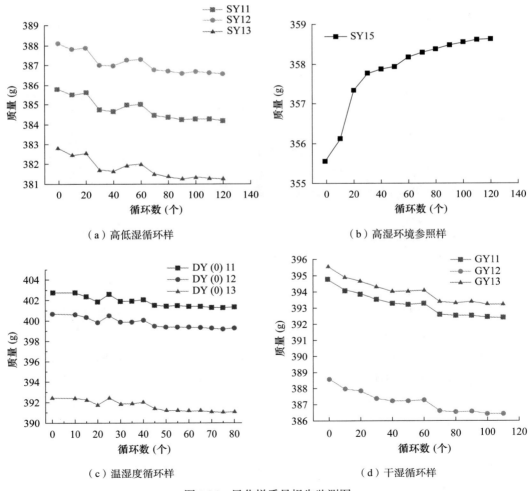

（a）高低湿循环样　　　　　　　　　　（b）高湿环境参照样

（c）温湿度循环样　　　　　　　　　　（d）干湿循环样

图4-26　风化样质量损失监测图

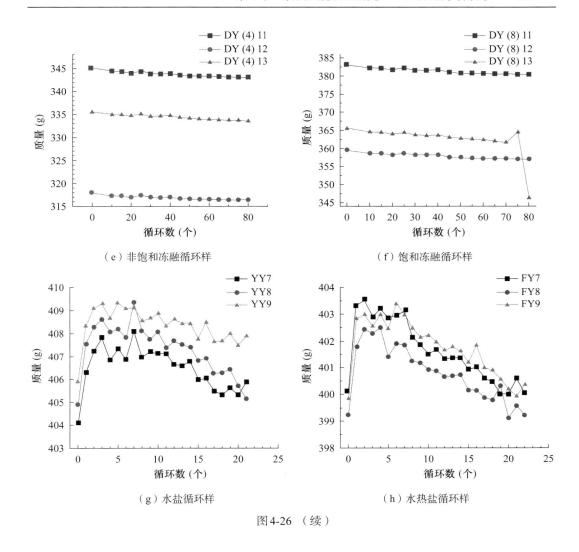

（e）非饱和冻融循环样　　　　　　　　　（f）饱和冻融循环样

（g）水盐循环样　　　　　　　　　（h）水热盐循环样

图 4-26　（续）

（2）高湿环境下参照岩样质量一直呈增加趋势，尤其在前 30 个循环质量骤增，随着循环数的增大，质量的增加也趋于平缓。高湿环境下 120 个循环对应的时长约为 220 天，质量约增长 3.01g，增长比为 0.84%。

（3）温湿度循环岩样质量变化很小，经历 80 个循环后平均质量下降接近 1.4g，平均质量下降比为 0.35%。

（4）干湿循环后的样品质量减小，经历 110 个循环后平均质量下降接近 2.2g，平均质量下降比为 0.57%。

（5）非饱和冻融循环岩样质量变化很小，经历 80 个循环后平均质量下降接近 1.8g，平均质量下降比为 0.54%。

（6）饱和冻融循环后的样品质量变化较大，DY（8）13 在 75 个循环后底部因裂缝贯通后断裂，不能作为质量损失的参照样进行计算，因此经历 80 个循环后平均质量下降接近 2.63g，平均质量下降比为 0.71%。

（7）水盐循环过程中岩样质量先呈上升趋势，直到3个循环后质量开始下降，原因有两个：一是岩样在盐溶液中浸泡16h，放入恒温恒湿箱（35℃，RH50%）24h后并不完全干燥，根据蒸馏水浸泡参照样计算可知含水率约为0.36%，则岩样质量中约含水1.45g；二是前三个循环时岩样在35℃、RH50%环境下蒸发结晶后内部存在结晶盐，而岩样受水盐循环劣化损失的质量又远小于吸收的盐质量。前三个循环中岩样质量增值越来越小，说明岩样孔隙和微裂隙已经逐渐被结晶盐充满，且水盐循环劣化作用导致质量损失越来越大。从第4个循环开始，岩样质量开始下降且下降速率逐渐增大，循环中途质量略有回升是因为岩样在周而复始的盐结晶撑裂作用下孔隙和微裂隙增大，下一次浸泡时岩样吸收了更多的盐溶液。质量下降比应从第3个循环开始计算，为0.69%。

（8）水热盐循环过程中岩样质量先呈上升趋势，直到2个循环质量开始下降，原因与水盐循环试验相同，从第2个循环开始计算，质量变化比为0.69%。

4.3.3.5　色度值监测

试验开始后定期测试各组风化样色度值，统计岩样顶面劣化后与未风化时的色差，见图4-27。

从图4-27可得出以下八个结论。

（1）各组风化试样在经历短期劣化作用后色差值均有所变化，ΔE普遍大于1.0，原因是岩样经历劣化作用后沉积环境发生了较大的变化。

（2）高低湿循环样、高湿环境参照样、温湿度循环样、干湿循环样和非饱和循环样在试验结束后色差值均未超过视觉界限值4，色差值往往先呈增长趋势，后期趋于稳定。

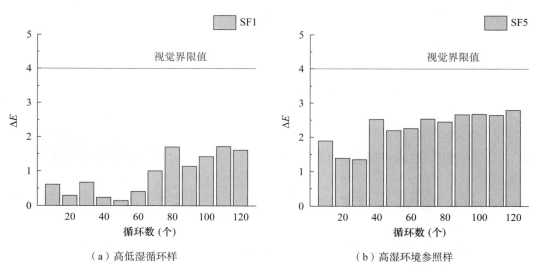

（a）高低湿循环样　　　　　　　　　（b）高湿环境参照样

图4-27　风化样色差统计图

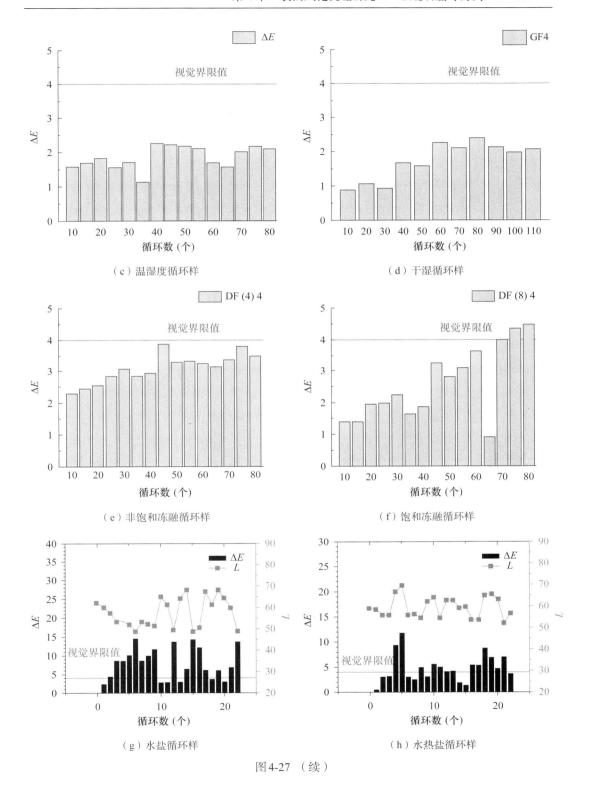

（c）温湿度循环样

（d）干湿循环样

（e）非饱和冻融循环样

（f）饱和冻融循环样

（g）水盐循环样

（h）水热盐循环样

图 4-27　（续）

（3）除水盐循环和水热盐循环外，饱和冻融循环对岩样色差值影响最大，70个循环后色差值达到4且继续呈增长趋势；非饱和冻融循环样次之，温湿度循环和干湿循环样色差值均在2上下浮动，高低湿循环样色差值最小。

（4）饱和冻融循环样在65个循环时色差值仅有0.88，原因是岩样DF（8）4干燥后表面有泛盐现象，导致测试色差时L值和b值回升，计算所得色差值ΔE较小，见图4-28。

（a）岩样干燥后表面泛盐　　　　　　　　　　（b）显微镜下观察泛盐区域

图4-28　岩样DF（8）4表面泛盐

（5）在水盐和水热盐循环过程中，岩样色差值上下起伏，与其他劣化作用相比没有明显的规律，总体而言色差值较大，长期大于4，超出了视觉界限。为了解释这些色差值波动的原因，在色差统计图上添加了L值的折线图。

（6）在水盐循环过程中，色差值ΔE较小时对应的L值往往较大，即两种值的趋势是相反的，因为岩样表面结晶时偏白，导致L值回升。与岩样未风化时相比，L值差值越小，计算出的色差值ΔE就越小，说明水盐循环下岩样的颜色变化是从明到暗发展的；在前6个循环中色差值ΔE持续增大，说明岩样表面盐分未结晶时依然会有较大的色差变化，仅仅在第2个循环后ΔE就超过4。

（7）相比水盐循环，水热盐循环过程中岩样色差值波动的情况有所不同，一部分色差值ΔE较大时对应的L值较大，另一部分色差值ΔE较大时对应的L值偏小（相对于0个循环时L值），前者是因为岩样表面结晶物太多导致的，水热盐循环岩样在冻胀作用下孔隙更大，易溶盐更易在表面结晶；后者如水盐循环一样，岩样色度是按从明到暗的趋势发展的，岩样变暗同样会使色差值ΔE偏大。

（8）水盐循环样L值大于未风化时L值次数为6，水热盐循环样为11次，说明水热盐循环岩样更易在表面大量结晶。

4.3.3.6　波速监测

试验开始后，定期将各风化组岩样烘干24h，待冷却至室温后测量纵波波速，见图4-29。

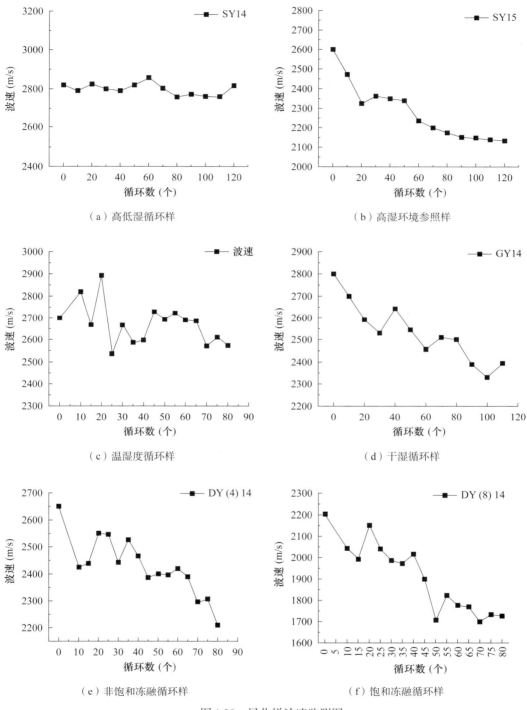

图4-29　风化样波速监测图

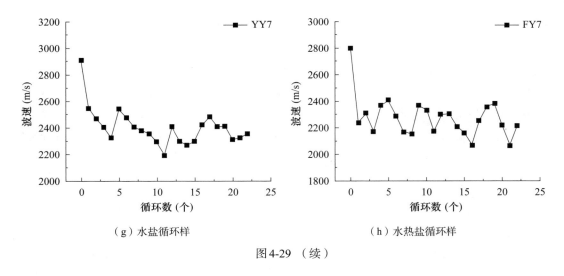

（g）水盐循环样　　　　　　　　　（h）水热盐循环样

图4-29 （续）

由图4-29可得出以下六个结论。

（1）高低湿循环试样波速几乎无变化，在（2800±50）m/s范围内波动，整个劣化过程中波速变化较小；高湿参照样波速在前20个循环内急剧下降，之后下降速率减缓，最终波速下降比为17.88%，说明岩样在高湿环境下受湿气软化影响，内部声波传导性降低，岩样抗老化性能下降。

（2）温湿度循环样除第10、20个循环后波速值较大，其余波速值均在（2650±50）m/s范围内波动，整体呈下降趋势，第25个循环后岩样波速急剧下降，对应质量损失图4-26c可看出此时岩样质量增大，原因是烘干后吸收室内湿气，导致岩样软化，内部声波传导性降低。以上两个异常值应是样品在烘干后未完全恢复至室温时所测。

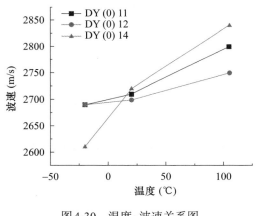

图4-30　温度-波速关系图

（3）当砂岩遭受高温环境时，产生的热膨胀作用可以使其内部孔隙收缩和微裂缝开度减小，从而砂岩密实度得以提高，波速测试结果偏大，因此探究温度对岩样波速的影响，测试圆柱岩样在不同温度下稳定1h后的纵波波速，见图4-30，可以看出岩样在105℃下烘干后纵波波速增大，高温对纵波波速的测试影响较大，从而可以解释图4-29c中异常值的存在。

（4）干湿循环样波速值逐渐减小，波速下降比为14.48%。

（5）非饱和冻融循环样、饱和冻融循环样波速值整体呈下降趋势，但波速下降并不连续，岩样每经历一定循环数的劣化作用后波速值才会下降，表现出一种非线性的衰减模式，说明岩样有一定耐疲劳性，需要积累一定程度的损伤才会发生明显波速下降。前者波速下降比为16.60%，后者为21.51%。

（6）水盐和水热盐循环样的波速测试与前述试验不同，由于盐结晶条件为岩样放置在35℃、RH50%环境下24h，未烘干后直接测试。岩样在盐结晶后并不完全干燥，含水率接近0.36%，受到轻微软化作用。从图4-29g、h可以看出，岩样波速值在第一个循环后下降较大，有两方面因素：一是岩样内部含有极少的水分；二是未风化岩样第一次遭受劣化作用后内部微结构改变，整体来看波速值呈下降趋势。水盐和水热盐循环样波速下降比分别为20.04%和20.73%。

4.3.3.7　体积变化监测

借助三维扫描仪定期扫描各组风化样，使用Geomagic Control软件处理点云数据，之后计算出岩样体积，见图4-31。岩样体积在三维扫描下有一定的误差，折线图呈起伏状，经测试设备的误差范围在±300mm³内，因此在图中添加设备误差范围，以未风化时岩样的体积作为参照，±300mm³内的体积变化视为未变化。

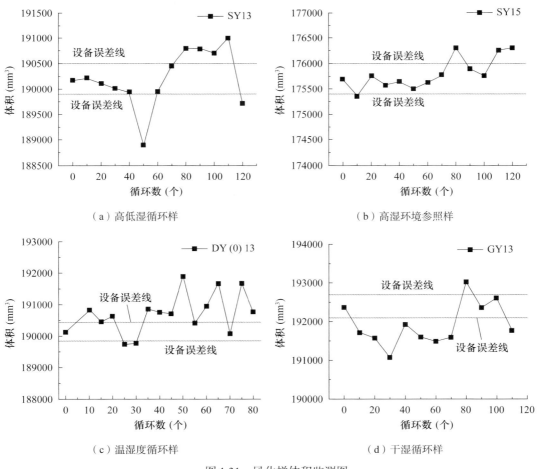

（a）高低湿循环样　　　　　　　　　　　　　　　（b）高湿环境参照样

（c）温湿度循环样　　　　　　　　　　　　　　　（d）干湿循环样

图4-31　风化样体积监测图

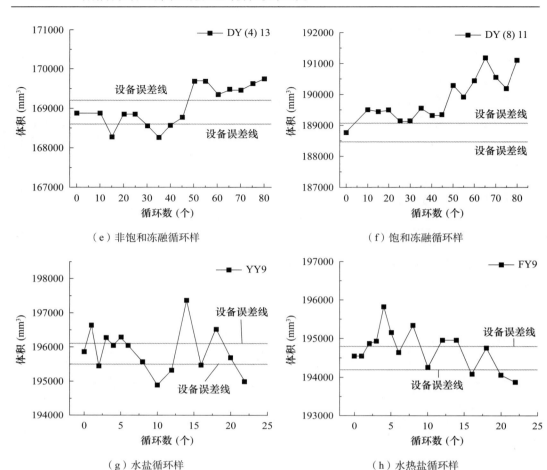

（e）非饱和冻融循环样　　　　　（f）饱和冻融循环样

（g）水盐循环样　　　　　（h）水热盐循环样

图4-31　（续）

从图4-31可得以下七点结论。

（1）岩样在高低湿循环过程中体积先减小后增大，最后减小；最终体积变化比为－0.24%；高湿参照岩样长期在高湿度环境中体积呈增大趋势，整体体积变化比为＋0.35%，说明高湿环境可使岩样略微膨胀。

（2）岩样在温湿度循环过程中体积既有膨胀也有收缩，整体体积呈增长趋势，最终体积变化比为＋0.33%，说明温湿度循环作用可使岩样略微膨胀。

（3）干湿循环试样体积先持续减小，后体积又有回升，整体来看体积呈减小趋势，体积变化比为－0.31%。

（4）非饱和冻融循环岩样的体积整体呈增大趋势，60个循环前岩样体积在膨胀和收缩中循环往复，之后岩样体积持续增大，最终体积变化比为＋0.52%。

（5）岩样在饱和冻融循环过程中体积呈增大趋势，前45个循环增大速率较慢，之后体积开始急剧增大，表现出耐疲劳性，最终体积变化比为＋1.24%，

（6）在水热盐循环中，岩样体积在小尺度内膨胀－收缩若干个干循环后持续减小，可推断出岩样在多次水盐循环劣化作用后积累损伤，之后表面颗粒大量脱落，表现为体积的减小，最终体积变化比为－0.44%。

（7）水热盐循环样在前4个循环内保持连续性的膨胀，之后体积整体呈膨胀—下降循环往复的螺旋式下降，最终体积变化比为−0.35%。

4.3.3.8　表观形貌监测

借助三维扫描仪定期对各组风化岩样进行扫描，将得到点云数据导入Geomagic Control软件中进行处理后最佳拟合，之后进行3D比较，得出岩样在试验结束后表观形貌变化的标准偏差图，见图4-32。

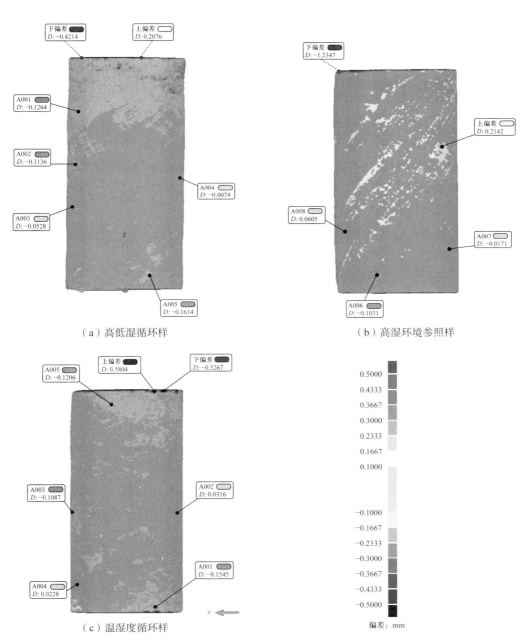

图4-32　风化样3D变化及偏差统计图

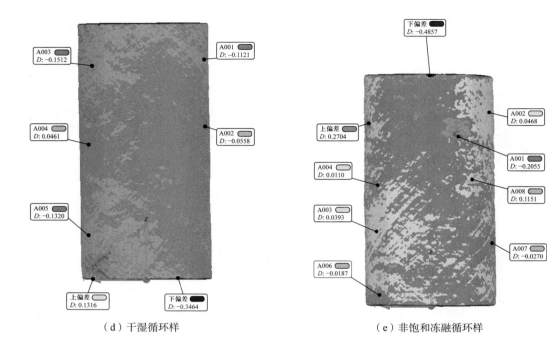

（d）干湿循环样 　　　　　　（e）非饱和冻融循环样

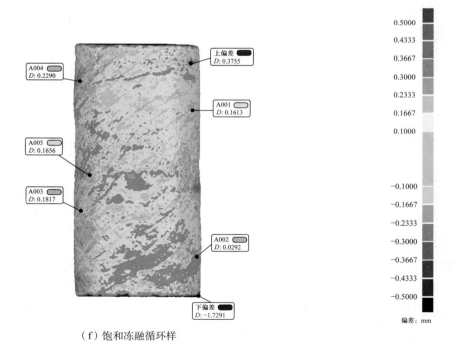

（f）饱和冻融循环样

图4-32 （续）

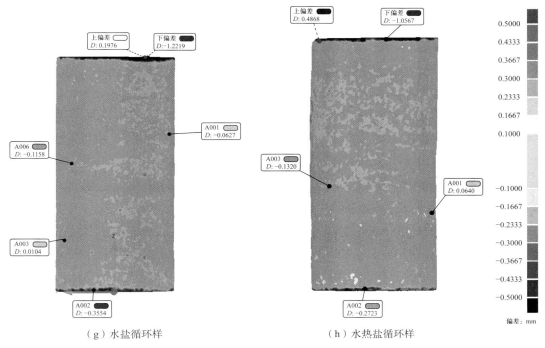

（g）水盐循环样　　　　　　　　　　　（h）水热盐循环样

图 4-32　（续）

从图 4-32 可得出如下七个结论。

（1）高低湿循环样表观劣化较明显，表现为颗粒较粗区域的少量缺失，最大标准偏差为 0.0838；岩样长期在高湿环境下表面部分区域发生膨胀，最大标准偏差为 0.0430。

（2）温湿度循环样表观形貌的变化主要表现为上部较小区域少量缺失，主要发生在岩样上部区域，部分区域表现为膨胀，原因在于岩样不同区域的颗粒粗细程度不同，矿物组成也不完全相同，不同矿物成分的热膨胀系数不同，导致不同区域的抗风化性能并不一致，标准偏差为 0.0750。

（3）干湿循环样主要表现在圆柱岩样下端部分区域产生少量缺失，随着循环数的增加，缺失区域逐渐增大，由颗粒相对较粗的底部向上延伸。由于岩样表面粗细颗粒分布无规律，所以在图中表现出缺失区域不连续，标准偏差为 0.0678。

（4）非饱和冻融循环样表观形貌变化表现为大面积的膨胀和小部分区域的缺失，膨胀即岩样表面的砂岩颗粒整体隆起和粗糙度的增大，标准偏差为 0.0436。

（5）饱和冻融循环样表观形貌变化主要为表面不同区域的膨胀和缺失，以膨胀为主；随着循环数的增加，膨胀区域逐渐增大，直至 60 个循环时，圆柱岩样表面形貌几乎全部发生变化，表现为大面积的膨胀，标准偏差为 0.0871。

（6）水盐循环样表面形貌发生了较大的改变，特征在于顶底部截面位置处沿圆周大量缺失，且随着循环数的增加越来越大，颜色越来越深，原因是这两个位置易使盐溶液结晶，遭受的结晶膨胀力更大，另外该位置处的砂岩颗粒相对缺失自稳能力，标准偏差为0.0806。

（7）水热盐循环样表面形貌改变较大，前期岩样下部大面积膨胀隆起，之后颗粒掉落，随着循环数的增加，岩样表面形貌表现为膨胀—颗粒掉落—膨胀循环往复，整体表现为表面缺失，标准偏差为0.0846。同时岩样顶底部截面位置处沿圆周大量缺失，原因同水盐循环样。

4.3.3.9　表面硬度监测

用表面硬度计测量烘干状态下岩样的表面硬度，可直接反映岩样受劣化作用后表面抵抗变形和损伤的能力，间接反映出岩样表面的劣化程度，见图4-33。

从图4-33可得出以下六点结论。

（1）岩样经历20个高低湿循环后表面硬度骤降，之后硬度值呈起伏状变化，趋于稳定，表面硬度变化比为－9.23%；岩样长期在高湿环境下表面硬度值下降，折线整体呈下降趋势，表面硬度变化比为－6.52%。

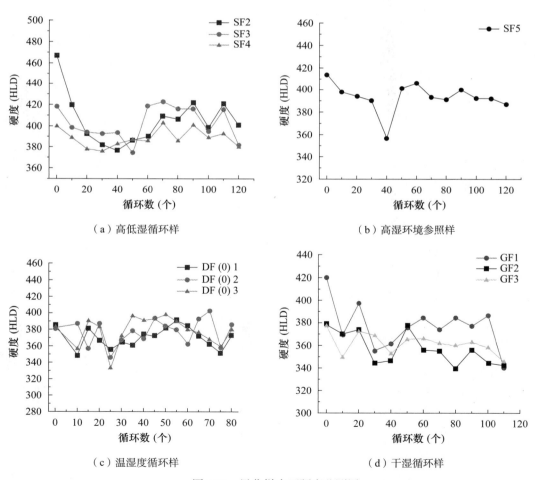

（a）高低湿循环样　　　　　　　（b）高湿环境参照样

（c）温湿度循环样　　　　　　　（d）干湿循环样

图4-33　风化样表面硬度监测图

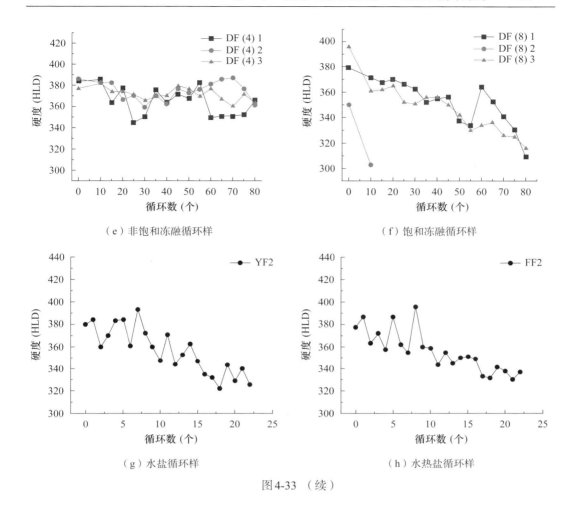

（e）非饱和冻融循环样 （f）饱和冻融循环样

（g）水盐循环样 （h）水热盐循环样

图 4-33 （续）

（2）温湿度循环样表面硬度变化较缓慢，下降趋势不明显，最终硬度下降比为1.22%。

（3）干湿循环样的表面硬度值呈下降趋势，第10个循环后下降趋势最为明显，最终硬度下降比为14.22%。

（4）非饱和冻融循环样表面硬度值呈起伏状，整体呈下降趋势，最终硬度变化比为−5.45%。

（5）饱和冻融循环样表面硬度值整体呈下降趋势，其中编号为DF（8）2的岩样在13个循环时受冻胀作用影响后破裂，因此不将其作为参照样进行计算分析，最终硬度变化比为−18.37%。

（6）水盐和水热盐循环样表面硬度值均呈下降趋势，最终硬度值下降比分别为14.30%和10.73%。

4.3.3.10 抗压强度监测

试验开始后定期测试各风化组岩样的单轴抗压强度，采用WDW-300型微机控制电子万能试验机进行测试，首先将圆柱岩样放置于压力机承压板中心，控制压力机上压力板接近岩样顶面，之后调整有球形座的承压板，尽量使试样顶面与上压力板贴合接触，使岩样表面均匀受力，最后按0.1mm/min对试样加荷，直到试样破坏为止，记录最大破坏载荷，计算出单轴抗压强度值，见图4-34。

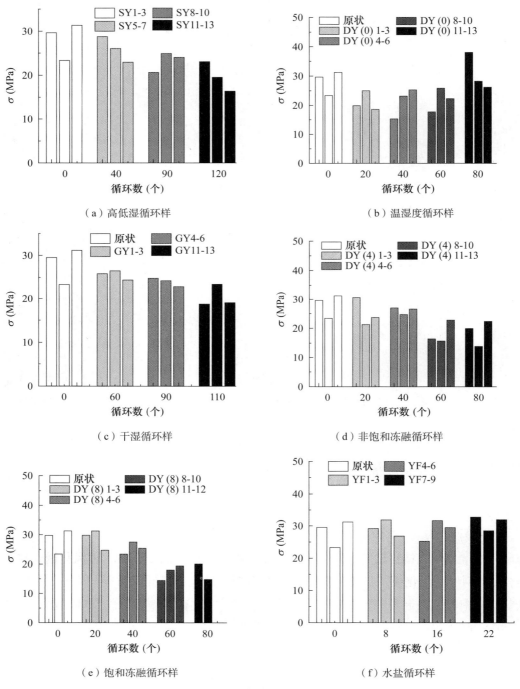

（a）高低湿循环样　　　　　　　　　　　（b）温湿度循环样

（c）干湿循环样　　　　　　　　　　　（d）非饱和冻融循环样

（e）饱和冻融循环样　　　　　　　　　　　（f）水盐循环样

图4-34　风化样抗压强度监测图

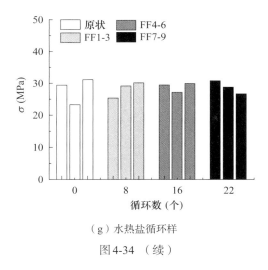

（g）水热盐循环样

图4-34 （续）

从图4-34可得出以下五点结论。

（1）随着高低湿循环数的增加，岩样的无侧限抗压强度呈下降趋势，120个高低湿循环后抗压强度平均值相比原状样下降比为30%，说明高低湿循环对岩样的力学性能有较大的弱化作用。

（2）岩样经历80个温湿度循环后抗压强度没有明显的增大或者减小趋势，平均值较稳定，说明温湿度循环作用对岩样抗压强度影响较小。

（3）岩样经历110个干湿循环过程中，其单轴抗压强度平均值呈下降趋势，最终下降比为27.16%。

（4）在非饱和冻融和饱和冻融循环过程中，岩样单轴抗压强度均呈下降趋势，60个循环前下降速率较小，75个饱和冻融循环后编号为DY（8）13的岩样底部受冻胀作用断裂，长径比小于2，不满足抗压实验要求，因此不将其作为参照样进行计算分析。前者抗压强度值最终下降比为33.05%，后者下降比为34.27%。

（5）在水盐和水热盐循环作用下，岩样单轴抗压强度值较稳定，σ值在29MPa附近浮动，说明在以上22个循环过程中，岩样的劣化深度范围主要集中在表层，力学性能并未明显衰减。

4.3.4 小结

（1）室内风化模拟试验选取了水、温度、盐作为风化因子，将三种风化因子排列组合后设计7组风化模拟试验，分别为高低湿循环试验、温湿度循环试验、干湿循环试验、非饱和冻融循环试验、饱和冻融循环试验、水盐循环试验和水热盐循环试验。

（2）根据北石窟寺地区环境特征，如温湿度环境、降雨量、降雪量、易溶盐类型等，科学设置了室内风化模拟试验边界条件，模拟结果和现场病害特征具有一定的相似性，采用多种定性和定量指标监测和记录岩样的劣化作用过程，效果显著。

（3）通过分析多种监测指标发现，在高低湿循环作用下岩样主要表现为较粗颗粒掉落、表面硬度降低、表层孔隙率增大，劣化区域为岩样表层；当岩样长期处于高湿环境下时持续吸湿，抗风化性急剧下降；温湿度交替变化对岩样风化影响较小，表现为体积膨胀、表面颗粒差异化缺失及波速的缓慢下降；干湿循环作用对岩样的影响深度随时间增长而增加，主要表现为波速下降、表面硬度减小、表面颗粒缺失及抗压强度减小；非饱和冻融循环岩样的劣化范围距表面3mm内，表现为色差增大、波速下降、体积增大、表面差异化膨胀等，而饱和冻融循环岩样劣化范围相对于前者较深，遭受的劣化强度也更大，表现为胶结物严重流失、色差增大、波速和表面硬度快速下降等。岩样在水盐循环和水热盐循环作用下差异性风化明显，部分区域颗粒脱落严重，岩样表面产生凹槽，相比前述几组试验，岩样表层遭受的劣化作用较强，主要表现为表面硬度快速下降和体积减小，其中水热盐循环较水盐循环劣化作用更强。

（4）对比水盐循环和干湿循环试验结果发现，前者因为盐分的存在遭受的劣化影响更大，劣化范围更深，表面形貌发生较大改变，质量损失、色差、硬度和波速下降比均更大，说明易溶盐显著影响砂岩风化；对比干湿循环和温湿度循环试验结果发现，前者胶结物损失较多、质量损失较大且波速下降快，说明含水砂岩更易风化；对比非饱和冻融循环和饱和冻融循环试验结果发现，前者砂岩含水率为后者的50%，后者在表观形貌改变、质量损失、胶结物流失、波速下降、体积膨胀、表面硬度下降、色差增大、无侧限抗压强度下降等方面均大于前者，说明砂岩含水率的大小与风化强度相关性很强，含水率越高抗风化性越差；对比饱和冻融循环和干湿循环试验结果发现，两者的含水条件均为饱水，前者试验增加了低温条件，砂岩遭受的劣化影响远大于后者，而温湿度循环对砂岩的劣化影响较小，说明在砂岩含水时，增添温度因素可显著减弱抗风化性，特别是含水率为饱和时，该影响更为显著。

4.4　多场耦合下砂岩风化特征

前期针对典型砂岩石窟寺，选择主要影响因素作为室内模拟试验的控制变量，开展了单因素控制的室内小样块模拟试验，研究表面风化发育的形貌特征和速率，建立单因素变量的风化发育模型，本节以砂岩石窟寺所处环境的多因素变量耦合关系为依据，拟定降雨-温度-日照、降雪-温差，在多场耦合环境模拟实验室开展多场耦合条件下的大尺寸砂岩风化机制模拟试验，验证风化类型与风化特征，初步建立多因素变量耦合条件下风化发育特征模型。

4.4.1　边界条件及加载方式

4.4.1.1　多场耦合环境模拟加载设备

为开展多场耦合条件下大尺寸砂岩风化模拟试验，试验在多场耦合环境模拟实验室中进行，多场耦合环境模拟试验室分为夏季仓、风雨仓和冬季仓，三个仓体的技术参数如下。

1. 夏季仓

夏季仓（图4-35）仓体实际尺寸为9m（L）×10m（W）×5.5m（H），仓体内试验有效尺寸为4m（L）×2.5m（W）×2.5m（H），仓内采用全光谱日照灯及滤光玻璃罩，其光线辐射范围包含整个光谱，与自然光照相似。在各设备运行过程中可以进行高低温度、高低湿度、温湿度交变以及全光谱日照等夏季主要环境变

图4-35　夏季仓

量的模拟与控制。其中温度可控范围为（10～60）℃±0.5℃，相对湿度可控范围为（10～95）%±3%，光照强度范围为600～1200W/m²（全光谱），均匀度＞80%。日照的模拟可控因素包括日照位置、照射角度与光照强度，任意影响因素可按不同时段的工况进行设定，在运行的过程中实验仓可实现完全自动调节。

2. 风雨仓

图4-36　风雨仓

风雨仓（图4-36）仓体实际尺寸为6m（L）×7.5m（W）×5.5m（H），仓体内降雨试验有效尺寸为4m（L）×4m（W），仓内采用9组喷头叠加来增大范围；通过不同的喷头（4种）实现大中小雨的模拟。降雨的均匀性由单个喷头的覆盖面积流量分布特性以及多个喷头的叠加组合决定。本实验室采用喷头移动叠加的方案来提高降雨的均匀性。设备运行期间可模拟多种环境模式，如高低温度、降雨、大风及风雨组合等。其中温度可控范围为（10～40）℃±0.5℃；风速可控范围为5～17m/s，模拟风速达7级，吹风口尺寸为800mm（宽）×600mm（高）；降雨量控制范围为10～200mm/h，降雨均匀度均大于85%。

3. 冬季仓

冬季仓（图4-37）仓体实际尺寸为7m（L）×5m（W）×5.5m（H），仓体内试验有效尺寸为4m（L）×3m（W）。降雪系统采用低温喷雾结晶降雪的形式，其中降雪模拟喷头采用二流体（水、空气）喷头，通过压缩空气将水雾化，雾化后的液滴喷射进入仓内冷环

图4-37　冬季仓

境中，冷冻形成冰晶，从而达到降雪的效果，降雪喷头通过往复移动增大降雪面积和降雪均匀度。冬季仓在运行过程中可以对一定温度、湿度、降雪及日照融雪的环境进行模拟，温度可控范围为－30～20℃（±0.5℃），日照融雪强度不变，最大可达（600±120）W/m^2，降雪量可连续控制范围为5～20mm/h，降雪面积可达2500mm（长）×1500mm（宽），均匀度在80%以上。

4.4.1.2　加载工况研究

1．环境主控因子

基于研究对象不少于一年的气象环境监测数据，结合遗址本体病害特征与赋存环境的关系，分析降雨、降雪、温度、湿度、日照、风环境因子的周期的特征；利用区域环境特征分析研究对象受环境影响的特征曲线提取分级分类影响因子，并计算时长函数，即可根据时长函数确定待模拟周期内的主控环境因子。环境因子主要包括以下6种。

（1）降雨量：年降雨量、月降雨量、日最大降雨量、10min最大降雨量，降雨特征（如1年降雨可分为1次暴雨，持续1小时，2次大雨持续2小时，3次中雨持续3小时，4次小雨持续4小时）等。

（2）降雪量：年降雪量、月降雪量、日最大降雪量、10min最大降雪量，降雪特征等。

（3）温度：大于0℃积温、10℃积温、日较差统计、地表温度等。

（4）湿度：相对湿度和绝对湿度的时空分布特征，包括月均值、日均值，日较差等。

（5）日照：日照时长及强度时空分布特征。

（6）风：风速、风向和携砂量。

2．构建环境因子试验室加载方式

通过抽象不同环境条件下温度（T）、湿度（RH）、风（V）、降雨（$R_{雨}$）、降雪（$R_{雪}$）、光照（S）等主控因子指标，模拟多环境因子加载条件的试验环境场，赋存环境的试验室加载方式简化，体现主要影响因子，确定试验模拟时长，实现多因子多序列和不同时长组合的年、季、月、日等不同周期，覆盖干旱、湿润和潮湿环境条件特点模拟试验场，其函数形式为：

$$E=f(T \cdot t_1, \ RH \cdot t_2, \ V \cdot t_3, \ R_{雨} \cdot t_4, \ R_{雪} \cdot t_5, \ S \cdot t_6)$$

式中：E表示模拟试验场，f表示加载方式，T表示温度模拟量，RH表示湿度模拟量，V表示风场模拟量，$R_{雨}$表示降雨模拟量，$R_{雪}$表示降雪模拟量，S表示光照模拟量，t_1—t_6表示各主控环境因子的加载时间，根据各主控环境因子的加载时间按照各主控因子的模拟量在模拟试验场进行模拟。

3．主控因子选择与量级划分

不同赋存环境具有特定的环境特点，实验室加载过程中结合实践经验，一般将影响比较小、低量级影响因子剔除得到主控环境因子，简化、抽象赋存环境不同时长的主要因子的周期性特征，结合研究对象病害特征划分主控因子的量级，确定不同量级主控因子的预设加载时长与周期。如干旱环境可抽象为：降雨＋暴晒＋温差＋暴风＋降雪冻融，湿润环境为：长时降雨＋日照＋温差＋降雪冻融，潮湿环境为：长时强降雨＋高湿＋高温。表达式为：

$$E=\sum_{i=1}^{n}(T_1 \cdot t_{11}+T_2 \cdot t_{12}+\cdots+T_n \cdot t_{1n}, \ \mathrm{RH}_1 \cdot t_{21}+\mathrm{RH}_2 \cdot t_{22}+\cdots$$
$$+\mathrm{RH}_n \cdot t_{2n}, \ V_1 \cdot t_{31}+V_2 \cdot t_{32}+\cdots+V_n \cdot t_{3n}, \ R_{雨1} \cdot t_{41}+R_{雨2} \cdot t_{42}+\cdots$$
$$+R_{雨n} \cdot t_{4n}, \ R_{雪1} \cdot t_{51}+R_{雪2} \cdot t_{52}+\cdots+R_{雪n} \cdot t_{5n}, \ S_1 \cdot t_{61}+S_2 \cdot t_{62}+\cdots+S_n \cdot t_{6n})$$

简化为：

$$E=\sum_{i=1}^{n}(T_i \cdot t_{1i}, \ \mathrm{RH}_i \cdot t_{2i}, \ V_i \cdot t_{3i}, \ R_{雨i} \cdot t_{4i}, \ R_{雪i} \cdot t_{5i}, \ S_i \cdot t_{6i})$$

式中：E 表示模拟试验场，T_i 表示温度的第 i 级预设量级，t_{1i} 表示温度的第 i 级预设量级对应的预设加载时长，RH_i 表示湿度的第 i 级预设量级，t_{2i} 表示湿度的第 i 级预设量级对应的预设加载时长，V_i 表示风速的第 i 级预设量级，t_{3i} 表示风场的第 i 级预设量级对应的预设加载时长，$R_{雨i}$ 表示降雨量的第 i 级预设量级，t_{4i} 表示降雨量的第 i 级预设量级对应的预设加载时长，$R_{雪i}$ 表示降雪量的第 i 级预设量级，t_{5i} 表示降雪量的第 i 级预设量级对应的预设加载时长，S_i 表示光照强度的第 i 级预设量级，t_{6i} 表示光照强度的第 i 级预设量级对应的预设加载时长。

4．验证加载环境条件

一般情况，周期性加载环境指标要进行单因子周期实际产出量 X' 验算，所有指标符合加载环境指标，且大于等于实际环境指标要求时，方可执行周期性环境指标加载，具体表达式为：$X' \leqslant X_{-i} \times t_{-i}$。

例如，北石窟 2021 年夏季降雨量为 353mm，降雨模拟试验场设置 9 个降雨工况（降雨量的各级预设量级和加载时间），分别为 20mm/h（时长 60min）、60mm/h（时长 50min）、100mm/h（时长 30min）、20mm/h（时长 60min）、40mm/h（时长 60min）、80mm/h（时长 38min）、120mm/h（时长 20min）、60mm/h（时长 50min）。北石窟夏季实际降雨量 353mm≤北石窟夏季模拟试验降雨量＝20mm/h×60min＋60mm/h×50min＋100mm/h×30min＋20mm/h×60min＋40mm/h×60min＋80mm/h×38min＋120mm/h×20min ＋60mm/h×50min＝360mm。经验证可知，周期性环境指标简化合理。

5．周期环境加载条件实现

根据需要加载周期环境条件影响因子和持续时长的逐步加载，耦合日、月、季、年等不同周期环境的抽象加载条件。上述方案的运行条件依托总控室，总控室包括控制夏季仓（夏季仓体、第一空调系统、加湿系统、第一新风系统、第一阳光模拟系统）运行的电控配电部件、控制冬季仓（冬季仓体、纯水净化系统、第二空调系统、第二新风系统、第二阳光模拟系统和降雪系统）运行的电控配电部件和控制风雨仓

（风雨仓体、第一空调系统、风系统、纯水净化系统和降雨系统）运行的电控配电部件等协同实现。

4.4.1.3 边界条件及试验工况

1．北石窟环境边界条件及要素特征

北石窟寺位于庆阳市西峰区董志乡寺沟川村的覆钟山下，所在的西峰区位于内陆中纬度地带，四季分明，冬冷且漫长，夏热而短促，大陆性温带气候特征明显。春季雨雪少，经常出现干旱；夏季较短，盛行南风，雨量集中，有大雨、暴雨、冰雹等灾害性天气出现；秋季多阴雨，空气湿润；冬季长，风多，雨雪少，气候寒冷。最主要的灾害性天气是干旱，其次是霜冻及局部的冰雹、暴雨。

1）温度

通过对北石窟气象站气象数据连续一年（2020年1月1日至2020年12月31日）的观测，得出北石窟外界温湿度的变化特征，其中，年平均温度9.9℃，最低温度-17.7℃（12月31日7：36），最高温度36.1℃（6月5日15：49）。春季平均温度11.56℃，最高温度35℃（5月3日15：39），最低温度-7.9℃（3月10日7：42）；秋季平均温度9.73℃，最高温度31.9℃（9月7日16：21），最低温度-5.6℃（11月22日7：33），一年内温度从11月中旬或下旬平均气温开始降至0℃以下，4月上旬气温又回升到0℃以上。从季节上，温度日较差春季最大，冬季最小，温度日较差平均值为12.4℃，其中日较差小于10℃共129天，10～20℃共195天；20～25℃共46天，日较差大于10℃占全年总天数的66.0%。全年零上零下交替日共98天，98天中同时满足高温大于5℃，低温小于5℃（砂岩内部水可冷冻成冰）共72天。

2）湿度

北石窟寺区域相对湿度较高，通过统计分析，相对湿度年平均值70.80%，春夏秋冬相对湿度平均值分别为53.66%、80.49%、80.05%、69.45%，全年90%天数的最高空气湿度大于90%。不仅湿度高，相对湿度的日变化也较大，四季最高空气湿度均大于90%，最低空气湿度均小于10%，全年相对湿度在25%～98%波动，相对湿度日较差年平均值为47.0%，夏季比冬季更为剧烈。通过全年对日相对湿度变化的统计，日相对湿度为变化大于60%的天数112天，占全年30%，日相对湿度变化为40%～60%的天数共142天，占全年39%。全年绝大多数天数空气相对湿度变化剧烈，这种剧烈的湿度变化为岩体的劣化提供了条件。

3）降雨

北石窟夏季易发生强降雨，当雨滴降落到相对干燥的砂岩表面，表层砂岩孔隙因填充水分而使得岩体含水率增高，降雨后太阳光照逐渐增强，水分快速散失，这种剧烈的干湿循环为岩体的劣化提供了条件。据北石窟寺2020年8月31日至2021年8月31日降雨统计，年降雨量为582.1mm，北石窟寺一年内降水分配不均，夏季偏多，集中在6～9月，冬季偏少。按照季节分配，春季降雨量为153.5mm；夏季降雨量为353mm；秋季降雨量为75.6mm，夏季总降雨量占全年总降雨量的60.64%，夏季降雨情况如图4-38所示。年平均降雨日达83次，春秋两季各27次，平均3~4天有1天雨日；夏季降雨29次，平均3天有1天雨日。参照10min降水强度统计，全年降雨强度统计见表4-18，全年降雨强度以小于10mm/h为主，占全年降雨次数的84.33%，大于10mm/h降雨全年共13次，主要发生在夏季（9次），占比69.23%。其中，降雨强度为10~20mm/h共5次（夏季2次，春季3次），占全年降雨次数的6.02%，降雨强度为20~40mm/h共3次（夏季2次，秋季1次），占全年降雨次数的3.61%，降雨强度为40~60mm/h共2次（均发生在夏季），占全年降雨次数的2.41%，降雨强度为60~80mm/h、80~100mm/h、100~120mm/h各1次（均发生在夏季），夏季平均约3天内有1天雨日，即一次降雨后强光照出现4~6h。

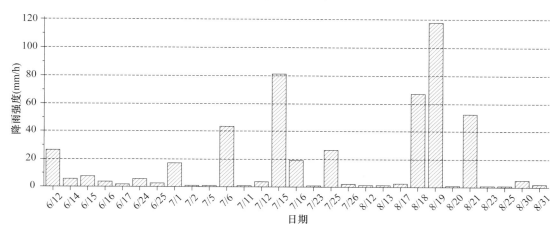

图4-38　北石窟夏季降雨情况

表4-18　降雨强度统计表

降雨强度（mm/h）	全年次数	夏季次数
<10	70	20
10~20	5	2
20~40	3	2
40~60	2	2
60~80	1	1
80~100	1	1
100~120	1	1

4）降雪

冬季降雪后，积雪覆盖在遗址表面，随温度变化，白天积雪融化较为缓慢，同时存在升华现象，融化雪水通过孔隙进入遗址表层，造成表层含水率增高，夜晚温度降低后，积雪层逐渐冻结，入渗的雪水随遗址一起冻结。在冬季，这种白天融化、夜晚冻结的过程持续进行使得遗址表层凝聚力下降，颗粒重组最终引起酥碱、剥落或产生裂隙。

从气象观测站监测数据可知，北石窟寺2020年冬季降雪量只有19.4mm，单日最大降雪量11.3mm（2月27日），全年降雪次数12次，降雪主要集中在1月，1月降雪次数达6次，占全年降雪量次数的50%，平均5天有1天降雪，12月与2月均降雪3次。从降雪量看，参照降雪量等级划分（表4-19）以及冬季降雪情况统计（表4-20），全年共有7次小雪，4次中雪，1次暴雪，其中2月27日为全年最大降雪量，达11.3mm。

表4-19　降雪量等级划分

降雪量名称	24h降雪量（mm）	12h降雪量（mm）
零星小雪	＞0.1	
小雪	0.1～2.4	0.1～0.9
小雪—中雪	1.3～3.7	0.5～1.9
中雪	2.5～4.9	1.0～2.9
中雪—大雪	3.8～7.4	2.0～4.4
大雪	5.0～9.9	3.0～5.9
大雪—暴雪	7.5～14.9	4.5～7.5
暴雪	≥10	≥6.0

表4-20　冬季降雪情况统计

日期	降雪量（mm）	降雪时长（h）	降雪等级
12月1日	1	1.03	中雪
1月5日	1.2	2.38	中雪
1月16日	1.4	1.03	中雪
2月1日	2.3	4.73	中雪
2月27日	11.3	12.68	暴雪

5）太阳辐射

庆阳各地辐射资源丰富，尤其北部环县、庆城及塬区西峰的太阳辐射为最多区。庆阳市各地多年来年平均太阳总辐射为5485.4MJ/m^2，最大值出现在1965年，为5707.8MJ/m^2；最小值出现在1989年，为5169.4MJ/m^2。根据2020年光照统计，全年光照最大值出现在夏季，达1243.98W/m^2（6月17日13：27）；冬季最大光照为1036.89W/m^2（2月28日13：31）。其中，夏季光照大于1000W/m^{2}共39天，6月17天，7月14天，8月仅8天，单日光照强度大于1000W/m^{2}约2～3h，常出现在11：00～15：00。对照夏季降水日，强光照常出现在降水后，夏季平均约3天内有1天雨日，即一次降雨后强光照出现4～6h。冬季光照大于500W/m^{2}约11.5h，光照大于600W/m^{2}约7.5h，光照大于1000W/m^{2}共1天（2月28日12：59～13：31），持续时长约半小时，且发生在暴雪后第二天，同样降水后出现强光照现象。

2．加载工况

1）降雨 - 温度 - 日照模拟试验

参照北石窟夏季降雨环境，试验设定降雨强度为20mm/h、40mm/h、60mm/h、80mm/h、100mm/h、120mm/h共6个梯度，降雨顺序依据北石窟赋存环境的真实降雨顺序进行模拟，共9个工况，总降雨量360mm，与2021年夏季降雨量相符。降雨后太阳光照设定为1200W/m²，环境温度设定为35℃。光照时长以砂岩样品表面温度为标准，温度达到50℃即关闭光照，维持温度6h。降雨试验工况见表4-21，降雨 - 温度 - 日照模拟试验流程见图4-39。

表4-21　降雨试验工况

工况	降水强度（mm/h）	降雨时长（min）	降雨量（mm）
工况1	20	60	20
工况2	40	60	40
工况3	60	50	50
工况4	100	30	50
工况5	20	60	20
工况6	40	60	40
工况7	80	38	50
工况8	120	20	40
工况9	60	50	50

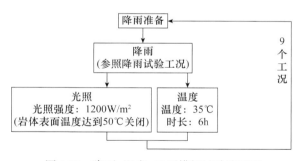

图4-39　降雨 - 温度 - 日照模拟试验流程图

2）降雪 - 温差模拟试验

参照北石窟寺冬季降雪及温湿度数据，根据降雪等级划分标准，降雪 - 温差模拟试验设定降雪量10mm，依据北石窟寺赋存环境中大于中雪降雪次数5次进行降雪，累计降雪50mm。每次降雪完成后高低温冻融循环15次，高低温冻融循环温度设定低温20℃，降温6h，高温10℃，自然升温18h，累计高低温冻融循环75次，降雪 - 温差模拟试验流程见图4-40。

3．环境加载相似性

试验设置加载条件与北石窟寺环境关系见表4-22，对比可知，加载条件与实际环境条件相似性较高。

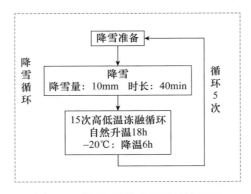

图4-40 降雪-温差模拟试验流程图

表4-22 加载条件与北石窟赋存环境关系

	北石窟寺环境特征	加载条件
夏季降水量（mm）	353	360
冬季降水量（mm）	19.4	50
降雨强度10mm/h～20mm/h	2次	20mm/h×2次
降雨强度20mm/h～40mm/h	2次	40mm/h×2次
降雨强度40mm/h～60mm/h	1次	60mm/h×1次
降雨强度60mm/h～80mm/h	1次	80mm/h×1次
降雨强度80mm/h～100mm/h	1次	100mm/h×1次
降雨强度100mm/h～120mm/h	1次	120mm/h×1次
10min最大降水强度（mm/h）	117.6	120
夏季最高温度（℃）	36.1	35
冬季最高温度（℃）	15.3	自然升温
冬季最低温度（℃）	−17.7	−20
冬季日温度高温大于5℃低温小于5℃天数	72	75
冬季降雪次数	12	10mm×5次
冬季单日最大降雪量（mm）	11.3	10
夏季单日最大辐射量（W/m²）	1243.98	1200
日照小时数（夏季）	>1000W/m²×3.5h	1200W/m²×6h

4.4.2 样品制备及测试方法

4.4.2.1 样品制备

1. 样品基本性质

根据3.1中对样品的描述可知，所取样品总体分为中粒砂岩和细粒砂岩，其中劣化机理样品以中粒砂岩为主，部分细粒砂岩。砂岩矿物组成见表4-23，基本物理性质见表4-24。

表4-23　砂岩矿物组成

种类	石英（%）	斜长石（%）	微斜长石（%）	白云石（%）	蒙脱石（%）	伊利石（%）
中粒砂岩	89	6	5	/	/	/
细粒砂岩	65	11	6	14	2	2

表4-24　砂岩基本物理性质

种类	天然密度ρ（g/cm³）	比重 Gs	天然含水率ω（%）	饱和吸水率ω_{sat}（%）
细粒砂岩	2.05	2.58	0.25	10.2
中粒砂岩	1.89	2.39	0.16	13.5

2．样品修整

试验要求样品表面尽量水平，在激光水平仪的辅助下，用砂轮片对样品表面进行处理（图4-41）。

样品最终尺寸：降雪-温差耦合试验样品1046mm（长）×1046mm（宽）×565mm（高），降雨-温度-日照耦合试验样品1050mm（长）×1050mm（宽）×520mm（高）。处理后试验样品见图4-42、图4-43。

图4-41　样品修整

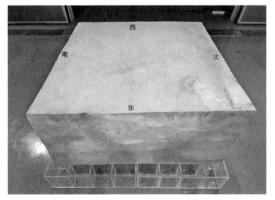

图4-42　降雨-温度-日照耦合试验样品

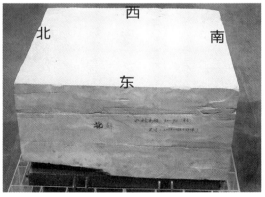

图4-43　降雪-温差耦合试验样品

4.4.2.2　测试方法

测试内容包括积雪厚度测量、融雪过程监测、入渗深度监测（降雨及降雪）、含水率监测、风化指标监测等，测试方法及监测时间见表4-25。

表4-25　测试方法

测试内容	测试方法	监测时间
积雪厚度测量	测量尺	降雪结束
融雪过程监测	相机拍照、红外拍照	拍照监测（5min/次）
入渗深度监测	相机拍照、红外拍照、钢板尺	不间断拍照监测，且每次小循环完拍照测量
含水率监测	无损：hf sensor MOIST 300B微波测湿仪 有损：破坏取样测含水率	每次小循环结束测量 大循环结束取样测量
风化指标监测 （色度、表面硬度、 波速、微观、体积）	Equotip Picclol 2表面硬度计、Anyty 3R便携式显微镜、脉冲超声检测仪、NR20XE色差仪、Creaform Handy SCAN便携式三维扫描仪、FARO Focus3D X330	色度、波速每次小循环结束测量 表面硬度、微观拍照间隔5次小循环测量 一整个大循环结束测量体积
产流、产沙量	积水盒称量	一整个大循环结束测量
孔隙、易溶盐变化	取样	一整个大循环结束测量
环境温湿度	HOBO	持续监测
样品表面温度	Apogee S1-100探头	持续监测

样品试验过程中监测主要包含样品顶面与东侧面监测，其中顶面包含三维扫描、波速、显微镜拍照、色度、表面硬度，侧面监测波速、色度、表面硬度、三维扫描（裂隙），监测布设图见图4-44，监测间隔见测试方法说明。

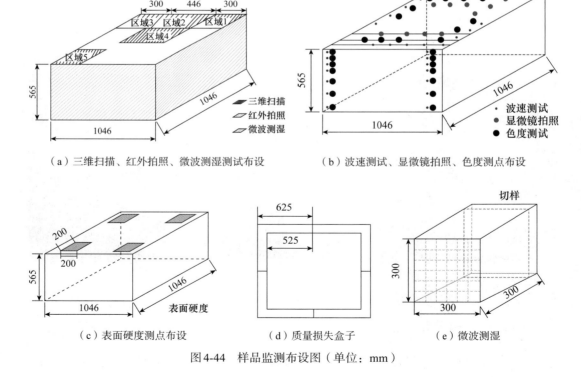

（a）三维扫描、红外拍照、微波测湿测试布设　　　　（b）波速测试、显微镜拍照、色度测点布设

（c）表面硬度测点布设　　　（d）质量损失盒子　　　（e）微波测湿

图4-44　样品监测布设图（单位：mm）

4.4.3　降雨 - 温度 - 日照模拟

庆阳北石窟寺砂岩自身的性质脆弱，且庆阳地区夏季易发生强降雨，当雨滴降落到相对干燥的砂岩表面，表层砂岩孔隙填充水分而含水率增高，降雨后太阳光照逐渐增大，水分快速散失，这种剧烈的干湿循环造成了岩体出现不同程度的风化病害。降雨 - 温度 - 日照模拟北石窟夏季赋存环境下遗址风化病害发育过程，从入渗特征、含水率变化特征、温度响应特征、响应敏感区等几个方面进行分析。

4.4.3.1　响应特征

1．入渗特征

1）入渗过程

自然状态下，石窟寺崖体大多是非饱和的，大气降雨后，雨水的入渗致使崖体实现非饱和到饱和的过程。降雨过程中崖体的表层会出现暂态饱和区，随着降雨的持续深入发生饱和 - 非饱和渗流。在降雨过程中，崖体内部入渗的降雨量是有限度的，随着入渗的持续，崖体内部岩土体的含水量会发生变化，根据 Coleman 和 Bodman 的研究，崖体内部含水量随深度增加而呈现出不同的分布。典型含水率分布示意图见图 4-45。

根据试验设置的 9 个工况（工况 1—工况 9 依次加载），降雨后样品入渗规律基本一致。在降雨过程中，砂岩内部入渗的降雨量是有限度的，随着入渗的持续，砂岩内部含水量会发生变化。降雨入渗的过程一般分为三个阶段（图 4-46）。

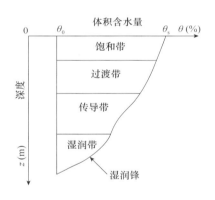

图 4-45　典型含水率分布示意图

图 4-46　降雨入渗过程

（1）降雨初期，岩体干燥，含水量较低，入渗大于降雨强度，此时岩体还未达到饱和状态，岩土体的入渗率等于降雨强度。

（2）随着降雨持续时间的增长，岩土体入渗能力逐渐减弱，从非饱和状态逐渐过渡到饱和状态；当入渗小于降雨强度时，就会形成表面积水。随着降雨的持续，岩体表面会形成一个孔隙水压力为零的区域，这个区域称为暂态饱和区，该区域会不断地向岩体内部扩大。

（3）当降雨停止后，暂态饱和区域会逐渐缩小直至消失。暂态饱和区使岩土体基质吸力大幅降低。随着降雨入渗，岩土体逐渐达到饱和状态，随深度的增加岩体的体积含水量呈现出不同的分布规律。

降雨结束后对样品顶面及侧面雨水入渗情况观察分析，样品均匀渗透区域为垂直向下20cm的范围，考虑样品顶面平行度不一致（样品东南向高度较低）与砂岩性质差异，样品各侧面呈现不同的渗透形态（图4-47）。

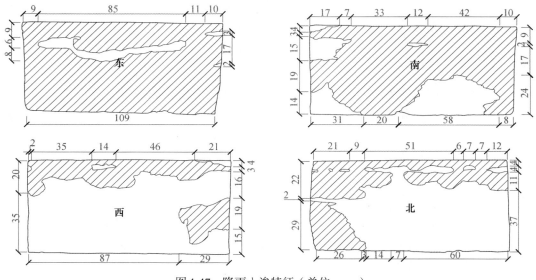

图4-47 降雨入渗特征（单位：cm）

2）不同降雨强度下入渗特征

试验设定降雨强度分别为20mm/h、40mm/h、60mm/h、80mm/h、100mm/h、120mm/h共6个梯度，选取不同降雨强度工况（工况1、2、3、4、7、8）作用下，从入渗深度、初次产流时间、产流量、含水率变化等几个方面进行分析。

由表4-26可知，降雨后雨水入渗深度与含水率呈正比变化，即降雨入渗越深，降雨后样品平均含水率越大。降雨过程中初次产流时间与降雨强度呈反比，降雨强度为20mm/h降雨300s后开始产流，降雨强度为120mm/h降雨60s即开始产流。结合降雨入渗深度及平均含水率变化特征分析，当降雨强度小于等于80mm/h时，样品内部含水量随降雨强度增加而增加，样品入渗率大于降雨强度，平均入渗深度达47.08mm，最大平均含水率为3.97%；当降雨强度大于80mm/h时，样品入渗率开始小于降雨强度，发生产流，样品内部含水量随降雨强度增加反而减小，说明降雨强度增加至约80mm/h时会形成表面积水。初始样品的渗透系数为1.91×10^{-3}cm/s（68.76mm/h），通过不同降雨工况累计，样品的渗透系数不断增大，反映出随降雨强度及工况累计作用下，样品内部孔隙不断连通，内部水分更容易扩散、蒸发。

表4-26　不同降雨强度下入渗特征

工况	降水强度（mm/h）	降雨时长（min）	降雨量（mm）	初次产流时间（s）	产流量（L）	平均入渗深度（mm）	平均含水率（%）
工况1	20	60	20	300	1.45	18.68	2.04
工况2	40	60	40	120	4.28	36.11	2.55
工况3	60	50	50	100	5.46	45.05	2.83
工况4	100	30	50	80	8.46	42.33	2.99
工况7	80	38	50	90	3.96	47.08	3.97
工况8	120	20	40	60	4.58	35.85	3.53

3）相同降雨强度下入渗特征

选择降雨强度20mm/h（工况1和工况5）、60mm/h（工况3和工况9）分析相同降雨强度，经历不同降雨-温度-日照模拟试验次数后，入渗深度、初次产流时间、产流量、含水率变化等几个方面变化。

表4-27　相同降雨强度下入渗特征

工况	降水强度（mm/h）	降雨时长（min）	降雨量（mm）	初次产流时间（s）	产流量（L）	平均入渗深度（mm）	平均含水率（%）
工况1	20	60	20	300	1.45	18.68	2.04
工况3	60	50	50	100	5.46	45.05	2.83
工况5	20	60	20	220	1.20	18.91	2.58
工况9	60	50	50	90	6.11	45.12	3.74

由表4-27可知，相同降雨强度、降雨时长下，随降雨-温度-日照模拟试验次数增加，初次产流所需时间及产流量减少，平均入渗深度及样品平均含水率呈增大趋势。其中降雨强度20mm/h下，工况5降雨入渗深度达18.91mm，平均含水率2.58%；降雨强度60mm/h下，工况9降雨入渗深度达45.12mm，平均含水率3.74%。反映出相同降雨强度下，随劣化的不断进行，砂岩内部损伤继续加深，降雨更易入渗。

2. 含水率变化特征

采用微波测湿的方法在样品西侧面进行含水率测定，测试面按10cm×10cm网格划分，共5行12列，测点见图4-48，每个网格按不同深度（表面0～5cm、5～7cm、10～12cm）测量3个数据。

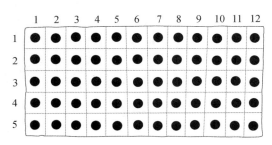

图4-48 微波测湿网格划分

1）平均含水率变化

对试验九个工况降雨-温度-日照作用过程中含水率取平均含水率进行分析，发现降雨后样品内部含水率急速上升，后经历一次高温-日照作用后样品内部含水率又急速降低，约经历3次高温-日照作用后样品平均含水率保持稳定（图4-49）。其中，工况1（20mm/h@60min）降雨后平均含水率最小，仅2.04%；工况7（80mm/h@38min）降雨后平均含水率最大，达3.97%。

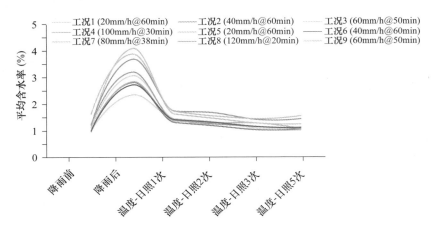

图4-49 样品平均含水率

2）不同深度含水率

绘制不同工况降雨-温度-日照模拟试验过程中样品不同深度含水率等值线图（图4-50），不同降雨条件降雨后均表现出样品垂直向下20cm范围及南侧底部40cm×40cm范围内含水较大，垂直方向20～50cm范围含水逐渐减小，其中南侧含水较大与该侧高度较低发生产流有关；水平方向均匀渗透区域表层向内部含水几乎一致，由于降雨过程产流影响，导致部分工况降雨时侧面入渗较多，内部含水大于表层含水。其次，同样表现出降雨强度小于80mm/h时，纵向入渗深度及含水率随雨强增大而增大，降雨强度大于80mm/h时，纵向入渗深度及含水率随雨强增大而减小，但由于产流作用导致侧面入渗逐渐增多。

降雨结束，进入高温（35℃）-日照（1200W/cm^2）6h环境，模拟降雨后温度和太阳光照逐渐增大过程，表层岩体在高温且阳光照射下快速升温，水分蒸发，而内部的温度变化较慢，水分在重力及大气压力作用下继续向岩体内部运移，随岩体表层水分散失且内部温度逐渐升高，岩体内部水分逐渐向表层运移。样品经历1次高温-日照作用后，岩体内部含水率迅速下降，含水率几乎小于2%，经历3次高温-日照作用后，样品变干，含水率小于1%。从水平方向看，样品表层含水率低于内部。

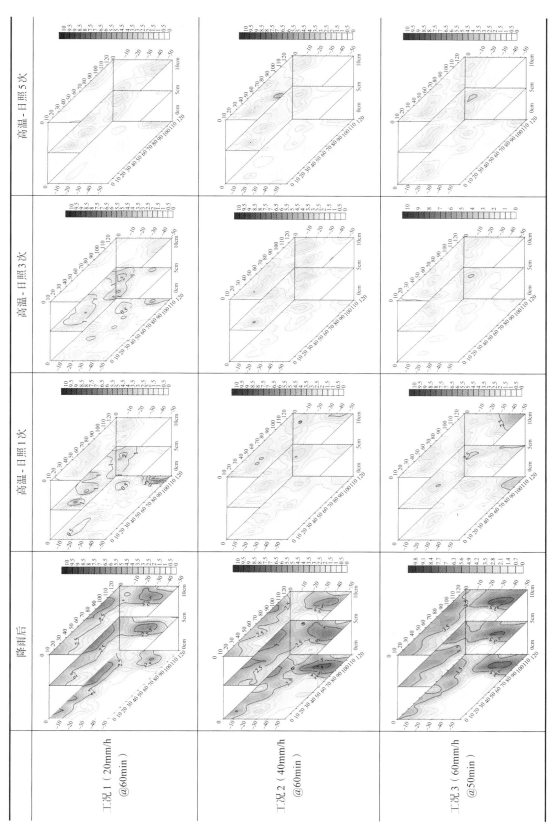

图 4-50　不同深度含水率分布图

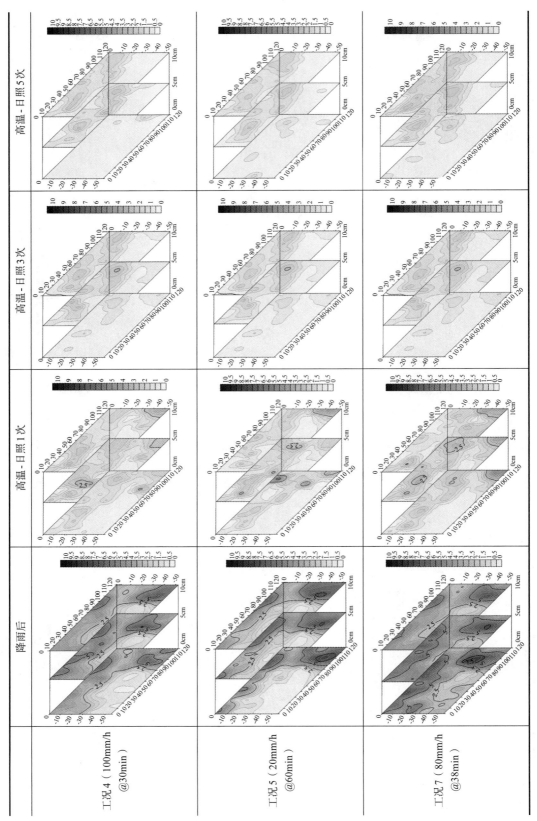

图 4-50（续）

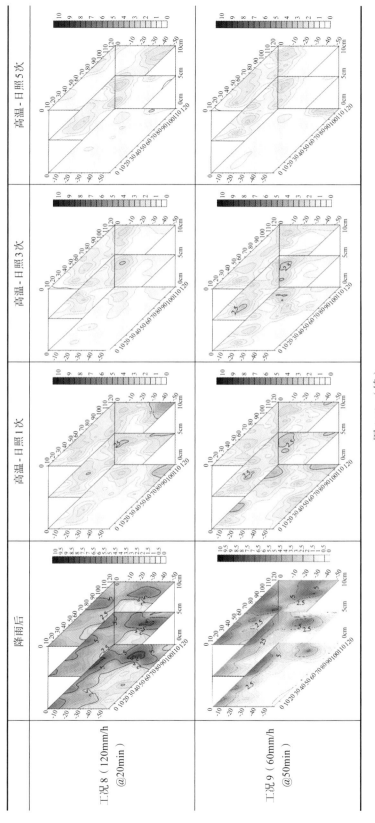

图 4-50（续）

3. 温度响应特征

当白天气温升高时，由于岩体的热传导能力较差，表层岩体在阳光照射下快速升温，而内部的温度变化较慢，这样就会引起岩体的差异膨胀，在岩体内产生较大的拉压力。而当岩体表面随着环境温度降低而迅速下降时，内部的温度又会因为热传导系数较小而缓慢降温，岩体又会发生不同程度的冷却收缩，致使岩体内部产生拉压应力。岩体在这种拉力的反复作用下将会逐渐疲劳，同时，岩体内部水分、盐分伴随温度变化反复运移，放大了温度的影响。

降雨-温度-日照模拟试验过程中，采用ApolgeeSI-100型红外测温探头定点测样品顶面温度，观察样品在太阳高温直射过程中表面温度变化。通过图4-51可知，在降雨过程中环境温度与样品表面温度均呈降低趋势，样品表面温度降低速率较环境温度缓慢；光照过程中环境温度恒定至35℃，光照强度1200W/m²，光照时长6h，随光照时间增加，样品表面温度最高达54.18℃〔工况5（20mm/h@60min）〕，样品表面最高温度随样品含水率降低呈微增大趋势，样品干燥后持续光照，样品表面最高温度变化不大，光照停止后，样品表面温度呈指数型降低。

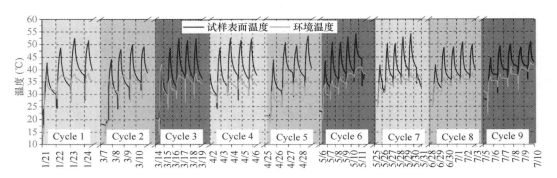

图4-51　样品表面温度

为了便于观察在降雨-温度-日照作用下样品内部温度变化特征，对样品南侧面进行红外拍照，选取Sp1到Sp6共6个不同的测点分析表面温度变化，见图4-52。降雨过程样品表面温度随雨水入渗逐渐降低，样品顶部20cm范围内温度降低最明显，侧面雨水产流区域温度降低较未冲刷区域明显，温度变化规律与上述含水率变化趋势一致，降雨前后样品顶部温度下降4～5℃，底部温度变化不足3℃。

降雨中	降雨结束	高温-日照1次	高温-日照2次	高温-日照3次

工况1（20mm/h@60min）

图4-52　降雨-温度-日照作用下样品侧面温度变化特征

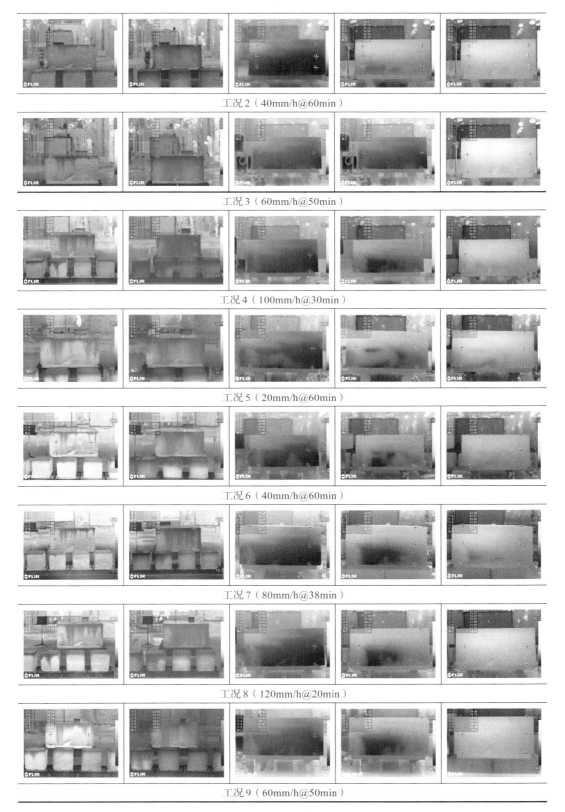

工况 2（40mm/h@60min）

工况 3（60mm/h@50min）

工况 4（100mm/h@30min）

工况 5（20mm/h@60min）

工况 6（40mm/h@60min）

工况 7（80mm/h@38min）

工况 8（120mm/h@20min）

工况 9（60mm/h@50min）

图 4-52　（续）

　　降雨结束后进行5次高温-日照循环，初次高温-日照作用下样品顶部水分迅速散失，随环境温度升高，样品表面至浅表层再至内部温度逐渐升高，水分继续散失，表面温度继续升高，样品逐渐干燥。经历3次温度-日照作用后样品内部水分散失稳定，几乎处于干燥状态（含水率小于1%）。日照过程中，样品表面最高温度可达60.56℃，将九次降雨-温度-日照作用过程中样品6个点最大温差进行统计，再按照样品顶、中、底取平均值（表4-28），发现样品顶部温差均大于35℃，中部温差在23～35℃之间，底部温差最小，大多小于25℃。

表4-28　　不同工况下样品不同高度平均温差统计　　　　（单位：℃）

	工况1	工况2	工况3	工况4	工况5	工况6	工况7	工况8	工况9
顶部	35.24	39.01	38.09	39.21	39.99	38.05	35.6	35.72	37.23
中部	29.76	33.59	30.24	29.84	29.53	27.98	23.97	26.20	28.42
底部	24.74	28.31	26.89	28.74	26.45	25.88	19.96	22.26	21.97

　　4．响应敏感区

　　结合九次降雨-温度-日照模拟试验中样品入渗特征、含水率变化特征及温度响应特征，样品表层向内0～20cm范围内为敏感区，该范围内含水率变化大于5%，温差大于35℃；表层向内20～30cm范围为过渡区，该范围含水率变化范围为2.5%～5%，温差介于25～35℃之间；表层向内30～50cm范围为稳定区，该范围含水率变化为1%～2.5%，温差小于25℃；将含水率变化小于1%范围划定为恒定区，样品响应敏感区示意图如图4-53所示。

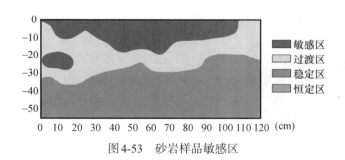

图4-53　砂岩样品敏感区

4.4.3.2　表层劣化特征

　　1．表观变化

　　砂岩样品经历九次降雨-温度-日照耦合作用，样品南侧面表面变化较大，经历一次降雨-温度-日照耦合作用后出盐明显，出盐附近呈现出颜色变深的趋势，随耦合作用次数逐渐增大，析出盐分增多且变色区域逐渐增大，直至第四次降雨-温度-日照耦合作用后在降雨冲刷下表面盐分逐渐减小，但变色区域继续增大，具体变化见图4-54。

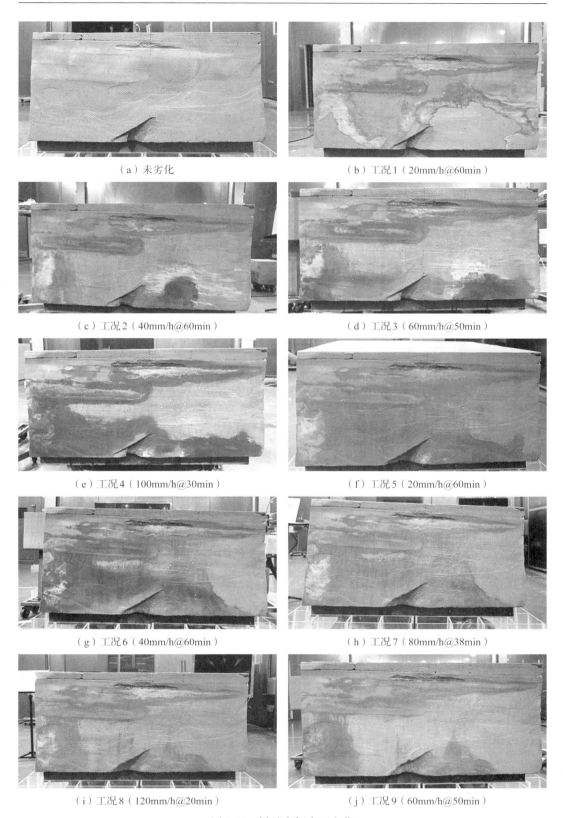

（a）未劣化　　　　　　　　　　　　（b）工况1（20mm/h@60min）

（c）工况2（40mm/h@60min）　　　　　（d）工况3（60mm/h@50min）

（e）工况4（100mm/h@30min）　　　　　（f）工况5（20mm/h@60min）

（g）工况6（40mm/h@60min）　　　　　（h）工况7（80mm/h@38min）

（i）工况8（120mm/h@20min）　　　　　（j）工况9（60mm/h@50min）

图4-54　样品南侧表面变化

同时，样品顶面及侧面出现表面变色、出盐、颗粒脱落、雨水冲蚀、挂沙等现象，且不同岩性渗透性质不同，典型表观变化见图4-55。

（a）表面挂沙

（c）雨水痕迹

（d）雨水冲蚀

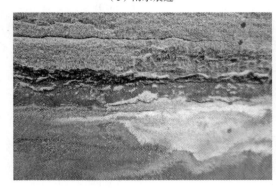

（e）变色/出盐/挂沙

（f）不同岩性渗透不同

图4-55　样品顶面及侧面典型表观变化

2．产砂量

砂岩样品经历降雨-温度-日照耦合作用，砂岩内部颗粒间胶结物不断流失，黏结力变差甚至丧失，在雨水冲刷作用下砂岩颗粒不断脱落，设置集砂盒对落砂进行收集（图4-56），随降雨-温度-日照耦合作用的次数和降雨强度增加，落砂量逐渐增大，经历九次耦合作用后，总落砂量达16.0474g，其中第八次降雨（120mm/h）-温度-日照耦合作用落砂量最大，单次耦合作用落砂量达6.3827g。

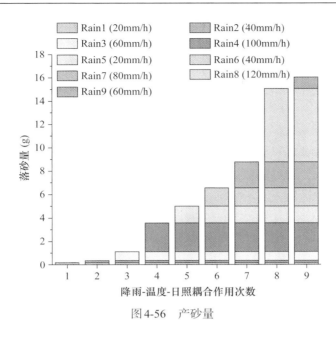

图 4-56　产砂量

3．色差

样品经历降雨 - 温度 - 日照耦合作用，顶部色差变化剧烈（图 4-57），且随循环次数增加，色差变化越大，色差改变主要体现为明度值（L）的改变。其中顶面南边色差变化大于其余四个方向，由于样品南侧所受太阳辐射强于其他方位，经历第一次降雨 - 温度 - 日照耦合作用，东南西北色差分别为 5.27、9.33、6.83、6.91，经历三次降雨 - 温度 - 日照耦合作用，东南西北色差分别为 7.34、9.88、12.83、12.52，经历七次降雨 - 温度 - 日照耦合作用，东南西北色差分别为 9.36、13.18、12.52、11.73，经历九次降雨 - 温度 - 日照耦合作用，东南西北色差分别为 10.07、13.65、13.39、12.11。

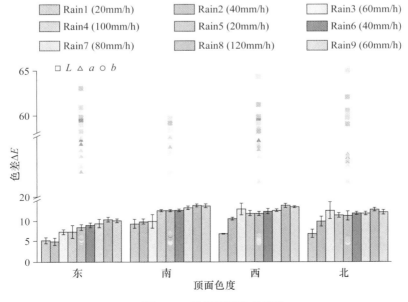

图 4-57　样品顶面色差变化

　　样品经历降雨-温度-日照耦合作用，侧面色差随降雨量增加而逐渐增大（图4-58），但整体色差变化小于顶面，说明太阳直射对砂岩表面颜色影响大，其中东侧面色差变化在6附近，南侧降雨后盐分析出严重，导致部分测点色差变化较大，出盐区域最大色差达25（第二次降雨-温度-日照耦合作用后），但随雨水冲刷和水分运移，出盐区域色差有减小趋势。

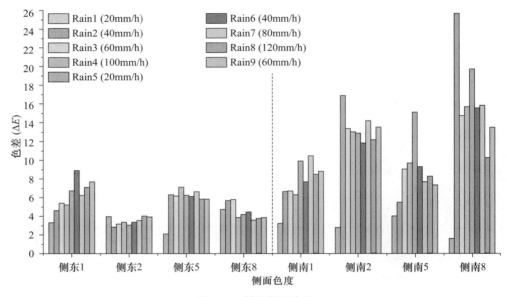

图4-58　样品侧面色差

4. 纵波波速

　　样品顶面各测点波速测量反应样品纵向（顶部至底部）疏松程度的改变，砂岩样品经历九次降雨-温度-日照耦合作用后顶面波速变化见图4-59。结果表明，波速随模拟试验次数增多而逐渐降低，经历九次降雨-温度-日照作用后东、南、西、北测点平均变化率为6.21%、3.95%、5.05%、5.92%。

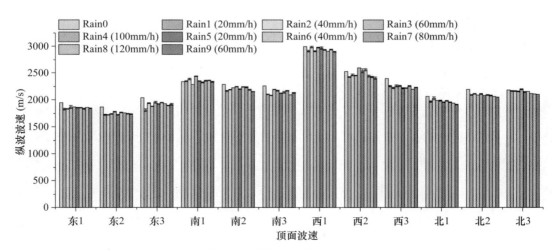

图4-59　样品顶面波速变化

砂岩样品经历九次降雨-温度-日照耦合作用后侧面波速均出现不同程度降低（图4-60），样品侧面各测点波速测量反应样品横向（同层位）疏松程度的改变。侧面波速均出现不同程度降低，其中，东侧面顶至底各测点波速变化率随模拟试验次数增大而逐渐降低，说明降雨-温度-日照作用对岩样上表层影响较大，经历九次模拟试验后侧东1、侧东2、侧东5、侧东8波速变化率分别为13.21%、11.03%、10.27%、4.17%；侧南1、侧南2、侧南5、侧南8波速变化率分别为14.73%、13%、23.92%、21.8%，由于南侧面在降雨-温度-日照作用下砂岩内部盐分随水分蒸发向外运移，使其表面不断析出大量盐分呈疏松状态，在下一次降雨过程中，表面析出盐分被冲刷带走，内部盐分随日照过程中水分蒸发继续向外运移，循环往复，波速变化呈波动规律逐渐减小。

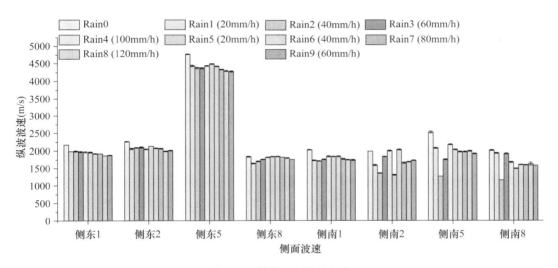

图4-60　样品侧面波速变化

5. 表面硬度

每次降雨后，在样品顶面东、南、西、北分别选取20cm×20cm的区域进行25次表面硬度测试，经历七次降雨-温度-日照耦合作用后，样品顶面的表面硬度呈不断下降趋势，对样品顶面100个表面硬度测点取平均值，降雨前及第一至九次降雨后表面硬度均值分别为399.09、367.49、357.68、358.95、352.83、350.35、349.55、347.55、347.21、347.34，其中第一次降雨-温度-日照耦合作用后表面硬度下降最明显，下降率达7.92%，三次降雨-温度-日照耦合作用后表面硬度下降率为10.06%，七次降雨-温度-日照耦合作用后表面硬度下降率为12.91%，九次降雨-温度-日照耦合作用后表面硬度下降率12.96%。可见，降雨过程随雨水冲刷作用导致表面疏松颗粒流失及胶结物损失，表面强度逐渐降低（图4-61）。

6. 表面侵蚀特征

样品在降雨-温度-日照耦合作用下，侧面裂隙薄弱区域侵蚀特征明显，易溶盐

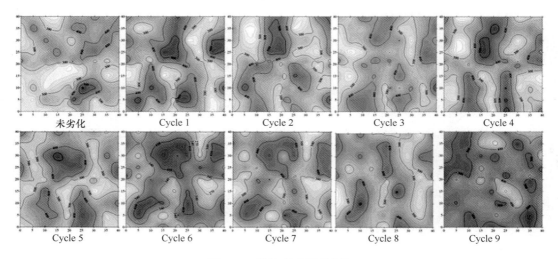

图4-61　样品表面硬度变化

不断析出，颗粒间胶结物逐渐流失等致使出现不同程度的颗粒蓬松，在雨水冲刷作用下，盐分与部分颗粒被冲刷带走，表现出颗粒流失，且随模拟试验次数增多侵蚀量逐渐增大趋势，经历九次降雨-温度-日照模拟试验后高度方向最大侵蚀量达4.03mm；样品顶面裂缝蓬松0.35mm，右侧局部侵蚀1.49mm，右上方出现竖向蓬松0.35mm，在薄弱区，随模拟试验次数增加，侵蚀量也持续加剧（图4-62）。

7．裂隙变化

对样品南、北两侧选取具有代表性的3条裂隙进行显微镜拍照监测，具体位置见图4-63。

每次降雨-温度-日照耦合循环完成后，使用显微镜对每个裂隙的宽度进行拍照监测，由图4-64可知，经过9次模拟试验后，裂隙出现明显的颗粒流失，裂隙宽度增加。其中，南1裂隙宽度增加5.81mm，南2裂隙宽度增加2.45mm，北1裂隙间胶结物消失，裂隙进一步发育。

4.4.3.3　小结

（1）降雨后降雨入渗越深，降雨后样品平均含水率越大，当降雨强度小于80mm/h，样品入渗率大于降雨强度，入渗量随降雨强度增大而增大；当降雨强度大于80mm/h时，样品入渗率小于降雨强度，发生产流，入渗量随降雨强度增加反而减小。相同降雨强度、降雨时长下，随降雨-温度-日照模拟试验次数增加，砂岩内部损伤继续加深，降雨更易入渗、蒸发。

（2）夏季降雨-温度-日照模拟试验后，砂岩样品出现表面挂砂、砂粒流失，落砂量占样品总重的0.0015%。表面伴有出盐、雨水冲刷痕迹、变色，顶面最大色差13.65，侧面最大色差23.92（变黑）。

（3）夏季降雨-温度-日照模拟试验后，砂岩表面疏松颗粒流失及胶结物损失，

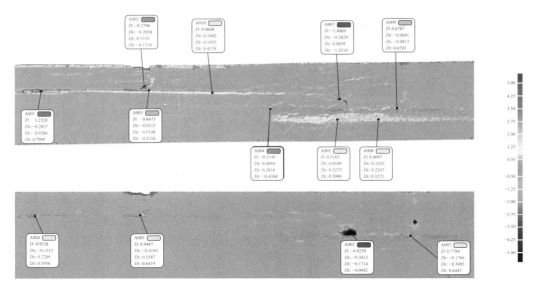

（a）侧面侵蚀特征

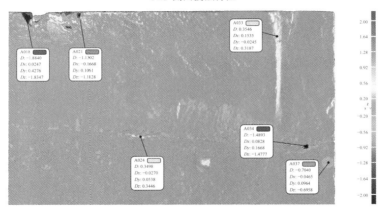

（b）顶面侵蚀特征

图 4-62　表面侵蚀特征

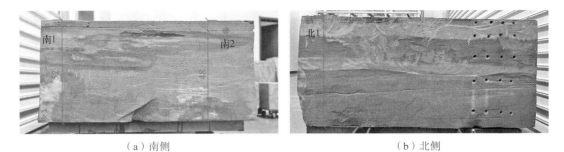

（a）南侧　　　　　　　　　　　　　　（b）北侧

图 4-63　裂隙监测位置

致使强度降低，表面硬度下降率达 12.96%。砂岩样品顶面（纵向）波速降低率不足 7%，侧面（横向）波速降低率表现出由顶部至底部逐渐减小趋势，顶层 5cm 范围内波速降低率最大，达 13.21%，且部分出盐区域对波速测量值影响较大。

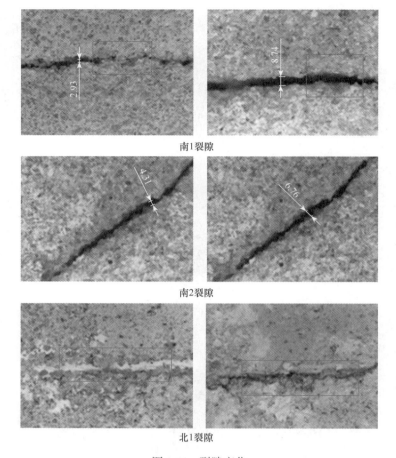

南1裂隙

南2裂隙

北1裂隙

图4-64 裂隙变化

（4）夏季降雨-温度-日照模拟试验后，样品裂隙间胶结物消失，出现明显的颗粒流失，裂隙宽度增加，裂隙薄弱区域侵蚀特征明显，易溶盐不断析出，颗粒间胶结物逐渐流失等致使出现不同程度的颗粒蓬松，在雨水冲刷作用下，盐分与部分颗粒被冲刷带走，表现出颗粒流失，且随模拟试验次数增多侵蚀量逐渐增大趋势，高度方向最大侵蚀量达4.03mm。

（5）经历一个夏季赋存环境加载作用后，样品表层向内0～20cm范围为敏感区，该范围内含水率、温度变化较大，强度下降最大，砂岩颗粒流失严重，侵蚀较为明显，出现典型风化病害。

4.4.4 降雪-温差模拟

冬季降雪后，雪的高反照率、低导热率、大热容量等特性对处于融化期石窟寺崖体的物理结构、质能运移等起到重要作用，加上剧烈的温差变化，积雪白天融化晚上冻结，为石窟寺崖体的劣化提供了条件。根据降雪等级划分标准，降雪-温差耦合试验设定降雪量为10mm，依据北石窟寺赋存环境中大于中雪降雪次数5次进行降雪，累计降雪 50mm。每次降雪完成后高低温冻融循环 15 次，高低温冻融循环温度设定高温 10℃，时长 8h，低温－10℃，自然升温 16h，累计高低温冻融循环 75 次。从入渗特征、含水率变化特征、温度响应特征、响应敏感区等几方面分析降雪、冻融循环作用砂岩劣化过程。

4.4.4.1　响应特征

1. 入渗特征

1）融雪过程

样品表面连续降雪后，当温度高于 0℃时，雪面吸收热量缓慢融化。由于雪层是多孔隙物质，液态水在雪粒晶体孔隙毛细管吸力与晶体表面张力下暂存于雪层内，同时在重力作用下向雪层底部浸润。当达到积雪层最大持水量后，融化雪水流动，从砂岩表层逐步向内渗入。降雪后，积雪与大气水汽交换主要以升华和凝华的形式进行，在融化期，会发生融水的汽化和水汽的液化，一部分转化为水汽补充大气水分，更大一部分融化产流和入渗进入岩土层。

降雪过程中采用保鲜膜包裹样品侧面，保证雪水仅从表面入渗；降雪后砂岩样品顶面积雪厚度较为均匀，厚度约 3.5cm（图 4-65）；融雪阶段，顶面积雪从四周开始融化，中央位置受四周冷源影响融化较慢。2 次冻融循环后，积雪几乎全部融化成雪水，渗入砂岩内部，在表层砂岩达到饱和状态后产生积水，当温度下降至 0℃之下开始结冰，随温度逐渐上升后开始消融，继续入渗或蒸发，直至表积水消失，顶面积水消融需要约 5 次冻融。

2）入渗过程

根据五次降雪-温差模拟试验，积雪融化及入渗规律基本一致，降雪后的 15 次冻融循环过程中，随积雪融化，雪水逐渐由顶部向下入渗，砂岩内部含水量会发生变化，但不同岩性砂岩表现出不同的入渗特征，其中，中粒砂岩入渗深度大于细粒砂岩入渗深度，且随模拟试验次数增加，融雪后入渗深度呈递增趋势。积雪消融—入渗的过程一般分为三个阶段（图 4-66）。

（1）降雪前，岩体干燥，含水量较低，随环境温度持续下降至－20℃，样品表层向内开始冻结，冻结过程中水分发生迁移，水在低温下冻结，体积膨胀至与砂岩颗粒接触时发生挤压，此过程中具有抑制水分蒸发的作用，忽略水分蒸发。

（2）降雪后，随环境温度逐渐上升，雪面吸收热量缓慢融化，当达到积雪层最大持水量时，融化雪水流出，从砂岩表层逐步向内渗入，砂岩内部含水率逐渐增大，至表层砂岩达到饱和状态产生积水；当温度低于 0℃时，积水开始结冰，此后随温度逐渐上升后开始消融，继续入渗、产流或蒸发，直至表积水消失。

（3）表层积雪完全融化后，砂岩内部水分在昼夜间不断运移、反复冻融。样品表层入渗较多，表层向内部入渗量逐渐减小。随温度高，冻结水分不断溶解，在蒸发作用下水分不断向外扩散，在重力作用下不断向下入渗，表现出顶层处于低含水状态，

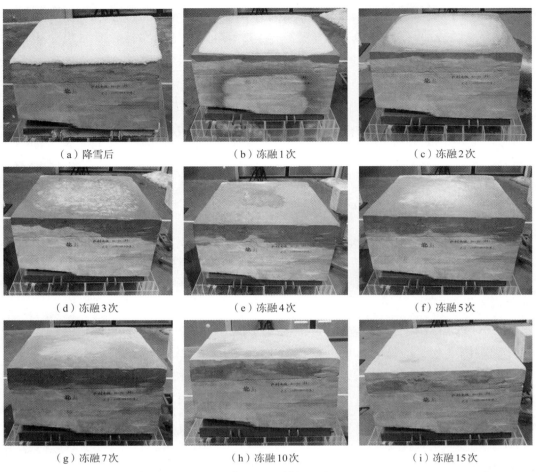

（a）降雪后　　　　　　　　（b）冻融1次　　　　　　　　（c）冻融2次

（d）冻融3次　　　　　　　　（e）冻融4次　　　　　　　　（f）冻融5次

（g）冻融7次　　　　　　　　（h）冻融10次　　　　　　　　（i）冻融15次

图4-65　降雪-温差模拟试验过程

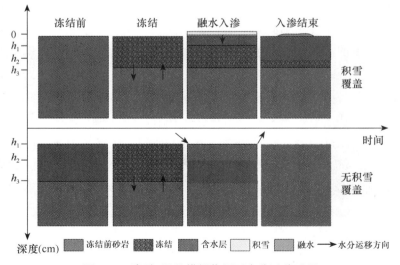

图4-66　降雪-温差模拟作用下水分运移过程

中间出现高含水层，下部未入渗雪水仍处于低含水状态。随昼夜间温度不断变化，样品内部水分逐渐向外运移至样品干燥。

通过对五次降雪-温差模拟下雪水入渗深度统计（图4-67），经过五次模拟试验后，雪水入渗深度随模拟次数增加呈增大趋势，由8.72mm增加至27.75mm，入渗深度增加3.2倍，反映出降雪-温差作用下，砂岩内部孔隙被不断打开，孔隙增大。温差作用下的损伤程度主要取决于温度条件和含水状态，雪水的不断入渗会加大损伤程度及损伤区域。

一次降雪-温差　　　　　　　　　　　　　　两次降雪-温差

三次降雪-温差　　　　　　　　　　　　　　四次降雪-温差

五次降雪-温差

图4-67　降雪-温差模拟下雪水入渗深度对比

2．含水率变化特征

岩体冻融损伤是由环境条件（温度和湿度等）变化驱动的初始损伤（孔隙、裂隙等缺陷）的扩展过程。自然条件下，岩体的冻融损伤是否发生主要决定于温度条件，而冻融损伤程度则决定于岩体的含水状态。根据贾海梁等学者的研究，对于砂岩而言60%饱和度的样品就可能发生冻融损伤。为了查明北石窟寺砂岩的冻融损伤中含水率的变化，采用无损微波测湿与有损取样测定样品相结合的方式监测样品含水率。

1）有损取样检测

试验中单独设置一块30cm×30cm×30cm的样品进行含水率取样，每次降雪-温差模拟试验后切样，按照5cm×5cm的方格进行含水率测定，五次降雪-温差模拟试验后样品含水率见图4-68。降雪前样品含水率为0.23%，经历一次降雪-温差模拟试验后样品顶部含水率为1.17%，底部含水率为0.42%，平均含水率为0.72%。第二至五次降雪-温差模拟试验后含水率分别为0.19%、0.1%、0.17%、0.08%，模拟试验后样品几乎处于干燥状态。

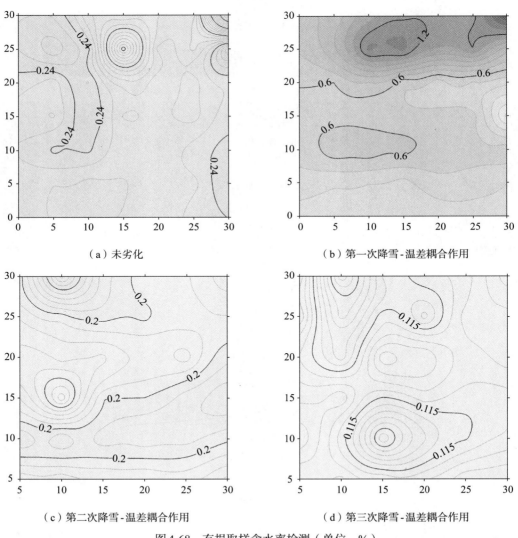

（a）未劣化　　　　　　　　　　　　（b）第一次降雪-温差耦合作用

（c）第二次降雪-温差耦合作用　　　　（d）第三次降雪-温差耦合作用

图4-68　有损取样含水率检测（单位：%）

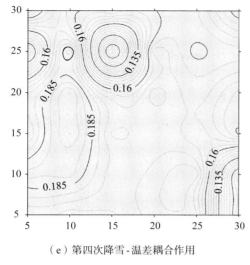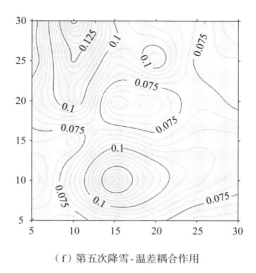

（e）第四次降雪-温差耦合作用　　　　　　　　（f）第五次降雪-温差耦合作用

图 4-68　（续）

2）无损微波测湿

A．平均含水率

对五次降雪-温差模拟试验过程中样品的平均含水率进行对比分析，得到如图 4-69所示曲线。由平均含水率变化曲线可知，降雪后样品含水率随积雪融化入渗先迅速增大后逐步减小至稳定，约 8 次冻融循环后样品平均含水率变化稳定。同时，随降雪-温差模拟试验次数增加，样品最大平均含水率呈增大趋势，且最大平均含水率出现时间呈递减趋势，说明随模拟试验次数增加，相同降雪及温度变化条件下，样品内部孔隙不断变大且逐渐连通，雪水更易入渗。其中，五次降雪-温差模拟作用下，降雪后积雪不断融化入渗或发生产流，样品达到最大含水状态所对应冻融循环次数分别为 5 次、5次、4 次、3 次、3 次，最大平均含水率依次为 1.15%、1.17%、1.40%、1.66%、1.75%。

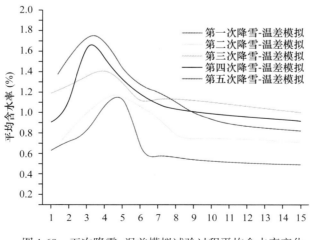

图 4-69　五次降雪-温差模拟试验过程平均含水率变化

随后雪水继续运移并不断蒸发，样品逐渐变干，8次冻融循环后样品含水率变化稳定。

B．不同深度含水率变化

绘制五次降雪-温差模拟试验过程中样品不同深度含水率等值线图（图4-70），五次试验后含水率入渗范围逐渐增大，样品垂直向下5cm含水率变化最大，5～10cm影响较大，10～20cm影响较小，大于20cm几乎无影响；同时由于样品两侧岩性影响，左侧（中粒砂岩）含水率均大于右侧（细粒砂岩）含水率；从水平方向看，样品内部含水率大于表面含水率，且水分入渗深度随着深度增加而增大，表层含水与外界环境直接交换，所以失水速率大于内部。另外，随降雪-温差模拟试验次数增加，样品干燥速率也更快，说明在随降雪-温差模拟试验次数增加，砂岩内部孔隙在水分不断运移及水岩作用下不断变大，顶部雪水融化后更易入渗，且降雨-温差作用下中粒砂岩劣化大于细粒砂岩。

3．温度响应特征

五次降雪-温差模拟试验过程中采用ApolgeeSI-100型红外测温探头定点测试样品顶面温度，五次模拟试验过程中样品顶面温度变化见图4-71。样品降温过程中，当环境温度下降至-20℃维持温度不变，约12h后样品表面温度可持续下降至-15℃附近。降雪过程中由于雪吸热作用使环境温度及样品表面温度迅速上升，且表现出样品表面温度上升速率远大于环境温度。降雪后进行15次冻融循环，样品表面温度最低在-10℃附近，样品表面温度与环境温度变化趋于一致。其中，第一次降雪-温差模拟试验冻融过程中样品表面最高温度低于环境温度，第二次模拟试验冻融过程中样品表面最高温度与环境温度趋于一致，至第五次模拟试验冻融循环过程中样品表面最高温度略高于环境温度。说明降雪-温差模拟试验增大了样品的导热能力，即样品在降雪-温差作用下样品密度出现降低趋势。

为了便于观察在降雪-温差作用下样品内部温度变化特征，对样品东侧面进行红外拍照，选取Sp1到Sp6共6个不同的测点分析表面温度变化，见图4-72。

融雪过程中，样品顶部至底部温度逐层降低，且顶部至底部表面温度变化值逐渐减小。由于融雪过程中积雪吸收热量致使样品顶部砂岩温度升温更快，当环境温度降低，积雪的导热系数小于砂岩导热系数，因此砂岩表面温度变化更敏感。同时，对比左侧（中粒砂岩）、右侧（细粒砂岩）不同岩性砂岩可得，融雪过程同层的中粒砂岩温度变化大于细粒砂岩，且相同环境温度作用下，中粒砂岩温度变化更剧烈。将五次降雪-温差作用过程中样品6个点温度与降雪后温度进行温差统计，再按照样品中粒砂岩与细粒砂岩顶、中、底进行分析（表4-29），发现样品顶部至底部温差变化逐渐增大，且随模拟试验次数增加，相同实验环境下温差变化呈增加趋势，进一步反映出样品导热能力的变化。

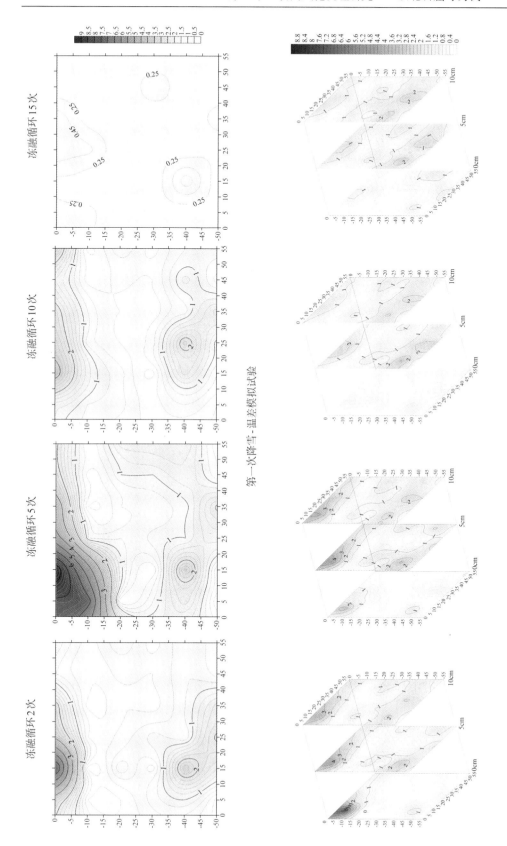

图 4-70　五次降雪 - 温差模拟试验不同深度含水率变化

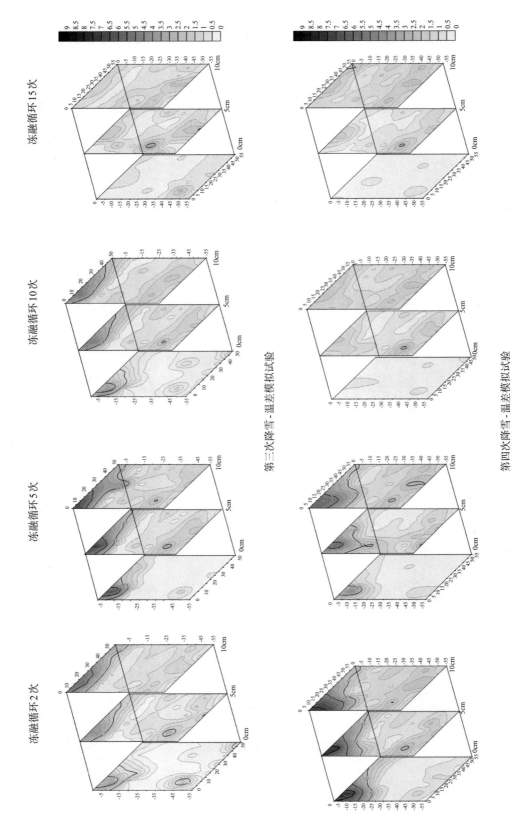

图 4-70 （续）

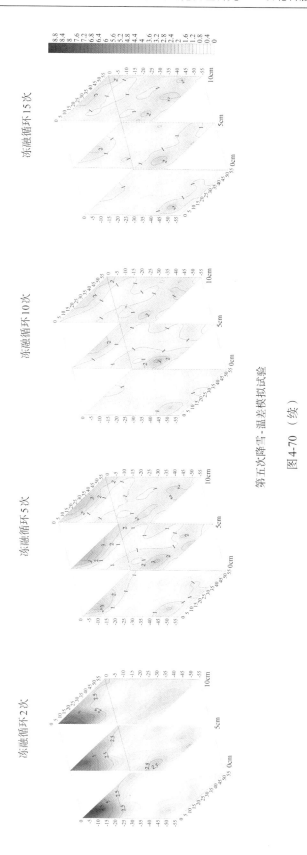

第五次降雪 - 温差模拟试验

图 4-70（续）

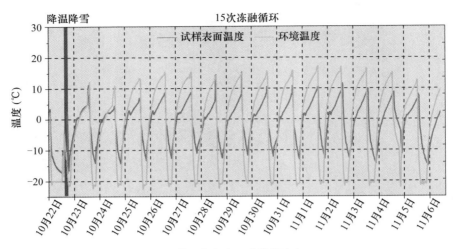

（a）第一次降雪-温差模拟试验

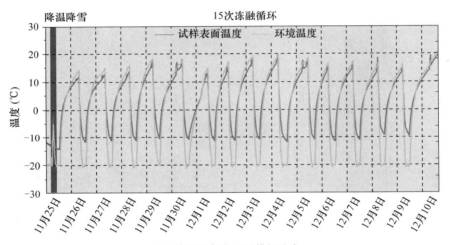

（b）第二次降雪-温差模拟试验

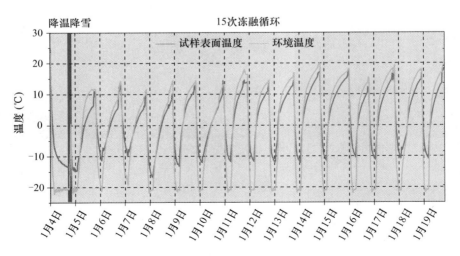

（c）第三次降雪-温差模拟试验

图4-71　样品顶面温度变化

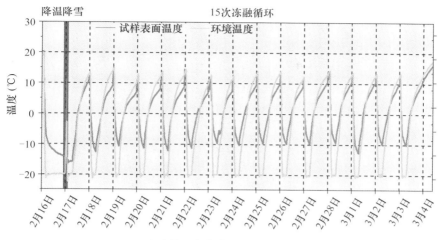

（d）第四次降雪-温差模拟试验

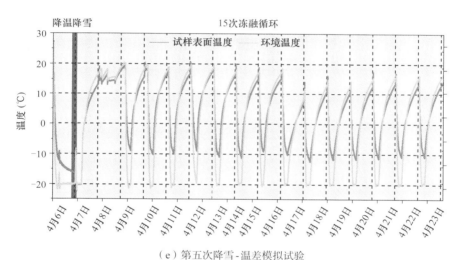

（e）第五次降雪-温差模拟试验

图4-71　（续）

降雪结束	融雪2.5h	冻融循环1次	冻融循环5次	冻融循环15次
第一次降雪-温差模拟试验				
第二次降雪-温差模拟试验				

图4-72　降雪-温差作用下样品侧面温度变化特征

第三次降雪 - 温差模拟试验

第四次降雪 - 温差模拟试验

第五次降雪 - 温差模拟试验

图 4-72 （续）

表 4-29　不同模拟试验过程中样品不同位置温度统计　（单位：℃）

		第一次试验		第二次试验		第三次试验		第四次试验		第五次试验	
		中粒	细粒	中粒	细粒	中粒	细粒	中粒	细粒	中粒	细粒
融雪 2.5h	顶部	1.1	1.1	0.6	0.5	1.88	1.88	2.13	2.02	2.13	2.25
	中部	0.7	1	0.4	0.5	1.42	1.5	1.09	1.55	1.19	1.14
	底部	0.6	0.8	0.5	0.4	1.49	1.44	0.68	0.72	1.34	1.16
冻融循环1次	顶部	16.25	14.61	15.62	16.13	13.45	13.42	20.39	20.36	18.82	18.46
	中部	16.91	16.22	17.55	16.92	13.48	13.34	20.69	20.56	17.71	17.76
	底部	16.44	16.22	17.77	17.2	13.18	13.11	20.53	20.47	16.66	16.63
冻融循环5次	顶部	13.35	14.22	16.77	17.08	18.49	18.62	21.64	20.65	19.26	19.21
	中部	15.64	15.44	18.59	17.51	18.5	18.83	21.02	20.52	19.61	19.23
	底部	15.32	15.3	18.41	18.05	19.34	19.17	20.71	20.5	18.52	17.4
冻融循环15次	顶部	14.73	13.5	16.2	17.1	19.95	19.59	18.45	18.13	24.89	24.99
	中部	15.8	15.02	17.7	17.3	19.61	19.19	18.09	18.04	24.49	24.51
	底部	15.54	14.98	17.8	17.4	19.48	19.55	17.76	17.89	23	22.43

4．响应敏感区

结合五次降雪 - 温差模拟试验中样品含水率变化特征及温度响应特征，样品岩性为中粒砂岩区域表层向内 0～5cm 范围内为强敏感区，该范围内含水率变化大于 7%，表层向内 0～8cm 范围内为敏感区，该范围内含水率变化为 5%～7%，表层向内 8～15cm 范围为过渡区，该范围含水率变化为 3%～5%，表层向内 15～25cm 范围为稳定区，该范围含水率变化为1%～3%，表层向内25～50cm范围为恒定区，该范围含水率变化小于1%；样品岩性为细粒砂岩区域表层向内0～5cm范围为过渡区，该范围含水率变化为3%～5%，表层向内5～15cm范围为稳定区，该范围含水率变化为1%～3%，表层向内15～50cm范围为恒定区，该范围含水率变化小于1%，可看出不同岩性砂岩在降雪-温差模拟作用下响应敏感程度存在较大差别，其中中粒砂岩响应较为敏感，产生冻融损伤较大（图4-73）。

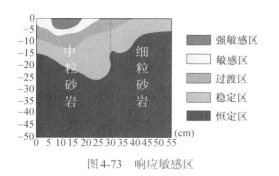

图4-73　响应敏感区

4.4.4.2　风化特征

1．表观变化

样品经历五次降雪-温差耦合作用后，不同面出现不同的变化，其中西侧面主要出现区域变色现象。随经历耦合次数增多，变色区域呈逐渐增大趋势，颜色呈逐渐加深态势，具体变化见图4-74。

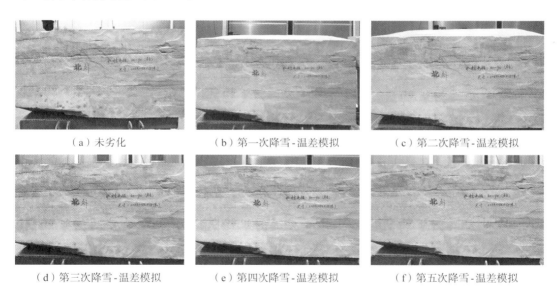

（a）未劣化　　　　　　（b）第一次降雪-温差模拟　　　　　（c）第二次降雪-温差模拟

（d）第三次降雪-温差模拟　　　　（e）第四次降雪-温差模拟　　　　（f）第五次降雪-温差模拟

图4-74　样品西侧表观变化

样品北侧在融雪过程发生产流，出现产流过程中冲刷痕迹及颗粒脱落后的累积现象，变化见图4-75。样品东侧岩性不同，在雪水融化入渗过程中呈现出不同的入渗规律，中粒砂岩区域入渗大于细粒砂岩区域（图4-76）。样品顶面出现不同程度的变色及表面起翘脱落现象，见图4-77。

2．色差

对比样品顶面色差变化（图4-78），样品经历五次降雪-温差模拟试验作用并养护

图4-75 样品北侧表观变化

图4-76 样品东侧表观变化

图4-77 样品顶面表观变化

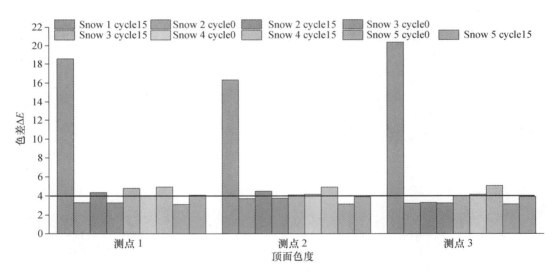

图4-78 样品顶面色差变化

至含水率稳定后表面色差小于4，说明降雪-温差模拟下对样品表面色度改变不明显。其中，第一次降雪-温差模拟试验作用后样品融雪过程较慢，15次冻融循环后样品表面处于高含水状态致使色差在20附近，待样品养护至含水率稳定后（干燥），表面色差均小于4。

考虑用于降雪-温差砂岩样品的性质差异较大，在样品东侧面两种不同岩性区域进行色差监测，其中东侧南砂岩属于中粒砂岩，东侧北砂岩属于细粒砂岩，降雪后色差变化见图4-79。降雪后随雪水入渗，样品色差变化剧烈，呈现顶部至底部色差变化

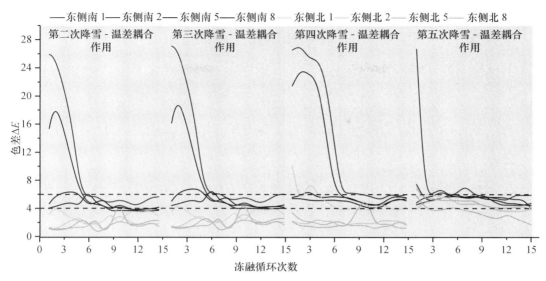

图4-79　样品侧面色差变化

逐渐减小趋势（测点1～8代表样品侧面顶至底），中粒砂岩色差最大达26，细粒砂岩最大色差达24。随雪水蒸发样品逐渐干燥，东侧南测点（中粒砂岩）色差均大于东侧北测点（细粒砂岩），因为中粒砂岩孔隙较大，雪水易入渗，入渗过程会伴随颗粒的流动引起色差变化，使得东侧南（中粒砂岩）色差变化大于4。

3. 纵波波速

降雪-温差耦合作用下样品顶面测点波速变化见图4-80，波速随模拟试验次数增加呈降低趋势，说明样品的密实程度逐渐降低，经历五次降雪-温差模拟试验后样品顶部波速降低18.93%。其中，降雪融化后雪水不断渗入砂岩内部，致使波速迅速下降，随着雪水不断蒸发，样品不断失水变干，波速缓慢增大至稳定，即波速随样品含水率增大而降低，含水率减小而增大。第一次模拟试验后（失水稳定）各测点波速变化率小于5%，三次模拟试验后各测点波速变化率小于10%，五次降雪-温差模拟试验后样品波速变化率分别为：17.23%、22.01%、17.54%。

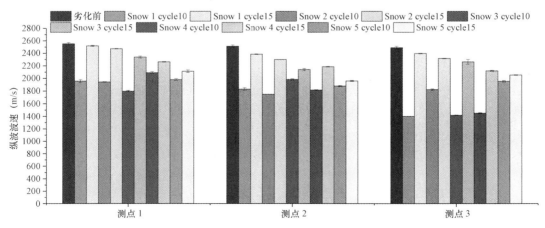

图4-80　波速变化

4．表面硬度

每次降雪后含水率稳定时顶部表面硬度变化见图4-81。降雪融化后雪水不断渗

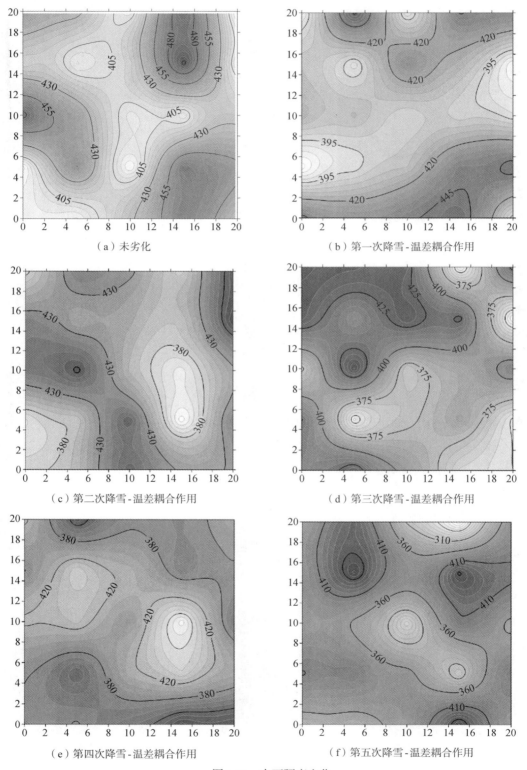

（a）未劣化

（b）第一次降雪-温差耦合作用

（c）第二次降雪-温差耦合作用

（d）第三次降雪-温差耦合作用

（e）第四次降雪-温差耦合作用

（f）第五次降雪-温差耦合作用

图4-81　表面硬度变化

入砂岩内部，随后雪水不断蒸发，周而复始，试样胶结物不断流失，表面强度逐渐降低，五次降雪-温差耦合作用后的变化率分别为1.5%、4.42%、4.48%、8.36%、11.04%。

5．表面侵蚀特征

经历五次降雪-温差模拟试验后样品顶面与侧面均出现不同程度的侵蚀现象，采用三维扫描与未劣化前样品进行对比，观察降雪-温差模拟作用下样品表面侵蚀特征，见图4-82。结果表明，降雪-温差耦合作用下样品表面凹槽处表面侵蚀量较大，

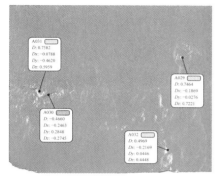

（a）第一次降雪-温差耦合作用

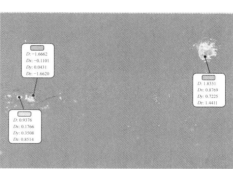

（b）第二次降雪-温差耦合作用

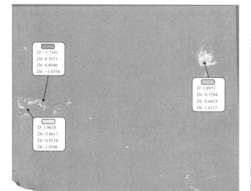

（c）第三次降雪-温差耦合作用

（d）第四次降雪-温差耦合作用

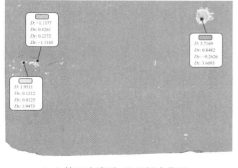

（e）第五次降雪-温差耦合作用

图4-82　样品表面三维扫描结果

且随耦合作用次数增加侵蚀量逐渐增大，五次降雪-温差耦合作用后最大侵蚀量达3.72mm，表现为颗粒蓬松起壳，凹槽处高度方向流失颗粒1.72mm。经历第一次降雪-温差耦合作用后样品表面颗粒蓬松凸起0.76mm，边缘凹槽流失颗粒0.47mm；经历第二次降雪-温差耦合作用循环后表面颗粒蓬松凸起1.86mm，边缘凹槽流失颗粒0.85mm，右下角蓬松0.89mm；经历第三次降雪-温差耦合作用循环后表面右上角小坑蓬松凸起1.90mm，左边缘凹槽流失颗粒1.72mm，蓬松凸起1.06mm；经历四次降雪-温差耦合作用循环后表面右上角蓬松凸起1.84mm，左侧边缘凹槽流失颗粒1.67mm，蓬松凸起0.94mm；经历第五次降雪-温差耦合作用循环后表面右上角小坑蓬松凸起3.72mm，左侧边缘凹槽流失颗粒1.14mm。由此可见，在所选薄弱区，随冻融循环次数增加颗粒蓬松持续加剧，凹槽处颗粒不断下落侵蚀。

考虑样品西侧裂隙较多、分层严重，对样品西侧进行三维扫描监测，结果见图4-83。经历五次模拟试验后侵蚀量小于顶部，主要表现在裂隙区域颗粒流失，且侵蚀量随耦合作用次数增加侵蚀量逐渐增大，五次降雪-温差耦合作用后最大侵蚀量达1.71mm。其中，经历第二次降雪-温差耦合作用循环后样品中部裂缝流失颗粒0.95mm，中部平均流失颗粒0.34mm；经历三次降雪-温差耦合作用循环后样品中部裂缝流失颗粒1.40mm，中部平均流失颗粒0.53mm；经历四次降雪-温耦合作用循环后表面样品中部裂缝流失颗粒1.62mm，中部平均流失颗粒0.90mm；经历五次降雪-温耦合作用循环后样品中部裂缝流失颗粒1.71mm，中部平均流失颗粒1.11mm，随冻融循环次数增加中部颗粒不断下落流失。

6．裂隙发育

岩体中的宏观裂隙是积雪融化入渗的理想通道，为冻融损伤的产生提供了水分条件。样品在降雪-温差耦合作用下，砂岩内部孔隙中水结晶膨胀致使体积增大而易产生裂隙，在样品每个面选择一些具有明显特征的裂隙进行监测，裂隙位置见图4-84。

1）裂隙长度监测

选取西侧面裂隙3进行三维扫描分析（图4-85），裂隙经历五次降雪-温差耦合作用后长度增加0.29mm。

2）裂隙宽度监测

使用显微镜拍摄（放大倍数60倍）分析裂隙宽度变化（图4-86），经过五次模拟试验后，裂隙周边出现颗粒流失，裂隙宽度增加，颗粒间孔隙增大。其中，北1裂隙出现孔洞明显增加，北2裂隙宽度增加2.81mm，西1裂隙宽度变化不大，增加不足1mm，西2裂隙间胶结物消失，裂隙进一步发育。

4.4.4.3　小结

（1）降雪-温差模拟作用下，积雪吸收热量缓慢融化，液态水在雪粒晶体孔隙毛细管吸力与晶体表面张力下暂存于雪层内，同时在重力作用下向雪层底部浸润。当达到积雪层最大持水量时，融化雪水流出，从砂岩表层逐步向内渗入，内部含水率逐

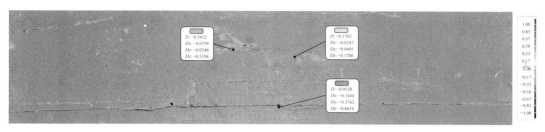

（a）第二次降雪 - 温差耦合作用前后对比

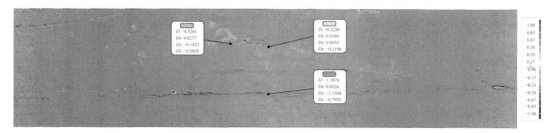

（b）第三次降雪 - 温差耦合作用后对比

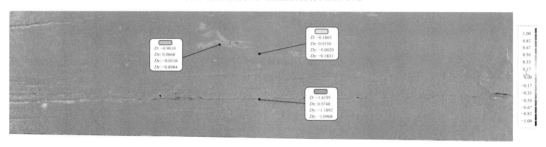

（c）第四次降雪 - 温差耦合作用后对比

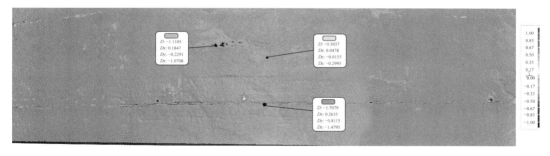

（d）第五次降雪 - 温差耦合作用后对比

图 4-83　样品西侧三维扫描结果

渐增大，当表层砂岩达到饱和状态产生积水；当温度下降至 0℃ 之下时，积水开始结冰，随温度逐渐上升后开始消融，继续入渗、产流或蒸发，表层积雪完全融化后，砂岩内部水分在昼夜间不断运移、反复冻融，样品内部水分逐渐向外运移至样品干燥。

（2）经过五次模拟试验后，雪水入渗深度随模拟次数增加呈增加趋势，8.72mm 增加至 27.75mm，入渗深度增加 3.2 倍；同时，样品最大平均含水率随模拟试验次数增加也呈增大趋势，且最大平均含水率出现时间呈递减趋势，反映出随降雪 - 温差模拟试验次数增加，相同降雪及温度变化条件下，砂岩内部孔隙被不断打开，孔隙率增

图 4-84　裂隙监测位置

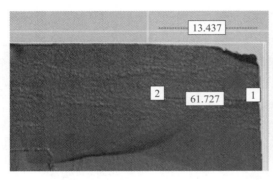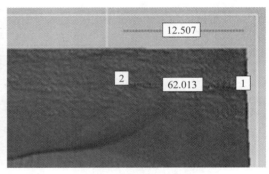

（a）第一次降雪-温差耦合作用　　　　　　（b）第五次降雪-温差耦合作用

图 4-85　西侧裂隙 3 三维扫描对比结果

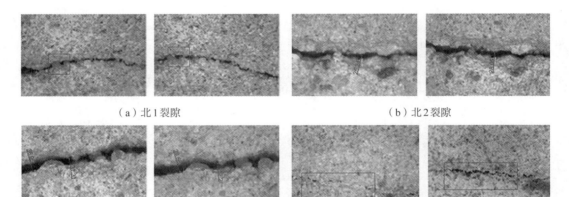

（a）北 1 裂隙　　　　　　　　　　　　　　（b）北 2 裂隙

（c）西 1 裂隙　　　　　　　　　　　　　　（d）西 2 裂隙

图 4-86　裂隙宽度显微镜拍照

大，雪水更易入渗，不断加大损伤区域及损伤程度。

（3）样品经历五次降雪-温差模拟试验，北侧呈现出产流过程中的冲刷痕迹及颗粒脱落后积累现象，样品顶面出现不同程度的变色以及表面起翘脱落现象，西侧面主要出现区域变色现象，且随经历耦合次数增多变色区域呈逐渐增大趋势，颜色呈逐渐加深态势。

（4）样品色差与降雪-温差模拟试验次数增加无明显关系，样品干燥后色差均小于4，但波速及表面硬度呈降低趋势，经历五次降雪-温差耦合作用后样品顶部波速平均降低18.93%，表面硬度变化率11.04%，说明样品的密实程度逐渐降低。

（5）降雪-温差耦合作用下样品顶面凹槽处、侧面裂隙区域表面侵蚀量较大，侵蚀量随耦合作用次数增加而逐渐增大，表现为颗粒蓬松起壳和颗粒流失，五次降雪-温差耦合作用后顶面最大侵蚀量达3.72mm，凹槽处高度方向侵蚀颗粒1.72mm，侧面裂隙区域最大侵蚀量达1.71mm。

（6）不同岩性砂岩在降雪-温差模拟作用下响应敏感程度存在较大差别，中粒砂岩响应较为敏感，产生冻融损伤较大。相同高度表现出中粒砂岩入渗深度、温度、含水率、波速、色差响应均大于细粒砂岩，中粒砂岩区域表层向内0~5cm范围内为强敏感区、含水率变化大于7%，表层向内0~8cm范围内为敏感区、含水率变化为5%~7%；细粒砂岩区域表层向内0~5cm范围为过渡区、含水率变化为3%~5%，表层向内5~15cm范围为稳定区、含水率变化为1%~3%。

4.5　砂岩石窟寺风化机理

通过对单因素砂岩劣化试验的结果进行对比，分析量化评估指标结果，讨论砂岩宏观表现不同的原因，利用层次分析法研究各风化作用影响北石窟寺崖体砂岩表面产生风化的权重，揭示多种风化作用下北石窟寺砂岩风化机理。

4.5.1　基于AHP分析风化作用权重

4.5.1.1　层次分析法简介及步骤

层次分析法也称层级分析法（analytic hierarchy process，AHP），在20世纪70年代中期由美国运筹学家T.L.Saaty正式提出。该法可以应用在分析砂岩风化影响因素中，可将砂岩风化作为一个复杂的多目标决策问题，七种量化评估指标作为准则，七种劣化作用作为方案，在MATLAB中编写代码进行计算，从而得出各种劣化作用对砂岩产生风化影响的权重。层次分析法主要步骤分以下四步。

1. 建立层次结构模型

将决策的目标、考虑的因素（决策准则）和决策对象按之间的相互关系分为最高层、中间层和最低层，绘出层次结构图，最高层是指决策的目的和要解决的问题，最低层是指决策时的备选方案，中间层是指考虑的因素和决策的准则。

2. 构造判断（成对比较）矩阵

为量化各层次各因素之间的权重，Saaty等人提出一致矩阵法，采用相对尺度对所有因素进行两两比较，尽可能减少性质不同的诸多因素相互比较的困难，以提高准确度。如对某一准则，对其下的各方案进行两两对比，并按其重要性程度评定等级。

a_{ij} 为要素 i 与要素 j 重要性比较结果。

按两两比较结果构成的矩阵称作判断矩阵，判断矩阵具有如下性质：

$$a_{ij}=\frac{1}{a_{ji}}, \ a_{ij}>0, \ a_{ij}=1（当 i=j 时）\tag{4-6}$$

判断矩阵元素 a_{ij} 的标度方法见表4-30。

表4-30 比例标度表

因素 i 比因素 j	量化值
同等重要	1
稍微重要	3
较强重要	5
强烈重要	7
极端重要	9
两相邻判断的中间值	2，4，6，8

3．计算权向量并做一致性检验

计算每一个成对比较阵的最大特征根及对应特征向量，利用一致性指标、随机一致性指标和一致性比率做一致性检验。若检验通过，特征向量（归一化后）即为权向量；若不通过，需重新构造成对比较阵。

1）计算一致性指标 CI

一致性指标用 CI 计算，CI 越小，说明一致性越大。定义一致性指标为：

$$CI=\frac{\lambda-n}{n-1}\tag{4-7}$$

式中 λ 为成对比较阵最大特征根；n 为指标的个数。

2）查找对应的平均随机一致性评价指标 RI（表4-31）

表4-31 平均随机一致性评价指标 RI

n	3	4	5	6	7	8	9	10
RI	0.52	0.89	1.12	1.26	1.36	1.41	1.46	1.49

3）计算一致性比率 CR

为衡量 CR 的大小，引入随机一致性指标 RI：

$$CR=\frac{CI}{RI}\tag{4-8}$$

如果 $CR<0.1$，则可认为判断矩阵的一致性可以接受；否则需要对判断矩阵进行修正。

4．计算组合权向量并做组合一致性检验

计算最下层对目标的组合权向量，并根据公式做组合一致性检验，若检验通过，则可按照组合权向量表示的结果进行决策，否则需要重新考虑模型或重新构造那些一致性比率较大的成对比较阵。

4.5.1.2　量化评估指标对比

经过七组环境耦合模拟室内风化模拟试验，分别用多个量化评估指标监测岩样的各项宏观性质，由于各项测试指标各有优缺点，反映出的岩样劣化程度和劣化形式也有所不同，因此需要将这些指标进行对照分析，以期判定出这七种指标反映岩样表面风化程度的权重，为层次分析法提供准则层。各项量化评估指标对比表4-32，对于石质文物来讲，文物的信息和价值主要集中在表层，因此能够反映岩样表层风化程度的指标所对应的权重应该较大，如表面硬度、3D偏差、质量损失（颗粒掉落主要在岩样表面）；其次是反映整体劣化程度，如体积变化率、波速变化率、σ值变化率；最后是反映岩样表面颜色变化的指标，色差的轻微变化会改变石质文物的观赏性，但不至于影响其保存，因此放在最后，定义七个量化评估指标的权重和为1.0，依照上述原则确定指标权重，见表4-32中最后一行。

表4-32　量化评估指标对比表

劣化类型	循环数（个）	质量损失率（%）	色差变化率（%）	波速变化率（%）	体积变化率（%）	3D平均偏差（mm）	硬度变化率（%）	σ值变化率（%）
高低湿循环	120	−0.41	1.70	−0.12	−0.24	0.0838	−9.23	−30
温湿度循环	80	−0.35	2.15	−3.35	+0.33	0.0750	−1.22	稳定
干湿循环	110	−0.57	2.07	−14.48	−0.31	0.0678	−14.22	−27.16
非饱和冻融循环	80	−0.54	3.60	−16.60	+0.52	0.0436	−5.45	−33.05
饱和冻融循环	80	−0.71	4.40	−21.51	+1.24	0.0871	−18.37	·34.27
水盐循环	22	−0.69	>4	−20.24	−0.44	0.0806	−14.30	稳定
水热盐循环	22	−0.69	>4	−20.73	−0.35	0.0846	−10.73	稳定
指标权重	/	0.2	0.1	0.1	0.1	0.2	0.2	0.1

4.5.1.3　风化作用权重求解

1．建立层次结果模型

结构图由上往下依次为目标层、准则层、方案层。目标即砂岩表面风化现象，准则即七个量化评估指标，方案即七个劣化作用。模型见图4-87。

2．构造成对比较矩阵

首先构造第二层对第一层的成对比较矩阵，即比较七种量化评估指标表征砂岩表面风化的重要性。设置质量损失率为因素1，色差变化率为因素2，波速变化率为因

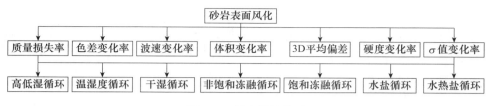

图4-87　层次结构模型

素3，体积变化率为因素4，3D平均偏差为因素5，硬度变化率为因素6，σ值变化率为因素7，得到成对比较矩阵A如下：

$$
\begin{bmatrix}
1 & 7 & 3 & 5 & 1 & \frac{1}{3} & 5 \\
\frac{1}{7} & 1 & \frac{1}{7} & \frac{1}{7} & \frac{1}{9} & \frac{1}{9} & \frac{1}{5} \\
\frac{1}{3} & 7 & 1 & 1 & \frac{1}{2} & \frac{1}{5} & 3 \\
\frac{1}{5} & 7 & 1 & 1 & \frac{1}{2} & \frac{1}{3} & 3 \\
1 & 9 & 2 & 2 & 1 & \frac{1}{2} & 5 \\
3 & 9 & 5 & 3 & 2 & 1 & 9 \\
\frac{1}{5} & 5 & \frac{1}{3} & \frac{1}{3} & \frac{1}{5} & \frac{1}{9} & 1
\end{bmatrix}
$$

3．计算权向量并做一致性检验

借助MATLAB计算权向量，即第二层中七个量化评估指标对于第一层中砂岩表面风化这一目标相对重要性的排序权值，也称为层次单排序。确认层次单排序的前提是通过一致性检验，即对前述矩阵确定不一致的允许范围，同样利用MATLAB可计算出一致性指标CI。计算后可知准则层权向量（特征向量）ω=（0.2158，0.0194，0.0916，0.0941，0.1789，0.3571，0.0430）^{T}；最大特征根λ=7.4607；一致性指标CI=0.0768；随机一致性指标RI=1.36，则一致性比率CR=0.0565<0.1，通过一致性检验，矩阵A具有满意的一致性且A的不一致程度是可接受的。

因此，反映砂岩表面风化程度时，量化评估指标的重要程度依次为表面硬度变化率、质量损失率、3D平均偏差、体积变化率、波速变化率、σ值变化率、色差变化率。各因素的相对重要性由权向量ω的各分量所决定。

4．计算组合权向量并做组合一致性检验

计算第三层中七种劣化作用对于第一层中砂岩表面风化这一总目标相对重要性的权值，也称为层次总排序。要将七种劣化作用对砂岩表面风化的影响大小进行排序，必须先比较七种劣化作用分别对质量损失率、色差变化率、波速变化率、体积变化率、3D平均偏差、表面硬度变化率、σ值变化率的影响大小，则需要构造七个成对比较矩阵，分别记为B_1、B_2、B_3、B_4、B_5、B_6、B_7。B_1的意义即比较七种劣化作用的质量损失率，成对比较矩阵依次类推如下：

$$B_1=\begin{bmatrix} 1 & 2 & \frac{1}{3} & \frac{1}{3} & \frac{1}{6} & \frac{1}{9} & \frac{1}{9} \\ \frac{1}{2} & 1 & \frac{1}{5} & \frac{1}{5} & \frac{1}{7} & \frac{1}{9} & \frac{1}{9} \\ 3 & 5 & 1 & 1 & \frac{1}{4} & \frac{1}{8} & \frac{1}{8} \\ 3 & 5 & 1 & 1 & \frac{1}{4} & \frac{1}{8} & \frac{1}{8} \\ 6 & 7 & 4 & 4 & 1 & \frac{1}{6} & \frac{1}{6} \\ 9 & 9 & 8 & 8 & 6 & 1 & 1 \\ 9 & 9 & 8 & 8 & 6 & 1 & 1 \end{bmatrix} \quad B_2=\begin{bmatrix} 1 & \frac{1}{2} & \frac{1}{2} & \frac{1}{3} & \frac{1}{4} & \frac{1}{6} & \frac{1}{6} \\ 2 & 1 & 1 & \frac{1}{2} & \frac{1}{4} & \frac{1}{6} & \frac{1}{6} \\ 2 & 1 & 1 & \frac{1}{2} & \frac{1}{4} & \frac{1}{6} & \frac{1}{6} \\ 3 & 2 & 2 & 1 & \frac{1}{2} & \frac{1}{5} & \frac{1}{5} \\ 4 & 4 & 4 & 2 & 1 & \frac{1}{4} & \frac{1}{4} \\ 6 & 6 & 6 & 5 & 4 & 1 & 1 \\ 6 & 6 & 6 & 5 & 4 & 1 & 1 \end{bmatrix}$$

$$B_3=\begin{bmatrix} 1 & \frac{1}{3} & \frac{1}{6} & \frac{1}{7} & \frac{1}{8} & \frac{1}{9} & \frac{1}{9} \\ 3 & 1 & \frac{1}{5} & \frac{1}{6} & \frac{1}{7} & \frac{1}{9} & \frac{1}{9} \\ 6 & 5 & 1 & \frac{1}{2} & \frac{1}{4} & \frac{1}{8} & \frac{1}{8} \\ 7 & 6 & 2 & 1 & \frac{1}{2} & \frac{1}{7} & \frac{1}{7} \\ 8 & 7 & 4 & 2 & 1 & \frac{1}{6} & \frac{1}{6} \\ 9 & 9 & 8 & 7 & 6 & 1 & 1 \\ 9 & 9 & 8 & 7 & 6 & 1 & 1 \end{bmatrix} \quad B_4=\begin{bmatrix} 1 & \frac{1}{3} & \frac{1}{2} & \frac{1}{5} & \frac{1}{7} & \frac{1}{9} & \frac{1}{9} \\ 3 & 1 & 2 & \frac{1}{2} & \frac{1}{6} & \frac{1}{9} & \frac{1}{9} \\ 2 & \frac{1}{2} & 1 & \frac{1}{3} & \frac{1}{7} & \frac{1}{9} & \frac{1}{9} \\ 5 & 2 & 3 & 1 & \frac{1}{5} & \frac{1}{9} & \frac{1}{8} \\ 7 & 6 & 7 & 5 & 1 & \frac{1}{7} & \frac{1}{6} \\ 9 & 9 & 9 & 9 & 7 & 1 & 1 \\ 9 & 9 & 9 & 8 & 6 & 1 & 1 \end{bmatrix}$$

$$B_5=\begin{bmatrix} 1 & \frac{1}{3} & 1 & 2 & \frac{1}{4} & \frac{1}{6} & \frac{1}{7} \\ 3 & 1 & 2 & 3 & \frac{1}{2} & \frac{1}{5} & \frac{1}{6} \\ 1 & \frac{1}{2} & 1 & 1 & \frac{1}{3} & \frac{1}{6} & \frac{1}{7} \\ \frac{1}{2} & \frac{1}{3} & 1 & 1 & \frac{1}{4} & \frac{1}{7} & \frac{1}{8} \\ 4 & 2 & 3 & 4 & 1 & \frac{1}{4} & \frac{1}{5} \\ 6 & 5 & 6 & 7 & 4 & 1 & \frac{1}{2} \\ 7 & 6 & 7 & 8 & 5 & 2 & 1 \end{bmatrix} \quad B_6=\begin{bmatrix} 1 & 6 & \frac{1}{3} & 3 & \frac{1}{5} & \frac{1}{8} & \frac{1}{7} \\ \frac{1}{6} & 1 & \frac{1}{7} & \frac{1}{4} & \frac{1}{8} & \frac{1}{9} & \frac{1}{9} \\ 3 & 7 & 1 & 5 & \frac{1}{3} & \frac{1}{7} & \frac{1}{6} \\ \frac{1}{3} & 4 & \frac{1}{5} & 1 & \frac{1}{6} & \frac{1}{9} & \frac{1}{8} \\ 5 & 8 & 3 & 6 & 1 & \frac{1}{6} & \frac{1}{5} \\ 8 & 9 & 7 & 9 & 6 & 1 & 2 \\ 7 & 9 & 6 & 8 & 5 & \frac{1}{2} & 1 \end{bmatrix} \quad B_7=\begin{bmatrix} 1 & 7 & 2 & \frac{1}{3} & \frac{1}{5} & 7 & 7 \\ \frac{1}{7} & 1 & \frac{1}{6} & \frac{1}{7} & \frac{1}{8} & 1 & 1 \\ \frac{1}{2} & 6 & 1 & \frac{1}{2} & \frac{1}{3} & 6 & 6 \\ 3 & 7 & 2 & 1 & \frac{1}{2} & 8 & 8 \\ 5 & 8 & 3 & 2 & 1 & 9 & 9 \\ \frac{1}{7} & 1 & \frac{1}{6} & \frac{1}{8} & \frac{1}{9} & 1 & 1 \\ \frac{1}{7} & 1 & \frac{1}{6} & \frac{1}{8} & \frac{1}{9} & 1 & 1 \end{bmatrix}$$

分别将以上七个成对比较阵输入MATLAB中，计算结果如下：

B_1的权向量$\omega_1 = (0.0266, 0.0200, 0.0533, 0.0533, 0.1271, 0.3599, 0.3599)^T$；

B_2的权向量$\omega_2 = (0.0348, 0.0480, 0.0480, 0.0791, 0.1351, 0.3275, 0.3275)^T$；

B_3的权向量$\omega_3 = (0.0176, 0.0249, 0.0560, 0.0787, 0.1177, 0.3526, 0.3526)^T$；

B_4的权向量$\omega_4 = (0.0202, 0.0361, 0.0262, 0.0540, 0.1367, 0.3757, 0.3511)^T$；

B_5的权向量$\omega_5 = (0.0221, 0.0691, 0.0384, 0.0319, 0.1031, 0.2593, 0.4761)^T$；

B_6的权向量$\omega_6 = (0.0483, 0.0173, 0.0806, 0.0293, 0.1323, 0.3954, 0.2969)^T$；

B_7的权向量$\omega_7 = (0.1586, 0.0287, 0.1311, 0.2473, 0.3794, 0.0274, 0.0274)^T$。

经检验以上矩阵的一致性均可接受。最后计算各种劣化作用的总权重，将以上七个权向量构成的7×7矩阵与计算权向量并做一致性检验中准则层向量（7×1矩阵）进行点乘，见表4-33。

表4-33　劣化作用总权重计算表

七组权向量	质量损失率	色差变化率	波速变化率	体积变化率	3D平均偏差	硬度变化率	σ值变化率	总权重
高低湿循环	0.0266	0.0348	0.0176	0.0202	0.0221	0.0483	0.1586	0.0379
温湿度循环	0.0200	0.048	0.0249	0.0361	0.0691	0.0173	0.0287	0.0306
干湿循环	0.0533	0.048	0.056	0.0262	0.0384	0.0806	0.1311	0.0613
非饱和冻融循环	0.0533	0.0791	0.0787	0.054	0.0319	0.0293	0.2473	0.0521
饱和冻融循环	0.1271	0.1351	0.1177	0.1367	0.1031	0.1323	0.3794	0.1356
水盐循环	0.3599	0.3275	0.3526	0.3757	0.2593	0.3954	0.0274	0.3404
水热盐循环	0.3599	0.3275	0.3526	0.3511	0.4761	0.2969	0.0274	0.3417
准则层向量	0.2158	0.0194	0.0916	0.0941	0.1789	0.3571	0.043	/

表4-33七种劣化作用的总权重依次为0.0379、0.0306、0.0613、0.0521、0.1356、0.3404、0.3417，由此可排列出七种劣化作用对砂岩表面风化的影响大小，依次为水热盐循环＞水盐循环＞饱和冻融循环＞干湿循环＞非饱和冻融循环＞高低湿循环＞温湿度循环。对比水盐循环和干湿循环总权重，前者因为盐的存在劣化作用更强且总权重差值达0.28；对比水热盐循环和饱和冻融循环总权重，前者也因为盐的存在劣化作用更强且总权重差值达0.21，均说明盐分对砂岩风化影响最大；对比高低湿循环和温湿度循环总权重，前者因相对湿度变化幅度较大且气态水含量较高，劣化作用略大于后者，说明水对砂岩风化影响大于温度；对比干湿循环和高低湿循环总权重，前者为液态水，后者为气态水，前者劣化作用更强且总权重差值为0.02，说明水在砂岩中的存在形式与劣化强度有关；对比饱和冻融循环和非饱和冻融循环总权重，前者因含水率高于后者而劣化作用更强且总权重差值为0.08，说明砂岩含水率和遭受的风化作用强度呈正比例关系；对比饱和冻融循环和干湿循环总权重，前者增加了低温条件，遭受的劣化影响远大于后者且总权重差值为0.07，两者的含水条件均为饱水，说明在砂

岩含水时，增添温度因素可显著减弱抗风化性，特别是含水率为饱和时，该影响更为显著。由前述可推断出，三种风化影响因子（水、温度、盐）中盐的影响最大，液态水次之，气态水（湿气）弱于液态水，温度影响最小。此结论有效验证了室内风化模拟试验对比结果。

4.5.2　风化机理分析

风化是指石窟岩体在温度、湿度、大气、水溶液和生物的作用下发生物理状态和化学成分变化的过程。其中物理风化作用主要有温差作用、冰劈作用、盐类结晶撑裂作用和释荷作用；化学风化作用主要有溶解作用、水化作用、氧化作用和水解作用。现结合室内风化模拟试验结果、各风化组岩样矿物成分的变化（表4-34）及扫描电镜观察结果，分别论述七组风化试验中北石窟寺崖体砂岩风化机理。

表4-34　各风化组岩样矿物组成成分　　　　　（单位：%）

砂岩种类	石英	斜长石	微斜长石	白云石	蒙脱石	绿泥石	伊利石
原状	65	11	6	14	2	/	2
高低湿循环	66	12	6	13	/	1	4
温湿度循环	58	11	16	10	/	1	4
干湿循环	71	12	5	6	/	1	4
非饱和冻融循环	74	7	5	10	/	1	3
饱和冻融循环	80	11	9	/	/	/	/
水盐循环	71	9	6	8	/	1	5
水热盐循环	65	18	8	9	/	/	/

4.5.2.1　高低湿循环

砂岩长期处于高湿环境下有一定的软化性，导致抗风化性能下降，其他自然营力会更易对砂岩造成风化。随着时间的推移，湿气渗入量和渗透深度增大，岩样体积呈增大趋势且部分区域产生膨胀现象，当时长达30天左右时，岩样性质相对较稳定，吸湿速率急剧下降，表现为质量增量稳定、色差值浮动较小、表面硬度下降比稳定。

岩样在高低湿循环作用下产生轻微的劣化现象。由于岩样所处环境的相对湿度短期内急剧变化，表层发生轻微的水岩作用，微观上造岩矿物如石英、长石等几乎无转变，白云石占比略有减少，黏土矿物间相互转化，蒙脱石转化为绿泥石和伊利石（图4-88a中伊蒙混层），吸湿膨胀、干燥收缩，影响矿物微形态的变化，使矿物结晶构造发生了变化，胶结物略微减少，但胶结类型未发生变化，仍以基底式为主（图4-88b），图4-88c中可看出孔隙中存在大量胶结物，左上角有石英压裂的现象，有利于增大渗透率，同时岩样表层孔隙率增大，连通孔隙体积增大，最终导致岩样的宏观性质如声学特性、力学特性等发生了变化，主要表现为体积反复干燥缩小和受湿膨胀，部分颗粒较粗区域砂粒掉落，质量、表面硬度、无侧限抗压强度均降低。

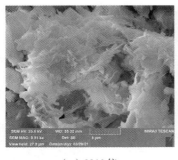  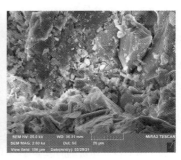

（a）9910倍　　　　　　　　　（b）343倍　　　　　　　　　（c）2600倍

图4-88　SEM观测高低湿循环试样

4.5.2.2　温湿度循环

温湿度循环试样天然含水率较小且模拟环境中相对湿度变化范围有限，暂不考虑水分变化对岩样产生的影响，主要考虑温度循环变化产生的影响，试验中循环温差达45℃，岩样置于低温环境时外表面迅速降温，而内部温度依然较高，从而岩样产生了外冷内热的温差现象，表现为体积收缩，同时岩样内部矿物本身在变温作用下出现热胀冷缩效应，由于岩样矿物成分多样，石英、长石、白云石等矿物的膨胀性系数不一致，原先紧密联结在一起的矿物颗粒在热量交替变化的作用下产生不均一的收缩膨胀，在循环往复的作用下，颗粒之间的拉压作用不断转换，导致颗粒间的联结减弱和内部裂隙不断扩展，如图4-89a中颗粒间微裂纹。

微观上表现为颗粒间距增大，孔隙率由表及里均增大，连通孔隙体积增大，但增速较低；从图4-89b中可看出部分颗粒间的胶结物流失，胶结方式以基底式和孔隙式为主，与原状样相比并未发生较大变化，图4-89c中颗粒表面依旧沾有大量的蒙脱石等黏土胶结物质，图4-89d中颗粒表面附着有大量的白云石，表现为结晶大小不一的菱面体；矿物成分的变化主要为黏土矿物间的转化，造岩矿物（石英、长石）占比几乎未减小，白云石比例略有减小。宏观上表现为岩样体积膨胀—缩小循环往复，整体呈增长趋势，表面硬度和纵波波速产生波动，但岩样无侧限抗压强度并未发生较大变化，由于温度变化范围和时长较小，且岩样尺寸较小，导致温度变化影响效应较小，不足以促使岩样抗压强度发生明显变化。

4.5.2.3　干湿循环

干湿循环下的砂岩试样主要受水岩化学作用的影响。第一个方面是矿物水解，水所具有微弱离解性可使一部分水离解成H^+和OH^-离子溶液，同时一些岩石矿物在水中也发生离解，并与水中H^+和OH^-离子分别结合生成新的化合物，原矿物的结构被分解，这种化学作用称为水解作用。从上述可知干湿循环样中石英占比增大，白云石占比减小，钙质胶结物（白云石）在酸性条件下极易溶解，形成孔洞；同时长石在酸性条件下高岭石化和伊利石化，长石溶蚀后产生多种蚀变产物（图4-90a），如SiO_2、

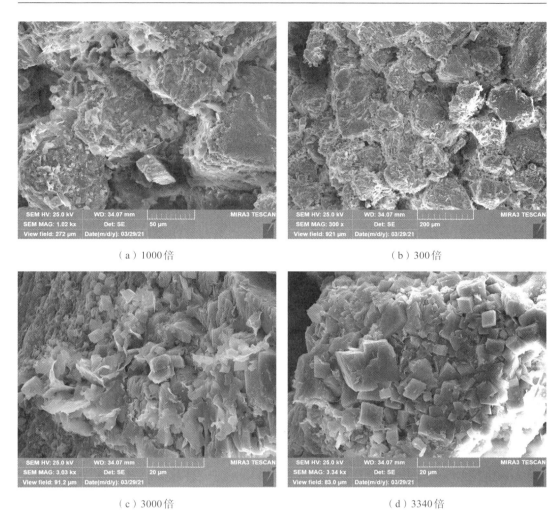

（a）1000倍　　　　　　　　　　　　（b）300倍

（c）3000倍　　　　　　　　　　　　（d）3340倍

图 4-89　SEM 观测温湿度循环试样

Al_2O_3 胶体和铁离子等，导致岩石刚性颗粒含量减少。在酸性介质条件下，在裂隙空间中 Al_2O_3 和 SiO_2 胶体结合形成锥晶高岭石（图 4-90b），多余 SiO_2 则形成自形、半自形石英晶粒；黏土矿物产生转化，产生伊-蒙混层，见图 4-90c。微观结构的变化主要表现为颗粒间距增大、微孔隙增加和岩屑增多（图 4-90d），颗粒表面尚存在部分钙质胶结物和泥质胶结物，胶结类型转变为接触式和孔隙式胶结，表层孔隙率显著增大，连通孔隙体积增大。

　　第二个方面是矿物氧化，砂岩矿物中的低价元素与水中或大气中的氧结合变成高价元素，低氧化合物等氧化成高氧化合物，Fe^{2+} 被氧化成 Fe^{3+}，黄铁矿被氧化成褐铁矿，使岩样表面颜色变深，表现为岩样色差值的逐渐增大。

　　第三个方面是矿物水化，蒙脱石吸收水分至矿物晶格中产生膨胀，高岭石与水结合后在外力作用下能够变形且易分散，具良好塑性，其他矿物在水化作用下也会形成含水新矿物，其结构已不同于原矿物，硬度一般低于原矿物，表现为岩样表面硬度的衰减。

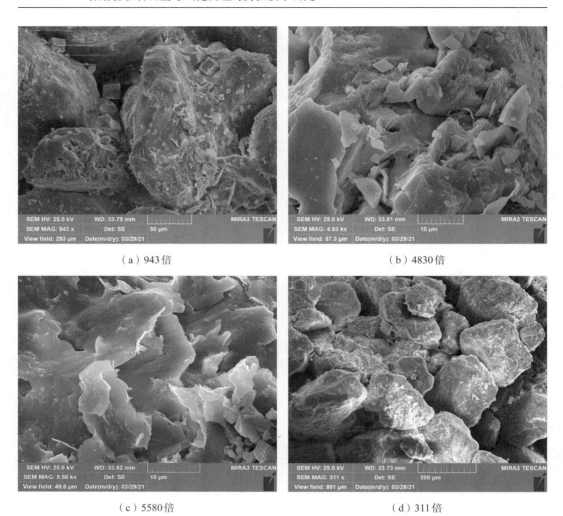

（a）943倍　　　　　　　　　　　　　　（b）4830倍

（c）5580倍　　　　　　　　　　　　　　（d）311倍

图4-90　SEM观测干湿循环试样

以上三种水岩化学作用均会发生在干湿循环中，宏观上表现为质量稳定减小，体积整体呈下降趋势，表面形貌发生缺失变化，表面硬度、纵波波速及单轴抗压强度衰减。

4.5.2.4　非饱和冻融循环

在非饱和冻融循环中砂岩试样表层孔隙水结冰相变，造成的膨胀会将过冷水驱散，从而在岩样内部产生孔隙水压力，冻胀现象导致岩样内部产生较大的拉应力，引起砂岩颗粒间挤压和相对错动，同时岩样原有微裂隙在冻胀作用下出现扩展，而孔隙水在融化过程中的迁移作用会加速岩样表层的损伤，随着非饱和冻融循环次数增加，颗粒之间的相对位移及孔隙的增大导致水分逐渐侵入砂岩内部，从而增强了这种破坏效应。由于非饱和冻融循环试样的含水率较低，水分相对集中在岩样表层，但不足以填充满大孔隙，冻胀作用相对较弱且主要作用于表面和浅表面。由上述内容可知，石英占比增大，长石和白云石占比减小，黏土矿物的占比略微减少；砂岩颗粒间间距增大，胶结物少量流失，胶结类型转变成以孔隙式为主，见图4-91a为长石蚀变为似鳞片状水云母，可形成叠片状水云母，图4-91b为长石溶蚀产物，形成的自生矿物有扇形叠片状的高岭石、呈花朵状的绿泥石，图4-91c中长石小碎粒向片层状高岭石转化，且颗粒孔隙间仍有白云石等填充。岩样微观结构变化较大且有微裂隙产生扩展，表层孔隙率增大，连通孔隙体积增大，表面和浅表面孔隙率远大于浅层孔隙率；宏观上岩样表面较粗颗粒脱落严重和粗糙度肉眼可见增大，体积膨胀—收缩循环往复呈增长趋势，表观形貌变化表现为不同区域的膨胀—缺失往复循环，表面硬度、纵波波速、单轴抗压强度均呈下降趋势。

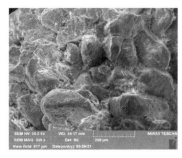  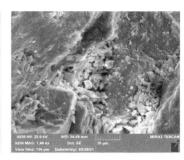

（a）340倍　　　　　　　　（b）5730倍　　　　　　　　（c）2000倍

图4-91　SEM下观测非饱和冻融循环试样

4.5.2.5　饱和冻融循环

饱和冻融循环岩样的风化机理与前述非饱和冻融循环岩样相似，饱和条件下岩样孔隙和微裂隙内几乎被水完全填充，水结冰相变后体积增大11.11%，冰劈作用对裂隙侧面产生的压力达960～2000kg/cm^2，冻胀作用力更强，影响深度范围更大，导致岩体内部产生较大的拉应力和微孔隙损伤，使原有的微裂隙和孔隙进一步扩张和延伸，为下一次冻胀提供了更大作用空间。除前述的物理风化作用外，饱和冻融循环岩样与干湿循环岩样相似，遭受化学风化作用，如水解作用、水化作用、氧化作用等，物理风化作用加剧了化学风化作用。

从上述内容可知，饱和冻融循环岩样中石英占比大增，白云石与黏土矿物的占比减少为零，意味着胶结物几乎全部消失。从图4-92a中可看出岩样胶结程度极差，胶结物流失严重，颗粒间距较大，胶结方式以接触式为主；图4-92b中颗粒间接触位置处仅存少量泥质胶结物；图4-92c、图4-92d中长石溶蚀形成溶缝和溶孔，甚至遍及整个长石颗粒，伴有高岭石和雏晶片状水云母生成，形成越来越大的缝隙，极大地改变了砂岩微观结构。宏观上岩样表面产生数条微裂缝，少数裂缝延伸长度达半个截面，较粗颗粒大量掉落，表面膨胀隆起且体积呈增长趋势，色差超出了视觉界限，表面硬度、纵波波速、单轴抗压强度均呈下降趋势。另外，岩样在40个循环后劣化速率明显增大，说明岩样在饱和冻融循环作用下并不是快速劣化的，而是遭受冻胀疲劳累积损伤后开始快速劣化，这与非饱和冻融循环岩样也类似。

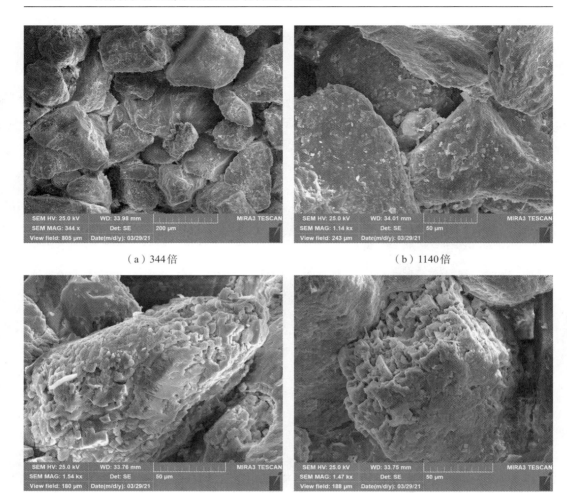

（a）344倍　　　　　　　　　　　　　　　（b）1140倍

（c）1540倍　　　　　　　　　　　　　　　（d）1470倍

图4-92　SEM观测饱和冻融循环试样

4.5.2.6　水盐循环

砂岩试样在水盐循环作用下硫酸盐溶解和结晶循环往复，挤压岩样，表面部分砂粒脱落，易溶盐在砂岩试样中产生的应力有三种来源：①随着盐结晶生长产生的应力；②由于结晶盐的水合作用产生的应力；③结晶盐热膨胀产生的压力。另外，易溶盐Na_2SO_4在水中的溶解及离子交换所产生的SO_4^{2-}经氧化生成的酸性溶液溶解了岩样的碳酸盐矿物（如白云石），损失了大量钙质胶结物，化学式为$CaMg(CO_3)_2 + H_2SO_4 \rightarrow CaSO_4 \cdot 2H_2O + MgSO_4 \cdot 7H_2O + CO_2 \uparrow$，产生了水化石膏和七水镁盐，理论上当$CaSO_4$溶液饱和度为1.5时，产生20MPa的压力远大于一般岩体抗拉强度5MPa，可见这种盐类结晶对砂岩的损伤不可忽视。

从上述内容可知，水盐循环岩样中石英和黏土矿物占比略增，长石和白云石占比减小。从图4-93a中可看出部分颗粒间胶结物流失严重，应是易溶盐结晶位置，表现

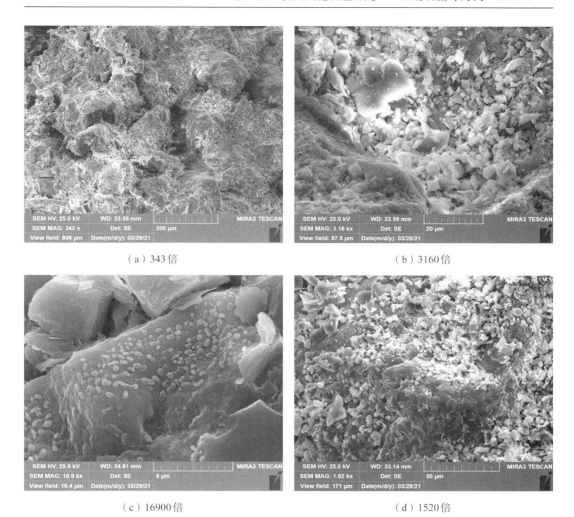

（a）343 倍　　　　　　　　　　　　　（b）3160 倍

（c）16900 倍　　　　　　　　　　　　（d）1520 倍

图 4-93　SEM 观测水盐循环试样

出颗粒间胶结物的差异性流失，胶结方式为基底式和接触式胶结共存，颗粒表面附着大量盐结晶体；图 4-93b 中钙质胶结物白云石被分解，产生大量的板片状、梭状石膏晶体填塞孔隙，膨胀的石膏晶体使颗粒间孔隙增大；图 4-93c 中长石蚀变产生的 Al_2O_3 胶体沉积形成结晶较差的团粒状和不规则状的水铝英石，粒径可小到 0.1μm，为非晶质黏土矿物；图 4-93d 中长石被溶蚀成蒙脱石类矿物，矿物颗粒表面覆盖着大量结晶较差的硫酸钠晶体。

由此可知岩样受水盐循环作用后微观结构变化较大，部分区域颗粒和胶结物损失严重，每次盐结晶后都会出现大量松散颗粒，这些颗粒之间几乎无胶结力牵引且脱离岩样本体表面；表面和浅表面孔隙率略大于浅层孔隙率，且表面与浅层连通孔隙体积大小相似，说明在岩样表层范围内，水盐循环作用相较于前述多组风化作用更强。宏观上表现为砂岩颗粒由外往内层层掉落，但硫酸盐结晶位置和结晶程度不同，整个岩样不能实现同步劣化，因而产生了差异性风化现象，往往是岩样边角处和易于结出较好晶体晶形的区域颗粒脱落更严重，甚至产生凹槽，这也是体积逐渐减小的原因。

4.5.2.7　水热盐循环

砂岩在水热盐循环中遭受冻融和水盐循环的复合作用，前者使岩样内部在冻胀作用下产生较大的拉应力和微孔隙损伤，使原有的微裂隙和孔隙进行扩张和延伸；后者使岩样表面在硫酸盐结晶膨胀作用下挤压表面部分颗粒脱落，前者为后者创造了更大的作用空间，同时后者扩大了前者的作用效果。通过对照前述20个循环后饱和冻融和水热盐循环样的宏观表现，可判定水热盐循环作用中起主导作用的是水盐作用，水热盐作用方式和特点与前述水盐循环相似，不同点在于水热盐循环中结晶盐大部分为芒硝，而水盐循环中大多为无水硫酸钠，原因在于硫酸钠溶液在低温高湿条件下产生芒硝，在高温低湿条件下产生无水硫酸钠，前者体积增加和产生的压力更大。

从上述可知，水热盐循环岩样中白云石占比减小，黏土矿物占比减少为零。图4-94a中部分颗粒间胶结物流失严重，仅为接触式胶结，而部分颗粒为基底式胶结，

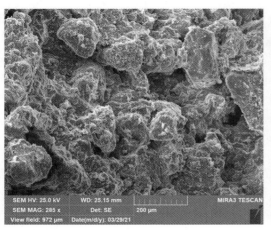

（a）285倍

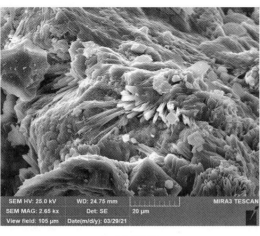

（c）2650倍

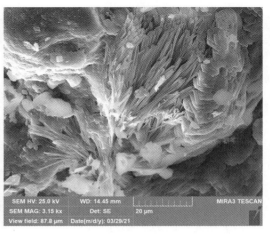

（d）3150倍

图4-94　SEM观测水热盐循环试样

颗粒间胶结方式取决于该区域处是否有结晶盐，存在差异性风化现象；图 4-94b 中钙质胶结物（白云石）被溶蚀，其表面有针条状的钙芒硝形成；图 4-94c 中部分硫酸钠结晶较好，表现为窄板片状，呈定向排列集合体，部分结晶较差者呈羽毛状集合体，部分结晶更差者呈不规则尖片状集合体；图 4-94d 中结晶较好的硫酸钠晶体覆盖在砂岩颗粒表面，挤压与其并行的高岭石集合体，使其失去胶结作用。

与水盐循环类似，水热盐循环样微观结构变化较大，岩样表面部分区域颗粒和胶结物损失严重，每次盐结晶后都会出现大量松散颗粒，表层孔隙率和连通孔隙体积略大于水盐循环；宏观上表面较粗颗粒首先在结晶膨胀作用下掉落，之后在冻胀作用下小孔隙被撑开，为硫酸钠溶液结晶创造空间，循环往复数次后砂岩表面颗粒层层剥落，部分区域颗粒严重脱落后形成数条较深的凹槽，形成差异性风化现象；相对水盐循环更易在砂岩表面结出大量晶体且颗粒堆积更为酥软，岩样体积和表面硬度呈减小趋势。

4.5.3　小结

（1）将砂岩风化作为一个复杂的多目标决策问题，七种量化评估指标作为准则，七种劣化作用作为方案，利用层次分析法构建层次结构模型，并构建多个成对比较矩阵，借助 MTALAB 软件计算权向量并做一致性检验，排列出七种风化作用的权重，由大到小依次为水热盐循环、水盐循环、饱和冻融循环、干湿循环、非饱和冻融循环、高低湿循环、温湿度循环。

（2）两两对比七种风化作用的总权重，水盐循环和干湿循环相比、水热盐循环和饱和冻融循环相比，均说明盐分对砂岩风化影响最大；高低湿循环和温湿度循环相比，说明水对砂岩风化影响大于温度；干湿循环和高低湿循环相比，说明水在砂岩中的存在形式与劣化强度有关，液态水比气态水影响更大；饱和冻融循环和非饱和冻融循环相比，说明砂岩含水率和遭受的风化作用强度呈正比例关系；饱和冻融循环和干湿循环相比，说明在砂岩饱水时增添温度因素可显著减弱抗风化性。三种风化影响因子（水、温度、盐）中盐的影响最大，水次之，温度影响最小。

（3）高低湿循环下砂岩所处的相对湿度环境短期内急剧变化，表层受水岩作用后产生轻微劣化现象，当砂岩长期处于相对湿度较高的环境中时，抗风化性下降明显，其他自然营力更易对砂岩造成风化。温湿度循环下砂岩内部矿物在变温作用下出现热胀冷缩效应，由于岩样矿物成分多样且膨胀性系数不一致，原先紧密联结在一起的矿物颗粒在热量交替变化的作用下产生不均一的收缩膨胀，在循环往复的作用下，颗粒之间的拉压作用不断转换，导致颗粒间联结减弱和内部裂隙不断扩展。干湿循环下砂岩主要受水岩化学作用的影响：一是矿物水解，钙质胶结物溶解形成孔洞，长石高岭石化、伊利石化；二是矿物氧化，使岩样表面颜色变深；三是矿物水化，黏土矿物等在水化作用下结构发生改变。

（4）非饱和冻融和饱和冻融循环下砂岩同时受物理和化学风化作用，并且物理风化作用加剧了化学风化作用。在低温下表层孔隙水结冰相变，造成的膨胀将过冷水驱散，从而在岩样内部产生孔隙水压力，冻胀现象导致岩样内部产生较大的拉应力，引起砂岩颗粒间挤压和相对错动，同时岩样原有微裂隙在冻胀作用下出现扩展，而孔隙水在融化过程中的迁移作用会加速岩样表层的损伤。非饱和冻融循环主要作用于表面和浅表面，饱和冻融循环产生的冻胀作用力更强，影响深度范围更大。砂岩在冻融循环过程中表现出一种非线性的衰减模式，先是长时间的表观稳定，当超过一个临界阈值时，微裂纹转变为裂纹并迅速增长，导致快速且破坏性的损伤。

（5）水盐和水热盐循环下砂岩的劣化特征均为表面颗粒先分离，之后由外往内层层掉落，部分区域产生凹槽，差异性风化现象明显。砂岩表层硫酸盐溶解和结晶膨胀循环往复，三种应力挤压岩样，表面部分砂粒脱落，硫酸盐溶解及离子交换所产生的 SO_4^{2-} 经氧化生成的酸性溶液溶解了大量钙质胶结物，产生水化石膏和七水镁盐。另外水热盐循环下砂岩遭受冻融和水盐循环的复合作用，前者使岩样内部在冻胀作用下产生较大的拉应力和微孔隙损伤，使原有的微裂隙和孔隙继续扩张和延伸；后者使岩样表面部分颗粒在硫酸盐结晶膨胀作用下挤压脱落，前者为后者创造了更大的作用空间，同时后者扩大了前者的作用效果。

第5章 综合表面防风化技术研究
——以北石窟寺为例

长期处于开放环境中的石窟寺，在自然营力的作用下经历一系列的物理、化学变化，材料的性能和功能不断退化，致使表面发育着大规模的风化病害。多年的研究与工程实践证明，仅靠单一的化学加固很难解决重要文物的防风化问题，因此我们提出了由多种措施组成的综合防风化措施。本章以北石窟寺风化砂岩为研究对象，在国内外学者有关保护材料大量研究的基础上，筛选出不同的材料开展室内加固效果研究，评价材料的耐候性；利用北石窟优势植被研究可行的软覆盖防风化技术，并进行了系统评价；在北石窟现场搭建保护棚，综合评价防风化效果。通过以上研究试图构建适合于砂岩石窟寺的综合防风化技术。

5.1 化学渗透防风化技术研究

以北石窟寺为研究对象，基于多场耦合下砂岩石窟风化机理研究成果和对已有防风化材料的梳理，选取 PS、纳米 SiO_2、砂岩加固材料、丙烯酸乳液、有机硅改性丙烯酸乳液（以下简称"硅丙"）、正硅酸乙酯、羟甲基纤维素七种材料，按照"不改变原状"和"兼容性"的文物保护原则，以表观、微观形态特征作为定性化描述，色差、体积变化率、波速、表面硬度、抗压强度、透气性和吸水性作为定量化指标，综合进行加固效果评价，初步筛选性能优良的加固材料，针对初步筛选的防风化加固材料进行劣化试验（干湿循环试验、冻融循环试验），选择适合北石窟的防风化材料。

5.1.1 试验材料

通过对北石窟砂岩样品基本物理力学性质的测定可知，中粒砂岩密度、比重、单轴抗压强度均较小，吸水性较强、胶结较差，基本为泥质胶结或无交接，抗风化性弱，故选择中粒砂岩作为实验对象开展研究。

5.1.1.1 加固材料特性

选用羟甲基纤维素、砂岩加固材料、硅丙、丙烯酸乳液、纳米 SiO_2、正硅酸乙酯、PS 共七种保护材料（图 5-1）。

（a）羟甲基纤维素　　　　　（b）砂岩加固材料　　　　　　（c）硅丙

（d）丙烯酸乳液　　　　（e）PS　　　　　（f）纳米 SiO$_2$　　　（g）正硅酸乙酯

图 5-1　加固材料

（1）羟甲基纤维素：白色粉末，融于热水，配置浓度为 0.5%。

（2）砂岩加固材料：由兰州知本化工科技有限公司合作生产，配制时采用专用稀释剂稀释至 5%。

（3）硅丙：半透明至乳白液体，固体含量为 47%±2%，配制时以水为溶剂，浓度为 1.5%。

（4）丙烯酸乳液：外观为半透明至乳白液体，固体含量为 47%±2%，配制时以水为溶剂，浓度为 1.5%。

（5）纳米 SiO$_2$：无色透明液体，SiO$_2$ 含量 30.0%±1%，pH6.5～8.0，密度为 1.19～1.21g/cm^3（20℃），粒径 8～15nm，配制时以水为溶剂，浓度为 20%。

（6）PS：高模数硅酸钾溶液，模数为 3.8，初始浓度为 28%，配制时以水为溶剂，稀释浓度为 3%。

（7）正硅酸乙酯：外表无色透明，硅酸乙酯含量 ≥99%，密度约 1.0kg/L（20℃），配制以无水乙醇为溶剂，浓度为 10%。

5.1.1.2　样品制备与养护

本试验使用的样品与足尺模拟试验所用样品一样，均为北石窟寺北侧约 100m 处与石窟寺所用砂岩一致的崖面取得。

1. 样品制备

从北石窟寺取回的岩块为 30cm×30cm×30cm 正方体岩块，首先使用立式环保切砖机将岩块切割，然后使用自动切割机将试样切割为 7.01cm×7.01cm×7.01cm。按照砂岩制样方法要求，使用多功能组合角尺，粗测岩样表面平行度、表面粗糙度等误差，对不符合要求的样品，使用手持砂轮机和砂轮片进行打磨，直至满足规范要求后将岩样进行编号，样品制备过程见图 5-2。

（a）立式环保切砖机切割岩块

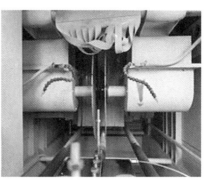
（b）自动切割机

（c）样品打磨

（d）样品编号

图 5-2　样品制备过程

2. 样品加固

试验采用滴渗法加固试样，试样加固前用洗耳球吹去表面浮土并用酒精擦拭，打开通道。然后用专用滴管抽取相应加固剂从试样顶部滴渗，滴渗时保证试样加固面不积水，加固尽可能使加固材料完全渗透试块，加固流程如图 5-3 所示。

5.1.1.3　样品误差分析

本次试验样品包括加固材料特性与加固机制研究试验样品、耐候性试验样品，试验样品数量大，试验前对试验过程中样品的各评价指标进行分析。样品质量误差分析中加固材料特性研究样品 42 个，耐候性样品质量分析样品 18 个，对样品质量进行标准偏差计算（表 5-1），样品质量标准偏差 37.28。

（a）加固材料称重

（b）所需浓度配比

（c）酒精除尘

（d）材料加固

图 5-3　样品加固流程

表 5-1　样品质量误差分析

试验	加固材料特性研究							耐候性研究		
质量（g）	665.6	689.4	721.3	650.69	642.33	629.7	666.2	652.23	712.23	676.26
	692.8	684.9	689.4	668.78	626.27	635.63	694.97	709.44	682.13	670.26
	640.5	675.5	668	706.4	640.84	693.22	617.35	746.25	653.60	656.23
	684.3	684.1	639.6	655.89	635.05	686.55	613.75	697.94	659.89	707.51
	664.2	652.9	678.2	652.68	645.62	611.93	713.13	705.10	669.15	627.22
	636.8	653	609.1	663.76	657.05	623.86	666.2	733.75	799.24	770.24
标准偏差	37.28									

　　样品纵波波速误差分析中加固材料特性研究样品 24 个、耐候性样品 54 个，共计 78 个样品，对样品纵波波速进行标准偏差计算（表 5-2），样品纵波波速标准偏差为 190.25。

表 5-2　样品纵波波速误差分析

试验	加固材料特性研究				耐候性研究								
纵波波速（m/s）	1720	1830	1810	1530	1560	1510	1510	1640	1610	1630	2210	2220	2220
	1750	1700	1780	1540	1720	1720	1720	1550	1510	1450	1860	1820	1850
	1960	1980	2010	1550	1970	1990	1980	1810	1820	1840	1980	1970	1980
	1640	1700	1620	1660	2170	2140	2150	1660	1660	1660	1670	1670	1600

续表

试验	加固材料特性研究				耐候性研究								
纵波波速（m/s）	1680	1670	1640	1670	1980	1940	1960	2030	2030	2060	1670	1640	1650
	1720	1700	1700	1700	1740	1740	1720	2040	1920	1920	1970	1930	1880
标准偏差	190.25												

　　样品色度参数误差分析中加固材料特性研究样品 24 个、耐候性样品 51 个，共计 75 个样品，对样品色度参数进行标准偏差计算（表 5-3），样品颜色明度的标准偏差 1.50，颜色红绿色调标准偏差 0.85，颜色黄蓝色调标准偏差 1.53。

表 5-3　样品色度参数误差分析

试验	色度参数								
	明度（L）			红绿色调（a）			黄蓝色调（b）		
加固材料特性研究	57.99	58	58.04	6.8	6.75	6.85	18.57	18.61	18.48
	56.97	57.3	57.33	7.07	7	6.92	19.2	19.49	19.31
	56.86	56.7	56.7	7.24	7.36	7.37	19.75	19.63	19.75
	57.19	57.48	57.15	6.75	6.58	6.77	17.37	17.55	16.76
	55.6	55.73	55.57	7.42	7.49	7.42	19.2	19.24	19.4
	56.85	57.26	56.89	7.41	7.19	7.34	19.8	19.92	19.49
	56.03	56.23	55.61	7.72	7.53	7.63	19.23	19.17	19
	56.75	56.77	56.72	7.46	7.22	7.42	19.42	19.29	18.79
耐候性研究	55.17	54.83	54.87	6.22	6.13	6.17	19.26	18.84	19.07
	58.39	58.26	58.52	5.73	5.75	5.7	16.58	16.51	16.72
	54.51	54.34	54.11	6.43	6.41	6.5	19.66	19.62	19.72
	56.15	56.2	54.9	6.13	6.13	6.29	18.94	18.94	19.42
	54.5	54.48	54.51	5.96	5.99	5.99	19.2	19.17	19.19
	56.74	56.75	56.71	5.2	5.21	5.22	17.29	17.3	17.54
	58.45	58.52	58.54	5.06	5.1	5.12	16.95	16.99	17.03
	55.82	56.12	56.05	5.68	5.62	5.67	18.8	18.77	18.91
	57.45	57.66	57.58	5.31	5.32	5.39	16.71	16.69	16.91
	55.54	55.46	55.47	5.91	6.07	6.1	18.88	19.14	19.17
	55.91	56.09	55.99	5.48	5.31	5.28	17.74	17.53	17.51
	59.51	60.05	60.14	5.05	4.98	4.99	14.13	14.13	14.06
	56.05	55.98	56.16	5.88	5.94	5.98	16.87	16.92	16.9
	56.05	56.16	55.98	5.88	5.94	5.98	16.87	16.92	16.9
	55.3	56.17	56.37	5.91	5.63	5.67	17.23	16.98	17.02
	58.33	57.73	57.72	5.67	5.67	5.65	16.82	16.69	16.74
	60.5	60.53	60.55	4.51	4.46	4.61	14.48	14.52	14.55
标准偏差	1.50			0.85			1.53		

5.1.2　试验方法

5.1.2.1　加固材料浓度筛选

针对本次试验拟选的七种加固材料，结合对各加固材料浓度的梳理，以色度和表面硬度为评判指标进行各加固材料浓度筛选试验，各加固材料配置浓度见表5-4。

表 5-4　各加固材料配置浓度　　　　　　　　　　（单位：%）

羟甲基纤维素			砂岩加固材料		硅丙			丙烯酸乳液			正硅酸乙酯		纳米 SiO$_2$			PS	
0.3	0.5	1	3	5	1.5	3	5	1.5	3	6	10	30	10	20	30	3	5

5.1.2.2　加固材料特性测试方法

1．基本性质测试

1）质量、体积和色度测试

采用数码相机、天平称重、Creaform Handy SCAN 便携式三维扫描仪、NR20XE 色差仪（图5-4）分别对未加固试样、加固试样进行表观拍照、质量测量、体积测

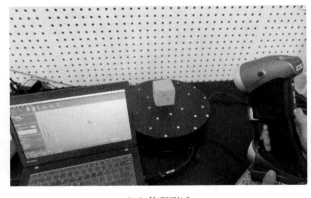

（a）体积测试　　　　　　　　　　（b）色度测试

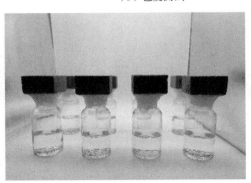

（c）吸水性测试　　　　　　　　　　（d）透气性测试

图 5-4　基本性质测试

量、表面色度测量。

2）吸水性

将加固处理后的试样在恒温恒湿箱（温度 23℃，相对湿度 50%）内放置 24h，记录初始质量（精确到 10mg），然后将其浸泡于去离子水中 24h，取出用滤纸吸干，记录浸泡后质量，最后计算质量吸水率。

3）透气性

采用同规格的透明玻璃瓶，瓶内装 50g 蒸馏水，使用密封材料将试样黏接在瓶口，称量总重，再将其置于恒温恒湿箱（温度 23℃、相对湿度 53%），每隔 24h 称一次总重，直至变化率小于 5%。利用质量变化来表示试样的透气性。

2．强度测试

1）纵波波速

采用 A1410 PULSAR 脉冲超声检测仪测量加固材料处理前后的弹性纵波速值，测量时保证试样处于烘干状态，采用对测方式。

2）表面硬度

采用 Equotip Picclol 2 表面硬度计测量加固材料处理前后的表面硬度，测量时保证试样处于烘干状态。

3）单轴抗压强度

WDW-200 型万能试验机，设置速度为 2N/min，每组加固材料设三个平行样，最后取平均值（图 5-5）。

（a）波速测试　　　　　　　　（b）表面硬度　　　　　　　　（c）单轴抗压强度

图 5-5　强度测试

3．微观结构测试

采用 TESCAN 扫描电子显微镜和计算机扫描断层系统观测加固前后试样的微观结构、孔隙变化。TESCAN 扫描电子显微镜设置低真空检测模式 50Pa，检测电压为 20kV，束流为 18nA，放大倍数为 150 倍。每个样品选取 6 个背散射电子图像中共 100 个颗粒进行粒径统计分析。计算机扫描断层系统扫描试样时选取加固前后岩样顶面 1cm×1cm×1cm 的立方体，设置电压为 160kV，电流为 0.41mA，分辨率为 13.15μm（图 5-6）。

 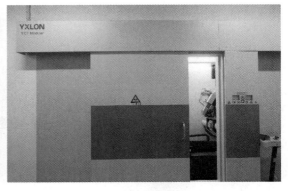

（a）扫描电镜 （b）计算机扫描断层系统

图 5-6　微观结构测试

5.1.2.3　加固材料耐候性评价方法

砂岩风化是一个受内外多重因素叠加作用的过程：一方面受砂岩自身物质组成、结构特征的影响；另一方面受温湿度交替作用、水分等外部环境因素，在造成砂岩风化的外部因素中，当前普遍认为冻融作用对于砂岩劣化影响较为显著。其中冻融循环作用是中国北方地区砂岩劣化的主要原因，砂岩在冻融条件下颗粒之间产生应力，一方面是由于孔隙中水结晶膨胀致使体积增大而产生的；另一方面是由于在结晶过程中内部水向冰结晶处迁移导致的；干湿循环对岩石的破坏主要是通过浸润作用削弱矿物颗粒间的联系，从而使其强度降低。基于北石窟赋存环境，设置干湿循环试验、冻融循环试验，评价拟选加固材料的耐候性。

1．干湿循环试验

干湿循环试验选择蒸馏水浸泡及烘箱烘干作为干湿循环交替作用方式，设置试样在去离子水中浸泡 8h，于烘箱中 40℃烘 16h，如此完成一个循环，一个循环设置时间 24h，共进行 40 个循环，每个循环完记录试样变化状况，每 5 个循环完成后进行拍照、色度、质量、体积、显微镜、声波、表面硬度测试，进行 10 个循环后进行抗压强度试验，具体样品编号及检测内容见表 5-5，干湿循环试验过程见图 5-7。

表 5-5　干湿循环试验内容

编号	加固材料	试样编号	检测内容
Y 组	未加固	YG1-9、AG1-9、BG1-9、CG1-9、DG1-9、EG1-9	10 个、20 个、30 个循环后取 3 个试样做抗压强度实验
A 组	5% 砂岩加固材料	YG10、AG10、BG10、CG10、DG10、EG10	每 5 个循环测质量、体积变化，40 个循环做 SEM
B 组	1.5% 硅丙	YG11、AG11、BG11、CG11、DG11、EG11	每 5 个循环测表面硬度
C 组	20% 纳米 SiO_2	YG12、AG12、BG12、CG12、DG12、EG12	每 5 个循环测声波波速

续表

编号	加固材料	试样编号	检测内容
D 组	10% 正硅酸乙酯	YG13、AG13、BG13、CG13、DG13、EG13	每 5 个循环进行色度测试、显微镜拍照
E 组	3%PS		

（a）岩样样品　　　　　　　（b）去离子水中浸泡　　　　　　（c）烘干

图 5-7　干湿循环试验过程

2．冻融循环试验

冻融循环试验开始前将试样放入盛水容器中浸泡 20h，使试样充分吸收水分后取出，沾干表面水分后放入预先降温至（−20±2）℃的 MDF-U442（N）型低温冰箱冷冻 4h，然后取出试样置于盛水容器中溶解 20h，样品饱和控制方法见表 5-6，如此完成一个循环，共进行 25 个循环，每个循环完记录试样变化状况，每 5 个循环完成后进行拍照、色度、质量、体积、显微镜、声波、表面硬度测试及抗压强度试验，试验见表 5-7，试验过程见图 5-8。

表 5-6　样品冻融循环试验控制方法

实验仪器	实验环境			实验方法概述
	模拟环境	温度范围（℃）	含水率	
水盒	室温浸泡	24~28	饱和	岩样放置 20h
低温冰箱	低温	−20±2	冻结	岩样放置 4h

表 5-7　冻融循环试验内容

编号	加固材料	试样编号	检测内容
Y 组	未加固	YD1-12、AD1-12、BD1-12、CD1-12、DD1-12、ED1-12	5 个、10 个、15 个、20 个循环后取 3 个试样做抗压强度实验
A 组	5% 砂岩加固材料	YD10、AD10、BD10、CD10、DD10、ED10	每 5 个循环测质量、体积变化，40 个循环做 SEM
B 组	1.5% 硅丙	YD11、AD11、BD11、CD11、DD11、ED11	每 5 个循环测表面硬度
C 组	20% 纳米 SiO_2	YD12、AD12、BD12、CD12、DD12、ED12	每 5 个循环测声波波速
D 组	10% 正硅酸乙酯	YD13、AD13、BD13、CD13、DD13、ED13	每 5 个循环进行色度测试、显微镜拍照
E 组	3%PS		

　　（a）岩样样品

　　（b）去离子水中浸泡

　　（c）烘干

图 5-8　冻融循环试验过程

5.1.3　加固材料特性与机制研究

5.1.3.1　加固材料浓度筛选

为了在统一标准下对试验结果进行比较，测试试件色度及表面硬度时，均将试件在室温下存放至质量恒重后进行。加固剂滴加过程中大多数材料渗透性较好，但羟甲基纤维素浓度分别为 0.5% 和 1% 时，渗透速度慢，易成胶状，滴加时需要热浴，不适合现场加固。其次，浓度为 20% 的纳米 SiO_2 渗透速率较慢，但渗透性好，不同加固材料浓度筛选结果见表 5-8。通过色度和表面硬度综合比选，羟甲基纤维素浓度选择 0.5%、砂岩加固材料浓度选择 5%、硅丙浓度选择 1.5%、丙烯酸浓度选择 1.5%、纳米 SiO_2 浓度选择 20%、正硅酸乙酯浓度选择 10%、PS 浓度选择 3%。

表 5-8　不同加固材料浓度筛选结果

加固材料	浓度（%）	表面硬度			色差	拟选浓度（%）
		加固前	加固后	变化率（%）		
羟甲基纤维素	0.3	253.83	238.67	−5.97	1.55	0.5
	0.5	292.00	293.00	0.34	2.40	
	1	280.67	243.00	−13.42	0.92	
砂岩加固材料	3	293.00	275.00	−6.14	1.75	5
	5	283	334.00	18.02	2.93	
硅丙	1.5	281	301.00	7.1	3.48	1.5
	3	289.33	293.67	1.5	3.77	
	5	293.33	282.00	−3.86	3.78	
丙烯酸	1.5	273.82	292.33	6.75	3.61	1.5
	3	222.00	288.33	29.88	5.90	
	6	216.67	361.00	66.62	7.83	
正硅酸乙酯	10	261	280	7.28	1.75	10
	30	275.67	272.33	−1.21	6.27	

续表

加固材料	浓度（%）	表面硬度			色差	拟选浓度（%）
		加固前	加固后	变化率（%）		
纳米 SiO_2	10	258.33	334.33	29.42	2.52	20
	20	259.33	410.33	58.23	0.42	
	30	283.33	401.00	41.53	1.27	
PS	3	271.00	353.33	30.38	4.94	3
	5	284.67	275.33	−3.28	6.24	

5.1.3.2　加固材料特性研究

1．质量变化

不同加固材料加固样品后的质量变化如表 5-9 所示，加固材料加固后样品质量均有不同程度增加，说明材料均能够渗入砂岩内部，其中 20% 纳米 SiO_2 加固样品后质量变化率最大，达 2.84%；0.5% 羟甲基纤维素最小，仅有 0.016%；其余加固材料吸收率为 0.03%～0.52%。

表 5-9　加固材料的质量变化率

序号	加固材料	质量增加（g）	质量变化率（%）
1	原样	—	—
2	0.5% 羟甲基纤维素	0.11	0.016
3	5% 砂岩加固材料	3.46	0.52
4	1.5% 硅丙	0.41	0.06
5	1.5% 丙烯酸	0.30	0.04
6	20% 纳米 SiO_2	17.98	2.84
7	3%PS	1.20	0.18
8	10% 正硅酸乙酯	0.22	0.03

2．体积变化

不同加固材料加固样品后的体积变化如图 5-9 所示，加固材料加固后样品体积在误差范围内无明显改变，变化率均小于 0.5%。

3．色差

不同加固材料加固样品后的色差变化如图 5-10 所示，加固材料加固后样品均有不同程度色差的变化，但均小于 4，满足颜色方面的观感要求。

4．吸水性

砂岩的透水性能强，水分的运移也是砂岩风化的重要因素之一，通过测试砂岩试样的吸水率反应透水能力，砂岩质文物防风化材料保护效果评估方法中，要求加固样

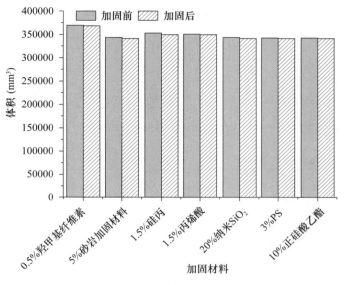

图 5-9 体积变化率

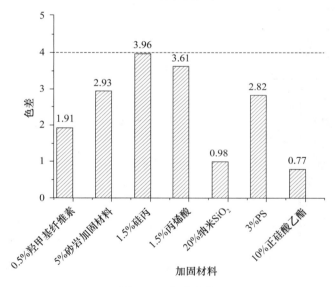

图 5-10 色差变化

块的吸水率较未加固样块明显降低，由表 5-10 的吸水性测试结果可知，0.5% 羟甲基纤维素的吸水率大于砂岩原样，不达标，其余 6 种材料的吸水率均小于砂岩原样，其中，5% 砂岩加固材料、1.5% 硅丙和 1.5% 丙烯酸加固砂岩样品后吸水率均＜5%，可以有效地阻止水分运移。

表 5-10 吸水性测试结果

加固材料	天然质量（g）	浸水 24 h 质量（g）	吸水率（%）
原样	694.18	773.77	11.47
0.5% 羟甲基纤维素	687.69	772.64	12.35

加固材料	天然质量（g）	浸水 24 h 质量（g）	吸水率（%）
5% 砂岩加固材料	612.59	621.21	1.41
1.5% 硅丙	625.1	641.4	2.61
1.5% 丙烯酸	666.89	684.09	2.58
20% 纳米 SiO$_2$	696.44	764.7	9.80
3%PS	618.4	688.38	11.32
10% 正硅酸乙酯	614.54	679.54	10.58

5．透气性

石质文物需具有一定的"呼吸性"，即有一定的透气性，防风化材料处理后石质文物同样需有一定的透气性。雷涛认为，加固材料加固文物后，透气性下降值低于10% 为优，20%～30% 为中。

通过表 5-11 可知，本次试验涉及的七种防风化材料加固试样后均影响试样自身的透气性，其中 0.5% 羟甲基纤维素、1.5% 硅丙、3%PS、10% 正硅酸乙酯加固后的试样透气性最好，透气性下降值分别为 1.67%、4.62%、3.56% 和 1.45%，评价为优；1.5% 丙烯酸、5% 砂岩加固材料、20% 纳米 SiO$_2$ 的加固后样品透气性次之，下降值为 12.8%、16.67%、13.99%，评价为中。

表 5-11　透气性测试结果

加固材料	21d 质量变化（g）	21d 水蒸气透过量（g/cm^2）	透气性下降值（%）
原样	9.56	5.75	
0.5% 羟甲基纤维素	9.16	5.66	1.67
5% 砂岩加固材料	8.44	4.93	16.67
1.5% 硅丙	8.76	5.50	4.62
1.5% 丙烯酸	8.48	5.10	12.8
20% 纳米 SiO$_2$	8.04	5.04	13.99
3%PS	8.85	5.55	3.56
10% 正硅酸乙酯	9.03	5.67	1.45

6．纵波波速

不同加固材料加固样品后的纵波波速变化如图 5-11 所示，加固后试样的纵波波速均有不同程度增大，相较于原状样，增大幅度从大到小依次为：1.5% 硅丙＞5% 砂岩加固材料＞20% 纳米 SiO$_2$＞3%PS＞10% 正硅酸乙酯＞0.5% 羟甲基纤维素＞1.5% 丙烯酸，分别增大了 55.24%、51.6%、45.12%、34.2%、27.83%、24.28%、19.24%，1.5% 丙烯酸对整体密实度改变不大。

7．表面硬度

不同加固材料加固样品后的表面硬度如图 5-12 所示，分析表面硬度变化规律可

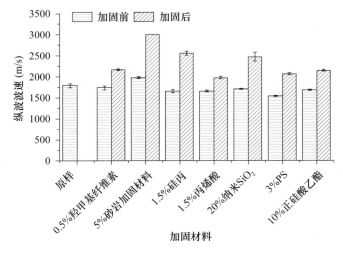

图 5-11　试样加固前后的纵波波速

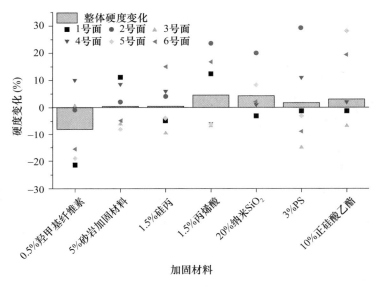

图 5-12　加固试样的表面硬度变化率

以得出，不同材料加固后试样表面硬度呈差异性变化，0.5% 羟甲基纤维素加固试样表面硬度反而降低，其余加固材料加固后试样表面硬度增幅度从大到小依次为：1.5% 丙烯酸＞20% 纳米 SiO_2＞10% 正硅酸乙酯＞3%PS＞1.5% 硅丙＞5% 砂岩加固材料，变化分别为 4.55%、4.34%、3.04%、1.71%、0.63%、0.44%。

8．无侧限抗压强度

不同加固材料加固样品后的无侧限抗压强度如图 5-13 所示，不同防风化材料加固后试样的抗压强度均大于未加固试样，增大幅度从大到小依次为：3%PS＞1.5% 硅丙＞10% 正硅酸乙酯＞1.5% 丙烯酸＞20% 纳米 SiO_2＞5% 砂岩加固材料＞0.5% 羟甲基纤维素，其中，3%PS 加固后抗压轻度增大了 92.97%，提升最为明显，0.5% 羟甲基纤维素加固试样后抗压强度仅增大了 0.03%，无显著提升，其余加固材料加固试样

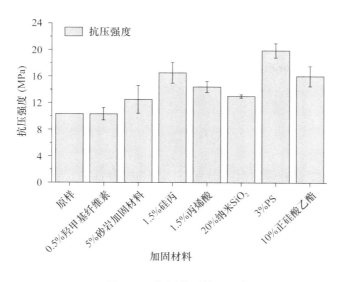

图 5-13　加固前后抗压强度

后抗压强度提升在 20%～60%。

5.1.3.3　加固材料机制研究

1．显微镜拍照

通过图 5-14 试样加固前后显微镜对比可以看出，0.5% 羟甲基纤维素加固后试样表面孔隙改变不大；5% 砂岩加固材料加固后试样表面孔隙明显减小，孔隙间出现新的填充物；1.5% 硅丙加固后砂粒间孔隙有减小趋势，胶结物填充更加密实；1.5% 丙烯酸加固后砂粒间孔隙略有改变，但改变不明显；20% 纳米 SiO_2 加固后试样表面孔隙减小明显，颗粒间胶结更加紧密；3%PS 和 10% 正硅酸乙酯加固后颗粒间胶结方式

加固前（60 倍）　　　加固后（60 倍）　　　加固前（200 倍）　　　加固后（200 倍）

（a）0.5% 羟甲基纤维素

加固前（60 倍）　　　加固后（60 倍）　　　加固前（200 倍）　　　加固后（200 倍）

（b）5% 砂岩加固材料

图 5-14　试样加固前后显微镜对比

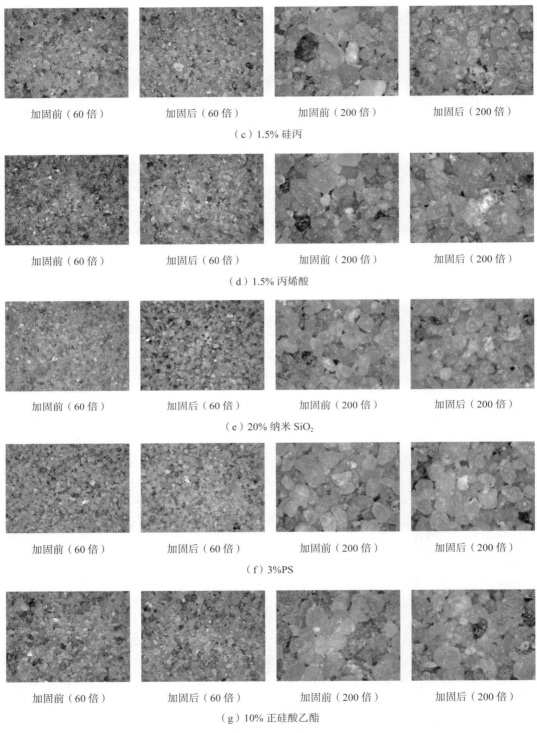

加固前（60倍）　　　加固后（60倍）　　　加固前（200倍）　　　加固后（200倍）

（c）1.5% 硅丙

加固前（60倍）　　　加固后（60倍）　　　加固前（200倍）　　　加固后（200倍）

（d）1.5% 丙烯酸

加固前（60倍）　　　加固后（60倍）　　　加固前（200倍）　　　加固后（200倍）

（e）20% 纳米 SiO_2

加固前（60倍）　　　加固后（60倍）　　　加固前（200倍）　　　加固后（200倍）

（f）3%PS

加固前（60倍）　　　加固后（60倍）　　　加固前（200倍）　　　加固后（200倍）

（g）10% 正硅酸乙酯

图 5-14 （续）

和孔隙改变不明显。

2．扫描电镜

微观结构的改变，能体现加固后砂岩性能的微观机理，通过扫描电镜对加固前后试样的微观结构进行观察（图 5-15），原来大量的孔隙均被不同程度的填充，羟甲基纤维素加固试样后的大颗粒表面形成了一层可以黏结小颗粒的不连续树脂膜；硅丙具有—Si—O—Si—键和较低的表面能，其硅树脂水解后形成硅烷易与含硅原子的基材结合，加固后砂岩表面的大孔隙变成小孔隙，孔隙数量减少，颗粒间的连接比较密实。表面胶结物质的量明显增多。固化后在砂岩的内部形成网状结构，对砂岩颗粒起着支撑固定的作用，硅丙乳液主要是靠物理作用力来对砂岩进行加固的；砂岩加固材料加固后在砂岩颗粒表面形成膜，颗粒表面趋于光滑，且部分孔隙被填充，形成一种片状或网状结构，使其更密实，处于主导地位的作用是以次价键力（范德华力和氢键力）的物理吸附作用；丙烯酸加固材料以水为溶剂加固试样后，随溶剂挥发，丙烯酸材料呈薄膜状覆盖在大颗粒表面，流动性较差且未黏接小颗粒及胶结物，砂岩表面有较少的大孔隙存在，孔隙的数量也相对减少，主要靠物理黏结力加固；纳米 SiO_2 可以深入高分子链的不饱和附件，并与其电子云发生作用在涂层表面形成一层致密的纳米涂膜，加固后导致砂岩表面小颗粒被胶凝包裹或吸附，砂岩中的电解质发生胶体聚沉，砂岩中孔隙被填充，成为一个整体；PS 溶液与砂岩中水溶液或水溶液盐类发生反应生成无机聚合物，填塞颗粒间的孔隙，提高岩体强度，且结构中形成的 Si—O 键的键能远大于 C—O 和 C—C 键，与岩石结构相似；正硅酸乙酯经过水解、缩聚，生成胶态的硅在砂岩孔隙中沉积，起到加固作用。

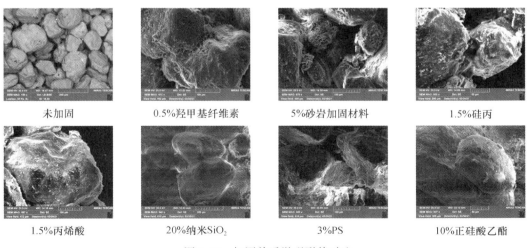

| 未加固 | 0.5%羟甲基纤维素 | 5%砂岩加固材料 | 1.5%硅丙 |
| 1.5%丙烯酸 | 20%纳米SiO₂ | 3%PS | 10%正硅酸乙酯 |

图 5-15　加固前后微观形貌对比

3．CT 断层扫描

通过 CT 测试内部孔隙结果（图 5-16），加固后砂岩大孔隙及贯通孔隙有减少趋势，说明加固材料渗入后对孔隙有填充作用，其中未加固砂岩孔隙体积 $8.02mm^3$，

3%PS 大孔隙减小最明显，孔隙体积 1.78mm³，孔隙体积减小 77.8%；5% 砂岩加固材料次之，孔隙体积 2.29mm³，孔隙体积减小约 71.45%；0.5% 羟甲基纤维素大孔隙变化最小，孔隙体积 5.48mm³，孔隙体积减小 31.67%。经不同材料加固后，孔隙体积大小：3%PS＜5% 砂岩加固材料＜20% 纳米 SiO_2＜1.5% 丙烯酸＜1.5% 硅丙＜10% 正硅酸乙酯＜0.5% 羟甲基纤维素。

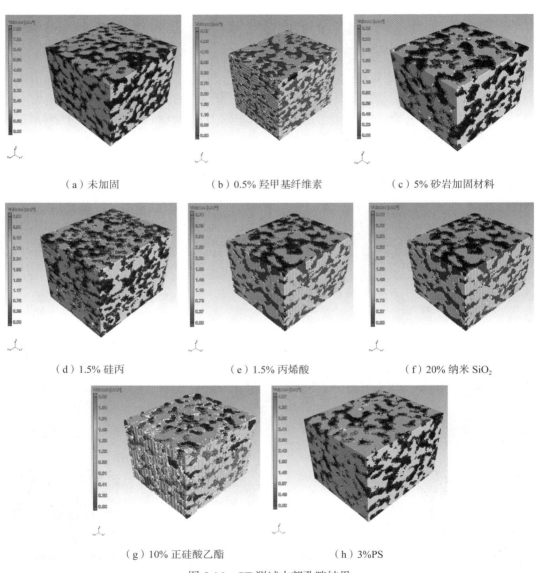

（a）未加固 　　　（b）0.5% 羟甲基纤维素 　　　（c）5% 砂岩加固材料

（d）1.5% 硅丙 　　　（e）1.5% 丙烯酸 　　　（f）20% 纳米 SiO_2

（g）10% 正硅酸乙酯 　　　（h）3%PS

图 5-16　CT 测试内部孔隙结果

图 5-17 为 CT 测试不同加固材料加固后砂岩试样的孔隙率，未加固砂岩孔隙率为 42.86%，3%PS 加固砂岩试样后孔隙率最小，为 29.05%，孔隙率下降 32.22%，10% 正硅酸乙酯加固后孔隙率下降次之，孔隙率为 36.45%，其余加固材料除 5% 砂岩加固材料和 20% 纳米 SiO_2 外，孔隙率均有略微减小。CT 测试不同加固材料加固

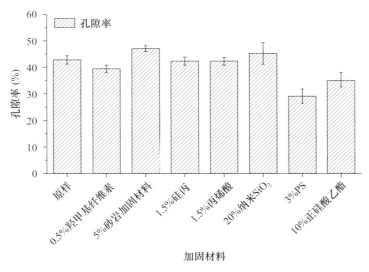

图 5-17　加固前后试样的孔隙率

后砂岩试样的孔隙率均偏大，可能是系统测试过程将一些小的颗粒判定为孔隙。

5.1.4　加固材料耐候性研究

　　加固材料的耐环境能力关系到加固后的耐久性能，通过加固材料特性与机制研究，优选出 5% 砂岩加固材料、1.5% 硅丙、3%PS、20% 纳米 SiO_2 和 10% 正硅酸乙酯五种防风化材料，考虑到加固材料的耐候性对防风化加固效果评估起着至关重要的作用，开展加固材料进行环境因素的影响研究，主要包括干湿循环试验、冻融循环试验，分别从宏观、微观、物理力学性质三个方面，以表观、微观形态特征作为定性化描述，质量损失率、色差、体积变化率、纵波波速、表面硬度、无侧限抗压强度作为定量化指标，综合进行材料耐候性评价，最终筛选出适合北石窟赋存环境的防风化加固材料。

5.1.4.1　干湿循环试验

1. 表观劣化特征

　　干湿循环试验过程中，每组试验取一块样品进行拍照监测及三维扫描对比分析，结果见图 5-18。随干湿循环数增加，各样品棱及棱角处逐渐趋于平缓，较其他位置颗粒脱落严重，粗糙度增大，胶结变差，加固后样品表面侵蚀变化量大于原样，其中，1.5% 硅丙加固后样品表面侵蚀变化量最小，仅上顶面棱角处出现颗粒脱落损失现象，最大损失量 0.8041mm；10% 正硅酸乙酯加固样品表面变化次之，顶面棱角最大损失量 1.2863mm，侧面和底面棱角也有颗粒损失现象，损失量不足 0.1mm；3%PS 加固样品表面不同区域表现出不同程度的膨胀和缺失，样品顶部棱角以颗粒损失为主，最大损失量 1.3963mm，样品底部棱角处表现出不同程度膨胀，膨胀量最大 1.1923mm，样品沉积层分层位置也表现出膨胀，膨胀量约 0.5mm；20% 纳米 SiO$_2$ 加固样品同样表现出顶面棱角处及样品高 2/3 区域内颗粒损失，最大损失量出现在棱角处，达 1.4866mm，样品底部棱角及样品高 1/3 区域内表现出膨胀，最大膨胀量 1.2604mm；5% 砂岩加固材料加固样品上下顶面棱角处颗粒脱落，尤其拐角处脱落严重，最大损失量 1.9794mm，样品高度 1/3 区域内出现部分膨胀现象，膨胀量约 0.5mm；原样上下顶面棱及棱角处颗粒损失严重，且上顶面棱角处损失量最大，达 1.5615mm；除 5% 砂岩加固材料加固样品的颗粒损失量大于原样外，其余加固样品损失量均小于原样。样品随干湿循环数增大，不同加固材料处理后样品的不同区域呈现出不同程度的膨胀或缺失，样品在水分不断运移过程中，薄弱处的胶结物质不断流失，孔隙增大，颗粒间吸引力逐渐降低表现出颗粒疏松膨胀现象，随着干湿循环数继续增大，疏松膨胀区域颗粒间的胶结能力丧失，发生颗粒脱落。

  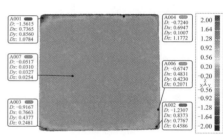

0 个循环   40 个循环   三维扫描结果

（a）原样

  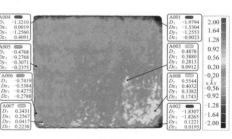

0 个循环   40 个循环   三维扫描结果

（b）5% 砂岩加固材料

  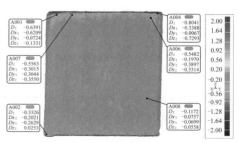

0 个循环   40 个循环   三维扫描结果

（c）1.5% 硅丙

图 5-18 干湿循环试验样品表面劣化特征

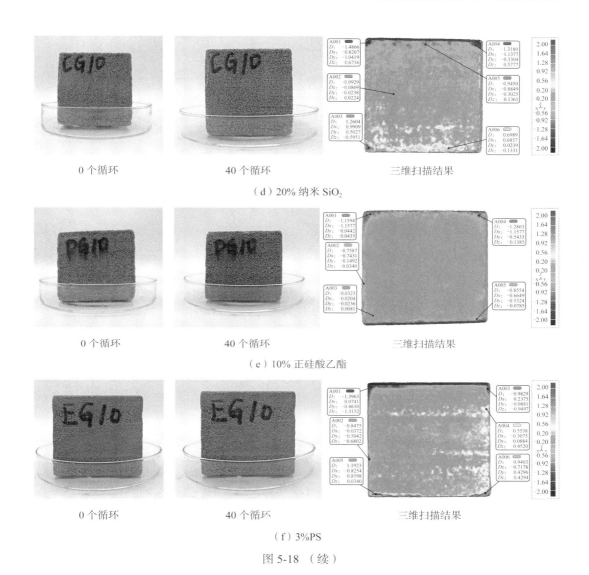

0 个循环   40 个循环   三维扫描结果

（d）20% 纳米 SiO_2

0 个循环   40 个循环   三维扫描结果

（e）10% 正硅酸乙酯

0 个循环   40 个循环   三维扫描结果

（f）3%PS

图 5-18 （续）

2．质量损失率

干湿循环过程中水分的不断运移会削弱矿物颗粒间的联系，在干湿循环试验中，每隔 5 个循环测试样品的质量变化，表 5-12 为样品经历不同干湿循环数后的质量变化结果。

表 5-12 样品经历不同干湿循环数的质量变化 （单位：g）

循环数（个）	原样	5% 砂岩加固材料	1.5% 硅丙	20% 纳米 SiO_2	10% 正硅酸乙酯	3%PS
0	712.23	684.33	654.26	676.29	669.6	805.5
5	711.5	683.74	653.83	675.92	668.64	803.79
10	711.37	683.37	653.79	675.8	668.18	803.77

续表

循环数（个）	原样	5% 砂岩加固材料	1.5% 硅丙	20% 纳米 SiO$_2$	10% 正硅酸乙酯	3%PS
15	710.66	682.61	653.39	675.66	667.15	803.61
20	710.21	682.3	653.37	675.65	666.46	803.04
25	710.19	682.26	653.25	675.32	665.6	802.13
30	709.05	681.14	653.24	675.36	664.32	802.07
35	708.98	680.23	653.01	675.27	663.43	801.66
40	708.32	679.58	652.93	675.24	662.61	801

从表 5-12 中可以看出，随干湿循环数增多，各样品的烘干质量逐渐减少，各样品质量损失率见图 5-19，从中可看出质量损失率也随干湿循环数增大而增大，其中经历 40 个干湿循环后 10% 正硅酸乙酯加固样品质量损失最大，质量损失率为 1.04%，其次为 5% 砂岩加固材料样品、3%PS 样品、原样，质量损失率为 0.5%～0.6%，1.5% 硅丙和 20% 纳米 SiO$_2$ 质量损失率均小于 0.2%。10% 正硅酸乙酯加固样品、5% 砂岩加固材料样品、3%PS 样品经历 40 个干湿循环后质量损失率均大于原样，抗干湿循环能力提升不明显，10% 正硅酸乙酯加固样品质量损失最大说明该材料加固样品抗干湿循环能力较差，不适合北石窟样品防风化加固。

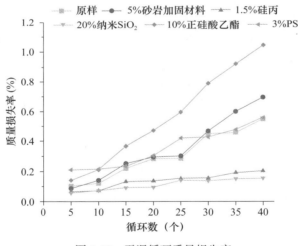

图 5-19　干湿循环质量损失率

3．色差

不同加固材料处理后样品随干湿循环数增加色差变化见图 5-20，不同加固材料处理后色差变化规律不同，经历 40 次干湿循环后，除砂岩加固材料加固样品色差变化均大于 4 外，其余加固材料处理后随干湿循环数变化色差均小于 4，1.5% 硅丙和 10% 正硅酸乙酯色差变化小于 3，原样色差变化最小（小于 1），各加固材料样品中，1.5% 硅丙和 20% 纳米 SiO$_2$ 色差变化与原样较接近。

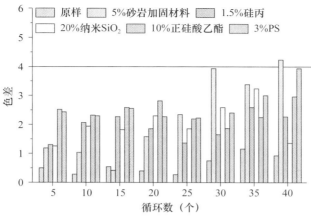

图 5-20　干湿循环色差变化

4. 纵波波速

不同加固材料处理后的样品随干湿循环数增加纵波波速变化见图 5-21，不同加固材料处理后纵波波速均逐渐降低，经历 40 个冻融循环后，除 1.5% 硅丙和 3%PS 波速变化率低于原样外，其余样品波速变化率均大于原样，变化率大于 20%，其中 20% 纳米 SiO_2 样品波速变化率最大，达 33.43%，1.5% 硅丙样品变化率最小，仅 13.61%。各加固材料样品干湿循环纵波波速拟合曲线见表 5-13，拟合曲线相关系数均大于 0.98，样品波速呈指数型规律降低，前 25 个干湿循环过程波速急剧降低，变化率达总变化率的 55%～80%，25 个循环后波速减小缓慢。

具体分析，原样经历 40 个干湿循环后波速降低 17.88%，整体变化较为平稳；5% 砂岩加固材料经历 40 个干湿循环后波速降低 29.37%，变化率大于原样，前 25 个循环降低 65%；1.5% 硅丙经历 40 个干湿循环后波速降低 13.61%，前 25 个循环降低 79%，25 个循环后波速减小速度非常缓慢；20% 纳米 SiO_2 经历 40 个干湿循环后波速

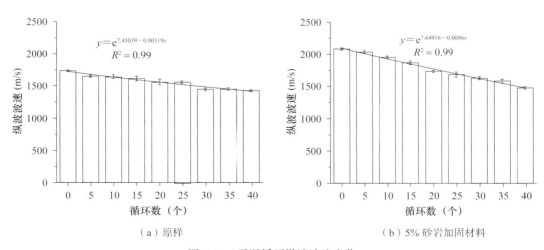

（a）原样　　　　　　　　　　　　　　　（b）5% 砂岩加固材料

图 5-21　干湿循环纵波波速变化

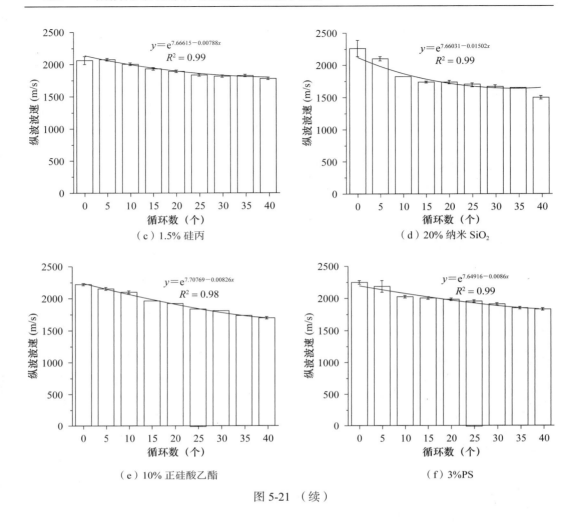

（c）1.5% 硅丙

（d）20% 纳米 SiO$_2$

（e）10% 正硅酸乙酯

（f）3%PS

图 5-21 （续）

降低 33.43%，变化率大于原样，前 25 个循环降低 74%；10% 正硅酸乙酯经历 25 个干湿循环后波速降低 23.38%，变化率大于原样，前 25 个循环降低 73.55%；3%PS 经历 40 个干湿循环后波速降低 17.73%，波速变化率近似原样。

表 5-13　干湿循环纵波波速拟合曲线

加固材料	拟合曲线公式	相关系数 R^2
原样	$y = e^{7.45039 - 0.00519x}$	0.99
5% 砂岩加固材料	$y = e^{7.64916 - 0.0086x}$	0.99
1.5% 硅丙	$y = e^{7.66615 - 0.00788x}$	0.99
20% 纳米 SiO$_2$	$y = e^{7.66031 - 0.01502x}$	0.99
10% 正硅酸乙酯	$y = e^{7.70769 - 0.00826x}$	0.98
3%PS	$y = e^{7.64916 - 0.0086x}$	0.99

5．表面硬度

不同加固材料处理后的样品随干湿循环数增加表面硬度变化见图 5-22，不同加

固材料处理后表面硬度均逐渐降低，各加固材料样品劣化过程呈指数型规律降低，拟
合曲线见表 5-14，除原样表面硬度拟合曲线相关系数为 0.92 外，其余样品表面硬度
拟合曲线相关系数均大于 0.95。前 25 个干湿循环过程表面硬度急剧降低，变化率达
总变化率的 60% 以上，25 个循环后表面硬度变化缓慢，经历 40 个干湿循环后，原

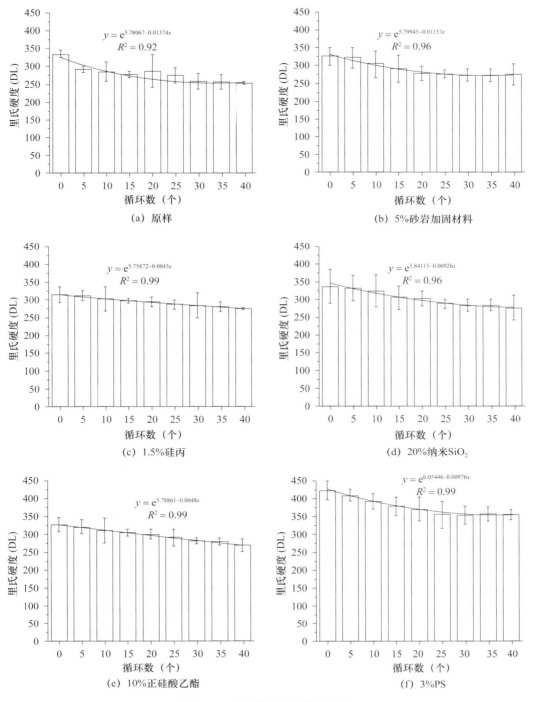

图 5-22　干湿循环表面硬度变化

样表面硬度下降最大，达 23.95%，各加固材料加固后样品表面硬度均得到改善，表面硬度值均大于原样，其中，20% 纳米 SiO_2 和 10% 正硅酸乙酯变化率为 17.85% 和 17.75%，较原样虽有提升，但在所选材料里效果最差，3%PS 与 5% 砂岩加固材料样品表面硬度变化率次之，为 15%～16%，3%PS 样品前 25 个循环表面硬度变化率达总变化率的 96.76%，说明该材料在干湿循环后期表面强度损失很小，1.5% 硅丙表面硬度变化率最小，仅 12.55%，对表面颗粒的加固作用明显。

表 5-14　干湿循环表面硬度拟合曲线

加固材料	拟合曲线公式	相关系数 R^2
原样	$y = e^{5.78067 - 0.01374x}$	0.92
5% 砂岩加固材料	$y = e^{5.79945 - 0.01153x}$	0.96
1.5% 硅丙	$y = e^{5.75872 - 0.0045x}$	0.99
20% 纳米 SiO_2	$y = e^{5.84115 - 0.00926x}$	0.96
10% 正硅酸乙酯	$y = e^{5.78861 - 0.0048x}$	0.99
3%PS	$y = e^{6.05446 - 0.00976x}$	0.99

6．无侧限抗压强度

不同加固材料处理后的样品随干湿循环数增加抗压强度变化见图 5-23，不同加固材料处理后抗压强度随干湿循环数增加而逐渐降低，各加固材料样品劣化过程呈指数型规律降低，拟合曲线见表 5-15，拟合曲线相关系数均大于 0.96，加固材料处理后的抗压强度均大于原样，说明加固材料对砂岩样品耐干湿性的有一定的提升效果。经历 40 个干湿循环后，原样抗压强度均值最低，仅 3.8MPa，加固材料样品抗压强度均值由大至小依次为 3%PS（8.97MPa）、1.5% 硅丙（6.83MPa）、20% 纳米 SiO_2（6.43MPa）、10% 正硅酸乙酯（6.3MPa）、5% 砂岩加固材料（5.57MPa），各样品经历 40 次干湿循环后抗压强度变化率均大于 50%，其中原样变化率最大，达 63.21%，其次为 5% 砂岩加固材料，变化率为 62.13%，其余加固材料样品抗压强度变化率为

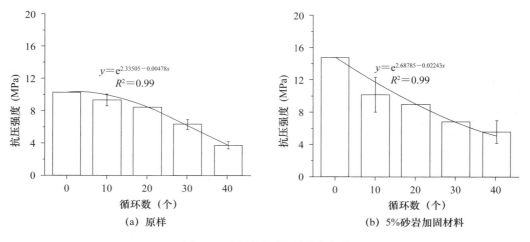

图 5-23　干湿循环抗压强度变化

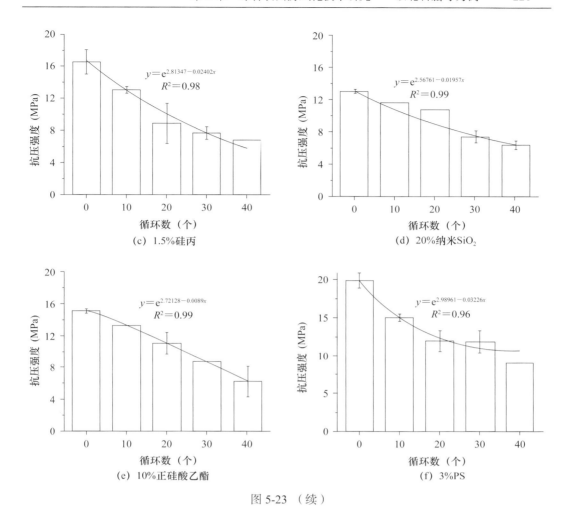

图 5-23 （续）

50%～60%。由此可见，干湿循环对砂岩的强度有很大的影响，在水岩相互作用下，各样品的强度和变形发生了不可逆的渐进性损伤。

表 5-15　干湿循环抗压强度拟合曲线

加固材料	拟合曲线公式	相关系数 R^2
原样	$y = e^{2.33505 - 0.00478x}$	0.99
5% 砂岩加固材料	$y = e^{2.68785 - 0.02243x}$	0.99
1.5% 硅丙	$y = e^{2.81347 - 0.02402x}$	0.98
20% 纳米 SiO_2	$y = e^{2.56761 - 0.01957x}$	0.99
10% 正硅酸乙酯	$y = e^{2.72128 - 0.0089x}$	0.99
3%PS	$y = e^{2.98961 - 0.03226x}$	0.96

通过实时观测干湿循环作用下试件破裂的全过程，可以得到，经过干湿循环作用后试件破裂快，试件的脆性降低，干湿交替作用下对砂岩产生损伤。为了定量描述干湿循环对各样品强度的影响规律，在此，引入劣化度的概念：

$$Di = \frac{\sigma_{c(0)} - \sigma_{c(n)}}{\sigma_{c(0)}} \qquad (5\text{-}1)$$

式中，$\sigma_{c(0)}$ 为岩样干燥状态下单轴抗压强度，MPa；$\sigma_{c(n)}$ 为岩样某个循环后的单轴抗压强度，MPa。

表 5-16 为砂岩的劣化程度随循环数的变化的结果，从总的劣化度来看，干湿循环对砂岩强度影响很大，砂岩的抗压性能在干湿循环后对水表现敏感。随着循环数的增加，水对砂岩的侵蚀程度增强，砂岩的弱化性明显，劣化程度高。一般干湿循环 10 次以上其强度出现明显下降趋势，其后随循环数增加急剧加剧，40 个循环后劣化速率逐渐降低。加固样品较未加固样品整体呈现较好的耐候性，20% 纳米 SiO_2、1.5% 硅丙、10% 正硅酸乙酯、3%PS 呈现更好的耐候性，劣化度 <60%，5% 砂岩加固材料次之，劣化度为 62.13%，原样最差。其中，前 10 个干湿循环过程中加固样品砂岩的劣化度均高于原样，说明加固材料对水表现较砂岩本体来说更敏感，随干湿循环数增加，劣化程度逐渐减慢。

表 5-16　砂岩的劣化程度随循环数的变化

循环数（个）	劣化度（%）					
	原样	5% 砂岩加固材料	1.5% 硅丙	20% 纳米 SiO_2	10% 正硅酸乙酯	3%PS
0	1.00	1.00	1.00	1.00	1.00	1.00
10	9.00	30.95	20.95	10.97	11.84	24.74
20	17.72	39.00	46.16	17.37	26.54	39.79
30	38.04	53.97	53.42	42.95	41.89	40.46
40	63.21	62.13	58.66	50.63	58.55	55.01

5.1.4.2　冻融循环试验

1．表面劣化特征

砂岩在冻融条件下颗粒之间产生应力，由于孔隙中水结晶膨胀致使体积增大而易产生裂隙。经历 5 个冻融循环后，原样开始发育裂缝，样品裂缝首先顺着沉积层方向发育，多成横向发育，且样品中下部至底部裂隙发育概率大于顶部；经历 7 个冻融循环后，20% 纳米 SiO_2 加固样品底部发育裂隙；经历 15 个冻融循环后，10% 正硅酸乙酯样品中下部开始发育裂缝，原样部分裂缝贯通，样品出现断裂；经历 20 个冻融循环后，1.5% 硅丙和 3%PS 部分加固样品薄弱沉积层处开始发育裂缝。经历 25 个冻融循环，5% 砂岩加固材料加固后样品均未出现裂缝发育，1.5% 硅丙有 1 块样品底部有裂缝发育，试验过程每组试验取一块样品进行拍照监测及三维扫描对比分析，结果见图 5-24。

随冻融循环数增加，样品粗糙度增大，中上部及棱角处颗粒脱落严重，胶结变差，加固样品劣化程度均低于原样，其中 3%PS 加固样品表面侵蚀变化最小，上下面棱角最大损失量 2.2633mm，侧面中上部损失 0.5~1.5mm，下部蓬松凸起 0.7015mm；

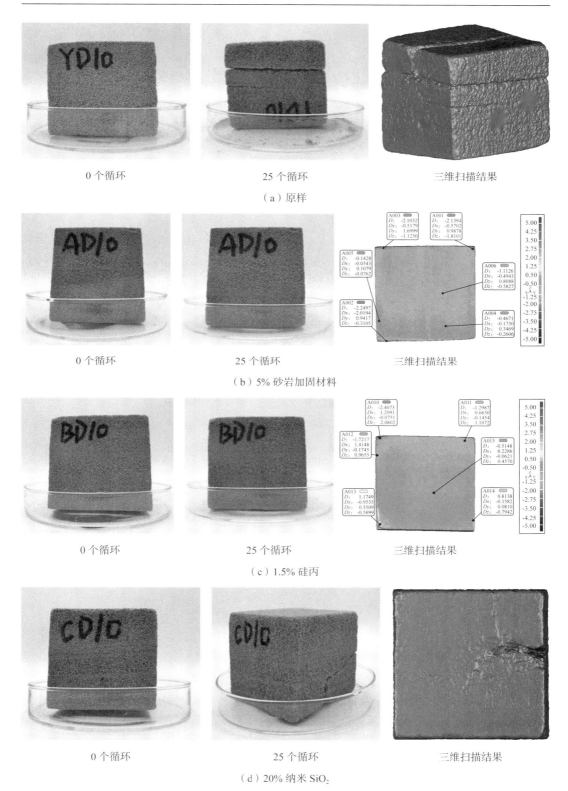

图 5-24　冻融循环试验表面劣化特征

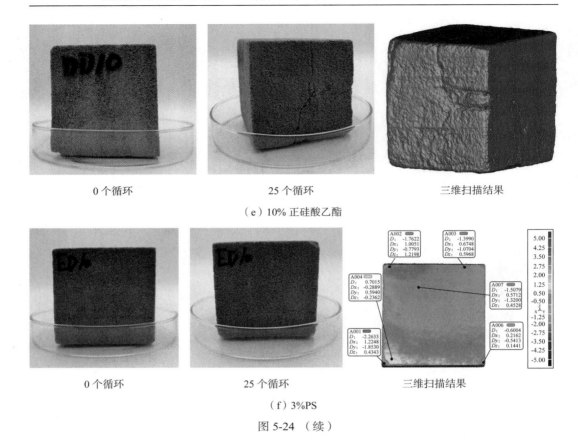

0 个循环　　　　　　25 个循环　　　　　　三维扫描结果

（e）10% 正硅酸乙酯

0 个循环　　　　　　25 个循环　　　　　　三维扫描结果

（f）3%PS

图 5-24　（续）

5% 砂岩加固材料加固后样品，上下面棱角处颗粒损失量最大达 2.2497mm，样品侧面中上部损失量约 1mm；1.5% 硅丙加固样品顶部棱角处损失量达 2.4073mm，样品侧面颗粒损失区域较小，仅样品上部 1/3 区域，损失量约 0.5mm，侧棱底部膨松凸起1.1749mm，其余观测样品出现裂缝，未进行对比分析。冻融循环过程中，样品每次冻结后，由于冰的冻胀和融缩作用，砂岩内部颗粒之间产生应力变化，形成微孔隙，且随水分迁移，微孔隙逐渐增大，随冻融循环数增多，导致岩体内部产生较大微孔隙损伤及拉应力，致使样品表现出不同程度颗粒损失或蓬松，甚至裂缝产生及断裂。

2．质量损失率

在冻融循环试验中，每隔 5 个循环测试 10 号样品的质量变化，表 5-17 所示为经历不同冻融循环数前后不同加固材料加固样品的质量变化结果。

表 5-17　不同冻融循环数前后不同加固材料加固样品的质量变化　（单位：g）

循环数（个）	原样	5% 砂岩加固材料	1.5% 硅丙	20% 纳米 SiO_2	10% 正硅酸乙酯	3%PS
0	652.23	711.63	746.71	710.79	706.24	735.18
5	651.56	711.24	746.38	709.83	704.60	733.56
10	651.20	710.82	746.34	709.45	703.64	733.53
15	649.68	710.33	745.79	708.23	702.34	733.01
20	647.42	709.87	745.45	707.45	701.25	732.58

从表 5-17 中可以看出，各样品的烘干质量随冻融循环数的增加逐渐减少，各样品质量损失率见图 5-25，从中可看出质量损失率也随冻融循环数增大而增大，其中经历 25 个冻融循环后未加固试样质量损失最大，质量损失率为 0.89%，其次为 10% 正硅酸乙酯，质量损失率 0.71%，1.5% 硅丙和 5% 砂岩加固材料质量损失率均小于 0.3%，1.5% 硅丙加固后样品质量损失率最小，为 0.22%。其主要原因是砂岩样品孔隙较大，每次冻结过程引起水的冻胀和融缩，造成砂岩内部微孔隙的不断增大以及新的微孔隙的产生，致使孔隙逐渐增大，胶结物流失，颗粒脱落，质量减小。

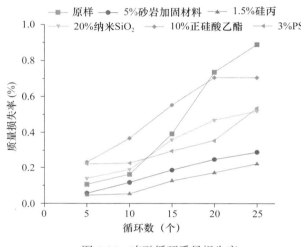

图 5-25　冻融循环质量损失率

3．色差

不同加固材料处理后的样品随冻融循环数增加色差变化见图 5-26，不同加固材料处理后色差变化规律不同，经历 25 个冻融循环后，除砂岩加固材料加固样品色差变化均大于 4 外，其余加固材料处理后随冻融循环数变化色差均小于 4，未加固试样色差变化最小，在 0.5 附近浮动，5% 砂岩加固材料、1.5% 硅丙和 20% 纳米 SiO_2 变化规律呈指数型变化，0～15 次冻融过程，随加固材料逐步发生破坏色差快速下降，15 次冻融循环后逐渐稳定，3%PS 色差变化随冻融循次数增加呈抛物线形变化，在15 次冻融循环前迅速达到最大变化值后逐渐减小，10% 正硅酸乙酯随冻融次数增加色差逐渐增加并趋于稳定。

4．纵波波速

不同加固材料处理后的样品随冻融循环数增加纵波波速变化见图 5-27，不同加固材料处理后纵波波速均逐渐降低，各加固材料样品纵波波速拟合曲线见表 5-18，拟合曲线相关系数均大于 0.95，样品波速呈指数型规律降低，前 15 个冻融循环过程波速急剧降低，变化率达总变化率的 65% 以上，15 个循环后波速减小缓慢，经历 25 个冻融循环后，1.5% 硅丙和 3%PS 加固后样品的波速变化率在 20% 附近，变化率较小，20% 纳米 SiO_2 和 10% 正硅酸乙酯波速变化率大于原样。

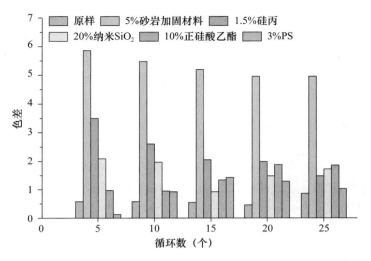

图 5-26 冻融循环色差变化

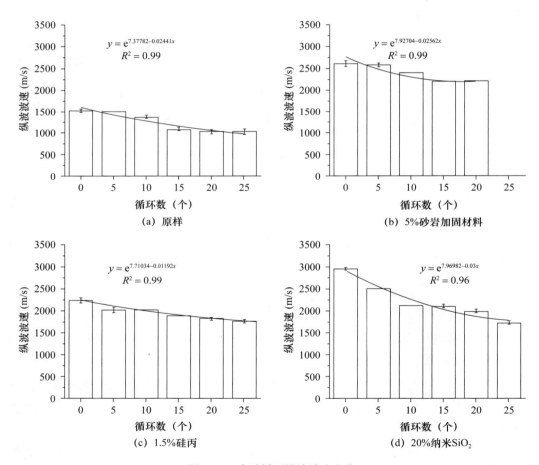

图 5-27 冻融循环纵波波速变化

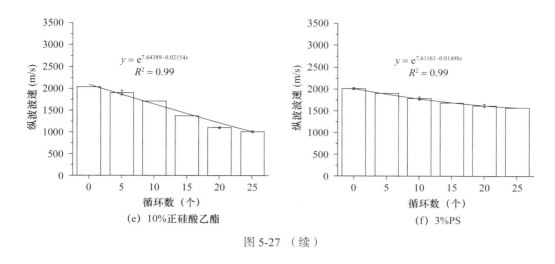

图 5-27　（续）

　　具体分析，原样经历 25 个冻融循环后波速降低 33.19%，前 15 个循环降低 30.13%，5% 砂岩加固材料经历 15 个冻融循环后波速降低 16.07%，继续经历 5 个循环后波速无明显变化，经历 21 个循环出现裂缝破坏；1.5% 硅丙经历 25 个冻融循环后波速降低 20.69%，前 15 个循环降低 15.59%；20% 纳米 SiO_2 经历 25 个冻融循环后波速降低 42.05%，变化率大于原样，前 15 个循环降低 29.54%；10% 正硅酸乙酯经历 25 个冻融循环后波速降低 48.41%，变化率大于原样，前 15 个循环降低 31.38%；3%PS 经历 25 个冻融循环后波速降低 21.46%，前 15 个循环降低 15.97%。

表 5-18　冻融循环纵波波速拟合曲线

加固材料	拟合曲线公式	相关系数 R^2
原样	$y = e^{7.37782 - 0.02441x}$	0.99
5% 砂岩加固材料	$y = e^{7.92704 - 0.02562x}$	0.99
1.5% 硅丙	$y = e^{7.71034 - 0.01192x}$	0.99
20% 纳米 SiO_2	$y = e^{7.96982 - 0.03x}$	0.96
10% 正硅酸乙酯	$y = e^{7.64389 - 0.02154x}$	0.99
3%PS	$y = e^{7.61161 - 0.01498x}$	0.99

　　5. 表面硬度

　　不同加固材料处理后的样品随冻融循环数增加表面硬度变化见图 5-28，不同加固材料处理后表面硬度均逐渐降低，各加固材料样品劣化过程呈指数型规律降低，拟合曲线见表 5-19，拟合曲线相关系数均大于 0.99。前 15 个冻融循环过程表面硬度急剧降低，变化率达总变化率的 60% 以上，15 个循环后表面硬度变化缓慢，经历 25 个冻融循环后，原样表面硬度下降最大，达 32.31%，各加固材料加固后样品表面硬度均得到改善，20% 纳米 SiO_2、3%PS 和 1.5% 硅丙表面硬度变化率小于 15%，对表面颗粒的加固作用明显。

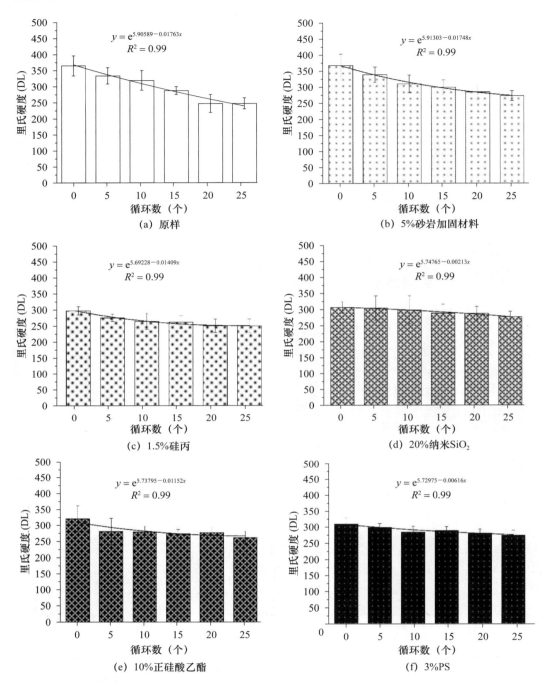

图 5-28　冻融循环表面硬度变化

表 5-19　冻融循环表面硬度拟合曲线

加固材料	拟合曲线公式	相关系数 R^2
原样	$y = e^{5.90589 - 0.01763x}$	0.99
5% 砂岩加固材料	$y = e^{5.91303 - 0.01748x}$	0.99

加固材料	拟合曲线公式	相关系数 R^2
1.5% 硅丙	$y = e^{5.69228 - 0.01409x}$	0.99
20% 纳米 SiO_2	$y = e^{5.74765 - 0.00213x}$	0.99
10% 正硅酸乙酯	$y = e^{5.73795 - 0.01152x}$	0.99
3%PS	$y = e^{5.72975 - 0.00616x}$	0.99

具体分析，原样经历 25 个冻融循环后表面硬度降低 32.31%，前 15 个循环降低 21.36%；5% 砂岩加固材料经历 25 个冻融循环后表面硬度降低 25.54%，前 15 个循环降低 18.39%；1.5% 硅丙经历 25 个冻融循环后表面硬度降低 15.72%，前 15 个循环降低 11.86%；20% 纳米 SiO_2 经历 25 个冻融循环后表面硬度降低 9.62%，前 15 个循环降低 6.17%；10% 正硅酸乙酯经历 25 个冻融循环后表面硬度降低 18.43%，前 15 个循环降低 14.29%；3%PS 经历 25 个冻融循环后表面硬度降低 11.34%，前 15 个循环降低 6.83%。

6. 无侧限抗压强度

不同加固材料处理后的样品随冻融循环数增加抗压强度变化见图 5-29，不同加固材料处理后抗压强度随冻融次数增加而逐渐降低，各加固材料样品劣化过程呈指数型规律降低，拟合曲线见表 5-20，拟合曲线相关系数均大于 0.9，15 个冻融过程中，各样品的抗压强度下降幅度增大，前 15 个冻融循环过程造成的抗压强度变化率达到总过程变化率的 60% 以上，15～25 个冻融循环过程，抗压强度下降幅度变小，表明在冻融初期，冻融作用对各砂岩样品造成了较大的损伤，但在冻融后期，砂岩内部未风化部分仍较致密，冻融作用对其损伤程度逐渐减弱。经历 25 个冻融循环后，原样抗压强度最低，仅 2.43MPa，加固材料处理后的抗压强度均大于原样，说明加固材料对砂岩样品耐冻融性的有一定的提升效果。

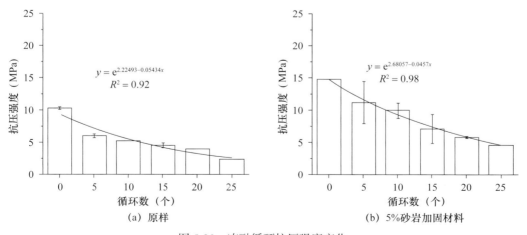

图 5-29　冻融循环抗压强度变化

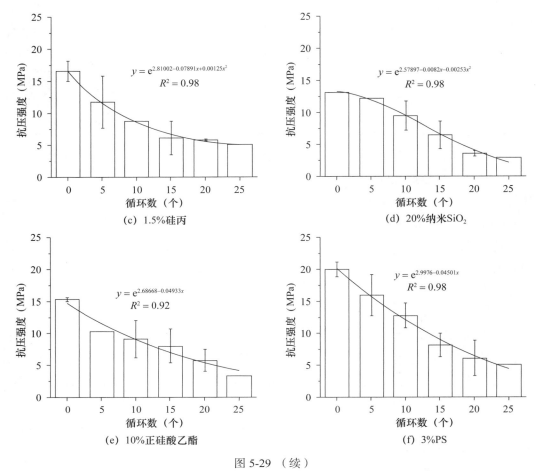

图 5-29　（续）

表 5-20　冻融循环抗压强度拟合曲线

加固材料	拟合曲线公式	相关系数 R^2
原样	$y = e^{2.22493 - 0.05434x}$	0.92
5% 砂岩加固材料	$y = e^{2.68057 - 0.0457x}$	0.98
1.5% 硅丙	$y = e^{2.81002 - 0.07891x + 0.00125x^2}$	0.98
20% 纳米 SiO_2	$y = e^{2.57897 - 0.0082x - 0.00253x^2}$	0.98
10% 正硅酸乙酯	$y = e^{2.68668 - 0.04933x}$	0.92
3%PS	$y = e^{2.9976 - 0.04501x}$	0.98

7. 冻融系数

岩石抵抗冻融破坏的能力可以用岩石冻融系数来表征，参照《工程岩体试验方法标准》（GB/T 50266—2013），岩石冻融系数的计算公式为

$$K_{fm} = \frac{\overline{R}_{fm}}{\overline{R}_w} \tag{5-2}$$

式中：K_{fm} 为岩石冻融系数；$\overline{R}_{fm}$ 为冻融后岩石单轴抗压强度平均值（MPa）；$\overline{R}_w$ 为岩

石饱和单轴抗压强度平均值（MPa）。

计算时抗压强度均用烘干后试样的单轴抗压强度代替饱和单轴抗压强度，根据各加固材料处理后样品经历 25 个冻融循环后的无侧限单轴抗压强度试验结果，按岩石冻融系数计算公式计算出各加固材料处理后样品冻融系数与冻融循环数的关系，见表 5-21。

表 5-21　冻融系数 K_{fm} 与冻融循环数的关系

循环数（个）	原样	5% 砂岩加固材料	1.5% 硅丙	20% 纳米 SiO_2	10% 正硅酸乙酯	3%PS
0	1.00	1.00	1.00	1.00	1.00	1.00
5	0.58	0.76	0.71	0.93	0.67	0.79
10	0.50	0.67	0.53	0.72	0.60	0.64
15	0.44	0.48	0.37	0.50	0.53	0.41
20	0.38	0.39	0.35	0.27	0.38	0.31
25	0.24	0.32	0.31	0.22	0.23	0.26

从表 5-21 中可以看出，5% 砂岩加固材料与 1.5% 硅丙加固后样品的冻融系数较原样提升明显，对砂岩样品的抗冻融风化能力改善明显，20% 纳米 SiO_2 和 10% 正硅酸乙酯冻融系数反而小于原样，对砂岩样品抗冻融性改性效果不佳。

5.1.4.3　加固材料综合性能评价

传统对加固材料的加固效果及耐候性评价通常用定性评价，就防风化加固材料而言，只用定性评价法很难客观地评价一种材料的综合表现，尤其针对部分指标表现好，部分指标又处于劣势的材料评估，因此，需要在文物保护材料评价体系中引入一种定量化评价方法。定量评价即运用统计学方法分析、评价加固材料的各项性能，通过数据将每种加固材料的加固效果最大程度的量化。上文针对优选出的 5 种防风化材料，开展了加固材料耐候性研究，包括干湿循环试验及冻融循环试验，试验评价指标有质量损失率、色差、波速变化率、表面硬度变化率、抗压强度变化率定量化指标，将 5 种材料及其评价指标带入 TOPSIS 评价模型进行定量化评价分析。

1．TOPSIS 评价模型

TOPSIS 方法是目前应用最广泛的决策方法，是根据有限个评价对象与理想化目标的接近程度进行排序的方法，是在现有的对象中进行相对优劣的评价。其基本原理是通过检测评价对象与最优解、最劣解的距离来进行排序，若评价对象最靠近最优解同时又最远离最劣解，则为最好；否则不为最优。基于 TOPSIS 评价方法，对加固材料耐候性指标进行定量化的综合评价，结合定性法综合筛选出更适合北石窟砂岩质防风化加固材料。

2．TOPSIS 方法计算步骤

1）决策信息矩阵及其处理

假设共有 n 个评价对象，每个对象有 m 价对象的原始数据值用 x_{nm} 表示，则由原始决策信息构造的矩阵 X 为

$$X=\begin{bmatrix} x_{11} & x_{12} & \cdots & x_{1m} \\ x_{21} & x_{22} & \cdots & x_{2m} \\ \vdots & \vdots & & \vdots \\ x_{n1} & x_{n2} & \cdots & x_{nm} \end{bmatrix} \tag{5-3}$$

TOPSIS 评价法要求所有指标评价标准相向，因此需要进行原始数据的正向化转化（若一个维度的数据越大越好，另一个维度的数据越小越好，会造成尺度混乱），正向化方法有倒数法和差值法，倒数法按式（5-4）计算，差值法按照式（5-5）计算，即将所有指标统一转化为极大型指标或极小型指标（期望指标值越小越好）。在防风化加固材料耐候性评价中，各评价指标均属于极小型指标（不需要进行正向化处理），如质量变化率、波速变化率、表面硬度变化率和抗压强度变化率。

$$x'=\frac{1}{x}\,(x>0) \tag{5-4}$$

$$x'=x_{\max}-x \tag{5-5}$$

一般情况下，待评价对象的各个指标的类型和量纲往往是不同的，首先需要对所有指标进行标准化处理，代表性处理方法有隶属度法、标准化法、线性比例法、归一化法、向量标准化法和功效系数法等，本书采用离差标准法对各加固材料的不同评价指标进行归一化处理。

$$z_{ij}=\frac{x-x_{\min}}{x_{\max}-x_{\min}} \tag{5-6}$$

由此得到归一化处理后的标准化矩阵 Z：

$$Z=\begin{bmatrix} z_{11} & z_{12} & \cdots & z_{1m} \\ z_{21} & z_{22} & \cdots & z_{2m} \\ \vdots & \vdots & & \vdots \\ z_{n1} & z_{n2} & \cdots & z_{nm} \end{bmatrix} \tag{5-7}$$

2）确定最优解和最劣解

最优方案 Z^+ 由 Z 中每列元素的最大值构成：

$$Z^+=(\max\{z_{11}, z_{21}, \cdots, z_{n1}\}, \max\{z_{12}, z_{22}, \cdots, z_{n2}\}, \cdots, \max\{z_{1m}, z_{2m}, \cdots, z_{nm}\})$$
$$=Z_1^+, Z_2^+, \cdots, Z_m^+ \tag{5-8}$$

最劣方案 Z^- 由 Z 中每列元素的最小值构成：

$$Z^-=(\min\{z_{11}, z_{21}, \cdots, z_{n1}\}, \min\{z_{12}, z_{22}, \cdots, z_{n2}\}, \cdots, \min\{z_{1m}, z_{2m}, \cdots, z_{nm}\})$$
$$=Z_1^-, Z_2^-, \cdots, Z_m^- \tag{5-9}$$

3）确定最优解和最劣解

一般情况下，通过欧式距离度量各个被评价对象与"最优解"和"最劣解"的距

离。通过式（5-8）、式（5-9）确定的是等权重下的"最优解"和"最劣解"，由于评价指标体系中每个指标的权重是不一样的，无妨假设 w_j 是第 j 个指标权重（重要程度）。

设：D_i^+ 为第 i 个被评价对象与最优解的欧氏距离，计算公式如下：

$$D_i^+ = \sqrt{\sum_{j=1}^{m} w_j (Z_j^+ - z_{ij})^2} \qquad （5-10）$$

D_i^- 为第 i 个被评价对象与最劣解的欧氏距离，计算公式如下：

$$D_i^- = \sqrt{\sum_{j=1}^{m} w_j (Z_j^- - z_{ij})^2} \qquad （5-11）$$

最优方案就是在评价对象中找出离最优解最近，离最劣点最远的方案。

4）相对贴近度的计算

通过与"最优解"的欧氏距离 D_i^+，与"最劣解"的欧氏距离 D_i^-，定义被评价对象的相对贴近度，判断被评价对象的综合得分，则第 i 个被评价对象的相对贴近度 C_i，计算公式如下：

$$C_i = \frac{D_i^-}{D_i^+ + D_i^-} \qquad （5-12）$$

$0 \leqslant C_i \leqslant 1$，$C_i$ 越接近 1，表明评价对象越优，最后根据 C_i 大小进行排序，给出评价结果。

3．TOPSIS 计算

在 TOPSIS 评价指标体系中每个指标的权重是不一样的，特定种类的材料、特定环境及材质的文物对保护材料的要求是不同的，指标权重的设置要考虑以下因素：首先，考虑保护材料的主要功能是加固、防水、黏结或其他；其次，考虑指标与性能的相关性，如色度学、透气性、吸水性等；再次，考虑文物保护的基本原则，如"不改变原状"的基本原则以及文物保护材料的色度学性能必须严格要求；最后，如果有明确的保护对象，则还要考虑其保存现状、病害机理、所处环境特征、材质特征、文物价值所在等。根据筛选适合北石窟寺的表面防风化材料要求，为了便于研究，设定被研究对象的指标的权重大小依次为 0～100%，依据文物保护的基本原则要求加固前后"不改变原状"的原则，以及砂岩质文物防风化材料保护效果评估方法，将本次耐候性试验中 5 个指标赋予权重，即质量损失率为 25%、色差为 25%、波速变化率为 15%、表面硬度变化率为 20%、抗压强度变化率为 15%，赋予指标权重后计算出各加固材料耐干湿循环能力与耐冻融循环能力。

1）干湿循环

五种加固材料样品经历 40 次干湿循环后质量损失率、色差、波速变化率、表面硬度变化率、抗压强度变化率数据见表 5-22。

表 5-22　干湿循环试验各指标原始数据　　　　（单位：%）

质量损失率	波速变化率	表面硬度变化率	色差	抗压强度变化率
0.6941	29.3740	15.1717	4.2465	62.1315
0.2033	13.6143	12.5488	2.2899	58.6610
0.1553	33.4315	17.8536	1.3602	50.6268
1.0439	23.3786	17.7460	2.9714	58.5526
0.5587	18.1818	15.8248	3.9725	55.0092

干湿循环试验中，要求加固后样品经历一定次数的循环后各评价指标变化率最小，属于极小型指标，不需要进行正向化处理，直接进行归一化处理，处理后数据见表 5-23。

表 5-23　干湿循环试验各指标归一化结果

质量损失率	波速变化率	表面硬度变化率	色差	抗压强度变化率
0.6064	0.7953	0.4944	1.0000	1.0000
0.0540	0.0000	0.0000	0.3221	0.6983
0.0000	1.0000	1.0000	0.0000	0.0000
1.0000	0.4927	0.9797	0.5582	0.6889
0.4539	0.2305	0.6176	0.9051	0.3809

以归一化的指标数据为决策矩阵，按式（5-10）、式（5-11）、式（5-12）计算五种防风化材料与"最优解"的欧氏距离 D_i^+，与"最劣解"的欧氏距离 D_i^-，以及被评价对象的综合得分（相对贴近度），计算得出 5% 砂岩加固材料性能得分为 0.28，1.5% 硅丙性能得分为 0.7262，3%PS 性能得分为 0.4549，20% 纳米 SiO_2 性能得分为 0.5768，10% 正硅酸乙酯性能得分为 0.2873，5 种防风化加固材料的耐干湿循环能力排序为：1.5% 硅丙＞20% 纳米 SiO_2＞3%PS＞10% 正硅酸乙酯＞5% 砂岩加固材料。

2）冻融循环

五种加固材料样品经历 40 次冻融循环后质量损失率、色差、波速变化率、表面硬度变化率、抗压强度变化率数据见表 5-24。

表 5-24　冻融循环试验各指标原始数据　　　　（单位：%）

质量变化率	波速变化率	表面硬度变化率	色差	抗压强度变化率
0.2895	70.7908	25.5396	4.9618	70.7908
0.2210	20.6897	15.7159	1.4586	20.6897
0.5205	42.0519	9.6277	1.7289	42.0519
0.7066	49.2611	18.4265	1.8554	48.4140
0.5359	21.4642	11.3441	1.0262	21.4642

冻融循环试验中，要求加固后样品经历一定次数的循环后各评价指标变化率最小，属于极小型指标，不需要进行正向化处理，直接进行归一化处理，处理后数据见表 5-25。

表 5-25 冻融循环试验各指标归一化结果

质量变化率	波速变化率	表面硬度变化率	色差	抗压强度变化率
0.1410	1.0000	1.0000	1.0000	1.0000
0.0000	0.0000	0.3826	0.1099	0.0000
0.6169	0.4264	0.0000	0.1786	0.4264
0.9999	0.5703	0.5530	0.2107	0.5534
0.6485	0.0155	0.1079	0.0000	0.0155

以归一化的指标数据为决策矩阵，按式（5-10）、式（5-11）、式（5-12）计算 5 种防风化材料与"最优解"的欧氏距离 D_i^+，与"最劣解"的欧氏距离 D_i^-，以及被评价对象的综合得分（相对贴近度），计算得出 5% 砂岩加固材料性能得分为 0.3308，1.5% 硅丙性能得分为 0.8348，3%PS 性能得分为 0.7228，20% 纳米 SiO_2 性能得分为 0.6414，10% 正硅酸乙酯性能得分为 0.4380，5 种防风化加固材料的耐冻融循环能力排序为：1.5% 硅丙＞3%PS＞20% 纳米 SiO_2＞10% 正硅酸乙酯＞5% 砂岩加固材料。

将各加固材料耐干湿循环能力与耐冻融循环能力评分，总结见表 5-26，可以看出 1.5% 硅丙耐干湿循环能力与耐冻融循环能力评分均最高，排名第一，20% 纳米 SiO_2 和 3%PS 评分次之，10% 正硅酸乙酯和 5% 砂岩加固材料表现最差。

表 5-26 防风化加固的耐候性能加权评分结果

耐候性试验	5% 砂岩加固材料	1.5% 硅丙	20% 纳米 SiO_2	10% 正硅酸乙酯	3%PS
冻融循环	0.3308	0.8348	0.6414	0.4380	0.7228
干湿循环	0.2800	0.7262	0.5768	0.2873	0.4549

5.1.5 小结

石窟寺作为佛教活动的重要场所和遗迹，集建筑、雕塑、壁画、书法等艺术于一体，具有历史、文化、艺术、科学和社会价值，是十分重要的文化遗产。以北石窟寺防风化材料筛选为主要研究内容，在梳理和总结国内外关于防风化加固材料的相关成果的基础上，积极探索能够适用于石窟寺加固测试的无损测试方法，选取无机类材料（PS、纳米 SiO_2、砂岩加固材料）和有机类材料（丙烯酸乳液、硅丙乳液、正硅酸乙酯、羟甲基纤维素）共七种材料，在室内开展试验，再以表观、微观形态特征作为定性化描述，质量损失量、色差、体积变化率、纵波波速、表面硬度、无侧限抗压强度、透气性和吸水性作为定量化指标，通过加固材料特性研究，筛选出 5% 砂岩加固材料、1.5% 硅丙、3%PS、20% 纳米 SiO_2 和 10% 正硅酸乙酯 5 种防风化材料，开展室内耐候性试验（干湿循环试验、冻融循环试验），结果表明 1.5% 硅丙加固后样品的耐候性较好。

（1）通过加固材料特性研究，0.5% 羟甲基纤维素对砂岩样品的强度与耐水性改善不明显，更适合于干燥环境；1.5% 丙烯酸对小颗粒与胶结物的黏结能力差，对砂岩样品整体密实度改善效果不明显；这两种材料不适用于北石窟寺表面防风化材料。5% 砂岩加固材料、1.5% 硅丙均提升了北石窟砂岩的强度（表面硬度、抗压强度、整体密实度），且同时具有好的透气性与耐水性。经 1.5% 丙烯酸加固后的砂岩试样，加固材料对小颗粒与胶结物的黏结能力较差，且加固后试样在波速测试中提升不明显，对砂岩整体密实度增强效果不明显。20% 纳米 SiO_2、3%PS 和 10% 正硅酸乙酯这三种防风化材料均有效地提升了北石窟砂岩的强度，加固后透气性好。

（2）通过加固材料加固机理研究，羟甲基纤维素、砂岩加固材料、丙烯酸主要在砂岩颗粒表面形成膜，黏结颗粒，且部分孔隙被填充，使其更密实；硅丙具有 Si—O—Si 键和较低的表面能，硅树脂水解后形成硅烷易与含硅原子的基材结合，加固后孔隙数量减少，在砂岩的内部形成网状结构，主要是靠物理作用力起支撑固定的作用对砂岩进行加固；PS 渗透到岩体内部发生化学反应，由沉积物或反应产物填塞微孔以形成阻挡层；纳米 SiO_2 可以深入高分子链的不饱和附件，并与其电子云发生作用在涂层表面形成一层致密的纳米涂膜将小颗粒被胶凝包裹或吸附，成为一个整体；正硅酸乙酯经过水解、缩聚，生成胶态硅在砂岩孔隙中沉积，使砂岩颗粒由点接触变为面接触，增强了整体强度，从而提高抗风化能力。

（3）不同加固材料处理后样品的耐候性均强于原样，各样品质量、波速、表面硬度、抗压强度均随干湿循环数和冻融循环数增加而不断降低，其中，干湿循环对砂岩有很大的影响，在水岩相互作用下，各样品的强度和变形发生了不可逆的渐进性损伤；随冻融循环数的增加，砂岩内部产生了新的微孔隙，水分的反复运移致使微孔隙变大，胶结材料失效致颗粒脱落，发育裂隙甚至断裂，且冻融循环对砂岩的损伤大于干湿循环，针对不同加固材料表现出不同的特性。① 1.5% 硅丙提升了北石窟砂岩的强度（表面硬度、抗压强度、整体密实度），且具有好的透气性，经历干湿循环和冻融循环后，各项评判指标（质量损失率、表面硬度变化率、波速变化率、劣化度、表面侵蚀量）均较小，综合评分分别为 0.7262 和 0.8348（评分均位列第一），对砂岩样品防风化加固效果改善最明显。② 3%PS 有效地提升了砂岩的强度，加固后透气性好，经历冻融循环后表面侵蚀量最小，仅 2.2633mm，冻融系数 0.26，耐冻融循环能力综合得分 0.7228，排名第二，经历干湿循环后表面侵蚀量 1.3963mm，劣化度 55.01%；耐干湿循环能力综合得分 0.4549，排名第三，对砂岩样品抗冻融性能力改善效果良好，耐干湿循环能力一般，更适应于干旱环境。③ 20% 纳米 SiO_2 有效地提升了砂岩的强度，加固后透气性好、兼容性好，经历干湿循环后劣化度最小，仅 50.63%，表面侵蚀量 1.4866mm，但波速变化率与表面硬度变化率较原样无明显提升，耐干湿循环能力综合得分 0.5768，排名第二；经历冻融循环后，冻融系数反而小于原样，耐冻融循环能力综合得分 0.6414，排名第三，说明该材料耐干湿循环能力良好，耐冻融循环能力一般，不适用于寒冷气候。④ 10% 正硅酸乙酯有效地提升了砂岩的强度，加固后透气性好，兼容性好，经历干湿循环后劣化度 58.55%，表现较好，表面侵蚀量 1.2863mm，但质量损失最大，且表面硬度变化率无明显提升，耐干湿循环能力综合得分 0.2873，排名第四；经历冻融循环后质量损失率 0.71%（较大），冻融系数小于原样，耐冻融循环能力综合得分 0.4380，排名第四，综合看该材料对砂岩样品耐候性能力改善效果均一般。⑤ 5% 砂岩加固材料提升了北石窟砂岩的强度（表面硬度、抗压强度、整体密实度），且同时具有非常好的防水性，但经历干湿循环与冻融循环过程中色差变化大于 4，且干湿循环作用下劣化度为 62.13%，较原样提升不明显，耐干湿循环能力和冻融循环能力综合得分分别为 0.2800、0.3308，均排名最后，该材料为可用于砂岩体的防水材料。

（4）通过对七种不同防风化加固材料开展加固材料特性与机制研究、耐候性研究，在以表观、微观形态特征作为定性化描述，质量损失率、色差、纵波波速、表面硬度、无侧限抗压强度作为定量化指标，结果表明 1.5% 硅丙提升了北石窟砂岩的强度（表面硬度、抗压强度、整体密实度），具有好的透气性，耐干湿循环和冻融循环能力良好。

5.2　表面软覆盖防风化技术研究

表面软覆盖防风化技术以具有可持续性保护理念的"软覆盖"为借鉴，通过多场耦合环境模拟实验室开展降雨 - 日照试验和现场环境监测相结合的方式开展，试验的目的在于揭示表面软覆盖对于砂岩所处环境温湿度的影响规律。

5.2.1　试验方案

5.2.1.1　试验材料

1.苔藓覆盖层材料

通过对北石窟调查，北石窟主要生长土生对齿藓（图 5-30），试验苔藓覆盖层购买成品薄壁卷柏藓（图 5-31），卷柏藓科，卷柏藓属，植物体长 2～5mm。

2.试验试块

使用北石窟寺采集的砂岩样块，通过人工切样得到 30cm×30cm×30cm 的立方体砂岩试块，共计 5 块。试验试块示意图如图 5-32 所示。

5.2.1.2　试验器材

本试验主要涉及制样、试验和数据采集三个环节，需要使用的设备主要是制样设备、环境模拟设备和数据采集设备。

图 5-30　土生对齿藓

图 5-31　薄壁卷柏藓

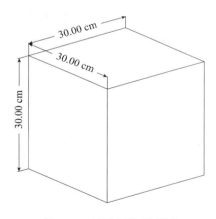

图 5-32　试验试块示意图

（1）制样设备包括：SCQM-150B 型自动切磨一体机。

（2）环境模拟设备：多场耦合环境模拟实验室风雨仓和夏季仓。

（3）数据采集设备：DS1923 纽扣式温湿度记录仪、K 型热电偶测温线、Moist 300B 微波测湿仪（图 5-33）。

5.2.1.3　试验模拟环境

试验模拟环境主要为降雨 - 日照试验工况，其模拟环境根据北石窟气象统计数据进行设置。本次试验考虑到苔藓在降雨 - 温度 - 日照耦合试验工况中降雨量大小对低覆盖度苔藓的冲刷破坏，以及太阳光照强度对苔藓辐射不可逆的破坏作用，将降雨强度设定为 40mm/h，降雨后太阳光照强度设定为 1200W/m²。环境温度设定为 35℃。光照时长以不同苔藓覆盖度砂岩顶面完全干燥时关闭光照，然后待砂岩表面温湿度趋同于实验

（a）温湿度记录仪　　　　　　（b）测温线　　　　　　　（c）微波测湿仪

图 5-33　数据采集设备

仓内环境温度时终止试验。具体降雨试验工况如表 5-27 所示。

表 5-27　降雨试验工况

试验参数	降水强度（mm/h）	降雨时长（min）	降雨量（mm）
试验工况	40	60	40

5.2.1.4　试验内容

本次室内试验主要以 0、25%、50%、75% 和 100% 五种不同覆盖度的砂岩苔藓覆盖层作为研究对象，施加降雨 - 温度 - 日照耦合的北石窟寺实际模拟环境，通过监测砂岩 - 苔藓界面温湿度，对苔藓的保温和防水性作用进行效果评价。现场试验主要是通过在北石窟寺窟区埋设测温线对砂岩与苔藓界面温度进行实时监测，对苔藓的保温作用进行效果评价，并通过对比室内试验温度监测数据和现场监测数据，归纳总结不同种类苔藓对于保温性的共性规律。

5.2.1.5　试验流程

1. 室内试验流程

室内试验的整个过程主要包括：取样、制样、布设温湿度记录仪、制作软覆盖、降雨试验、日照试验六个步骤。具体实施步骤如图 5-34 所示。

（a）取样　　　　　　　　　（b）制样　　　　　　　（c）布设温湿度记录仪

图 5-34　室内试验流程

（d）制作软覆盖

（e）降雨试验

（f）日照试验

图 5-34 （续）

2．现场温度监测

现场环境监测试验选择北石窟寺 165 窟二层北侧的露天崖壁，在崖体根部立面和平台顶面上生长的厚度为 5mm、8mm 和 15mm 的天然苔藓内部、岩体表面安装温度传感器，现场温度监测区域测温线布置示意图如图 5-35 所示。

图 5-35 现场温度监测布置示意图

5.2.1.6 测试指标

（1）含水率：使用 MOIST 350 微波测湿仪测量不同试验状态下砂岩区域面积的潮湿程度，对比降雨和日照前后，有无苔藓覆盖层的试验条件下雨水渗透深度的变化过程。

（2）温度：室内环境中使用 DS1923 纽扣式温湿度记录仪记录试验全过程中砂岩 - 苔藓界面温度变化情况；窟区使用 K 型热电偶测温线对砂岩 - 苔藓界面进行实时监测，对比不同厚度苔藓层、砂岩表面和环境温度变化规律。

（3）相对湿度：室内环境中使用 DS1923 纽扣式温湿度记录仪记录试验全过程砂岩 - 苔藓界面相对湿度变化情况。

5.2.1.7 试验工况设定

通过对上述整个试验方案的设计梳理，将本次试验工况情况总结如表 5-28 所示。

表 5-28 试验工况

工况	降雨强度（mm/h）	光照强度（W/m²）	试样	测量指标
室内试验	40	1200	苔藓盖度（%）/ 苔藓数量：0/1、25/1、50/1、75/1、100/1	温度、相对湿度、含水率
现场监测	不设定	不设定	薄苔藓厚 5mm；中等厚度 8mm；厚苔藓 15mm	温度

5.2.2 试验结果分析

5.2.2.1 室内试验

1．温度

图 5-36 为整个降雨 - 日照试验过程中的不同覆盖度苔藓温度的走势图。试验过程分为三个阶段：第一阶段为 18：00～20：00 降雨采集数据阶段，具体为 18：00～19：00 的降雨和 19：00～20：00 降雨之后的数据采集阶段；第二阶段为 20：00～23：30 的日照阶段；第三阶段为 23：00～11：00（次日），关闭日照，让整个实验仓恢复到正常的室温阶段。

通过比较五种不同覆盖度的砂岩 - 苔藓界面的温度变化趋势大体一致，温度变化整体遵循着平稳—上升—平稳—下降—平稳的趋势（图 5-36）。有所不同的是 50% 覆盖的苔藓在日照阶段的温度上升呈幂函数曲线上升。究其原因在于 50% 覆盖率的苔藓在降雨过程中的击溅作用使得雨水偶然聚集在纽扣探测口附近，使得在光照阶段，界面的温度监测实际上反映的是凝结水的升温走势，并且通过将该段曲线与水在加热过程的时间 - 温度曲线进行拟合分析（图 5-37），可以发现该段曲线的升温曲线与水加热过程中的时间 - 温度曲线均可以表达为 $y = a + bx^c$，具有高度的一致性。

对比不同覆盖度的苔藓在砂岩 - 苔藓界面升温数据可以发现，不同覆盖度的苔藓具有不同的升温速率、保温性能和抑制温度上升的能力。

首先，将日照过程砂岩 - 苔藓界面升温过程划分为两个阶段，即急速升温阶段和温度保持阶段。急速升温阶段，0 覆盖度的砂岩从 20：00 的 18.05℃ 到 21：00 的 42.53℃，升温幅度为 24.48℃，升温速率为 24.48℃ /h；25% 覆盖度的砂岩从 20：00 的 18.11℃ 到 21：00 的 38.1℃，升温幅度为 19.99℃，升温速率为 19.99℃ /h；50% 覆盖度的砂岩从 20：00 的 17.55℃ 到 21：00 的 28.05℃，升温幅度为 10.5℃，升温速率为 10.5℃ /h；75% 覆盖度的砂岩从 20：00 的 17.61℃ 到 21：00 的 27.61℃，升温幅度为 10.0℃，升温速率为 10.0℃ /h；100% 覆盖度的砂岩从 20：00 的 18.11℃ 到 21：00 的 26.11℃，升温幅度为 8℃，升温速率为 8℃ /h。

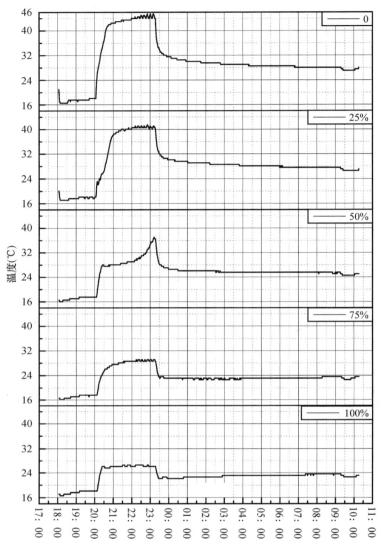

图 5-36　室内温度监测图

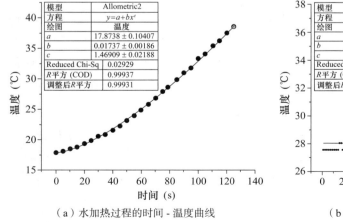

（a）水加热过程的时间 - 温度曲线

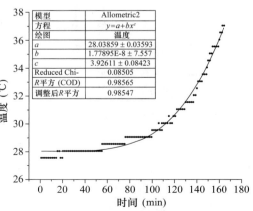

（b）砂岩 - 苔藓界面时间 - 温度曲线

图 5-37　拟合曲线对比

其次，在温度相对保持阶段，0% 覆盖度的砂岩从 21：00 至 23：15 关闭光照期间的 2.5h 内温度还有小幅度的提升，最高温度升至为 45.53℃，相较于 21：00 的 42.53℃，上升了 3℃；25% 覆盖度的砂岩 - 苔藓界面层在这一过程中从 38.1℃ 升至 41.59℃，上升了 3.49℃；50% 覆盖度的砂岩 - 苔藓界面层在这一过程中从 27.61℃ 升至 29.11℃，上升了 1.5℃；75% 覆盖度的砂岩 - 苔藓界面层在这一过程中从 28.05℃ 升至 37.05℃，上升了 9℃。100% 覆盖度的砂岩 - 苔藓界面层在这一过程中从 26.11℃ 升至 26.61℃，上升了 0.5℃。

再次，在关闭光照以后的单位时间内（23：15～00：00，45mins），不同覆盖度的苔藓降温幅度均有所不同，通过计算发现，在这一时段内，0% 覆盖度的苔藓降温幅度为 13.98℃，降温速率为 18.64℃ /h；25% 覆盖度的苔藓降温幅度为 11.48℃，降温速率为 15.31℃ /h；50% 覆盖度的苔藓幅度为 6℃，降温速率为 8℃ /h；75% 覆盖度的苔藓降温幅度为 10.49℃，降温速率为 13.99℃ /h；100% 覆盖度的苔藓降温幅度为 4.5℃，降温速率为 6℃ /h。

最后，通过对不同覆盖度的苔藓降温速率进行绘图拟合，虽然 50% 覆盖度的苔藓降温率由于凝结水的影响出现了数据漂移现象，但是整体上可以发现不同覆盖度苔藓的降温速率遵循着幂函数中的异速生长曲线关系，从而也揭示了苔藓覆盖度越高，砂岩 - 苔藓界面层的保温性能越好，尤其当苔藓覆盖度是 100% 时，苔藓的保温性能是裸露砂岩表面的 3.11 倍（图 5-38）。

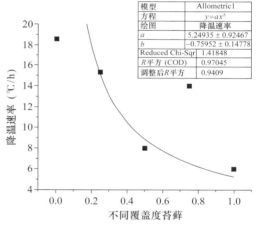

图 5-38　不同覆盖度苔藓降温速率曲线

2．相对湿度

图 5-39 为整个降雨 - 日照试验过程中的不同覆盖度苔藓相对湿度走势图。试验过程与温度监测试验是同步试验，具有相同的试验流程。对照降雨 - 日照试验流程，相对湿度的监测也可以划分为三个阶段，即降雨过程中的饱和湿度阶段、日照过程中相对湿度降低阶段和关闭光照相对湿度回弹阶段。

在降雨过程中的饱和湿度阶段（18：00～20：00），五种不同覆盖度苔藓相对湿度均维持在 100%。

在日照过程中相对湿度降低阶段（20：00～23：30），五种不同覆盖度苔藓在试样被推入夏季仓中接收光照时的前 30min 内，相对湿度均急剧下降，覆盖度为 0% 的砂岩 - 苔藓界面相对湿度下降至 34.39%，下降幅度为 65.61%。覆盖度为 25% 的砂岩 - 苔藓界面相对湿度下降至 70.21%，下降幅度为 29.79%。覆盖度为 50% 的砂岩 - 苔藓界面相对湿度下降至 65.70%，下降幅度为 34.30%。覆盖度为 75% 的砂岩 - 苔藓界面相对湿度下降至 79.14%，下降幅度为 20.86%。覆盖度为 100% 的砂岩 - 苔藓界

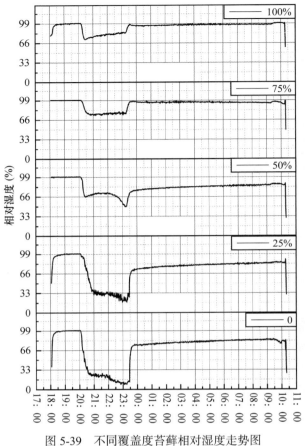

图 5-39　不同覆盖度苔藓相对湿度走势图

面相对湿度下降至 72.80%，下降幅度为 27.20%。随着光照时长的继续增加，五种不同覆盖度苔藓分化成三种不同相对湿度发展状态：① 0、25% 覆盖度苔藓的相对湿度继续下降，呈波动直线形下降方式，直至 23：15 光照关闭时刻，这两种苔藓的相对湿度分别下降至 8.59% 和 17.90%；② 50% 覆盖度苔藓的相对湿度先增加后下降，呈抛物线形变化方式，直至 23：15 光照关闭时刻，50% 覆盖度苔藓的最终相对湿度为49.49%；③ 75%、100% 覆盖度苔藓的相对湿度有小幅度提升趋势，呈近似直线形变化方式，直至 23：15 光照关闭时刻，这两种苔藓的最终相对湿度分别为 80.78%、83.10%。

　　在关闭光照相对湿度回弹阶段［23：00～11：00（次日）］，夏季仓和风雨仓之间温差所形成的空气对流，造成风雨仓湿润的空气流向夏季仓，五种不同覆盖度苔藓的相对湿度均呈现出回弹现象，随着时间的延长，当两个仓内的温度趋于一致，不同覆盖度苔藓相对湿度也保持了相对稳定性，通过统计，0%、25%、50%、75% 和 100%覆盖度苔藓最终的相对湿度分别为 82.14%、83.39%、85.52%、91.88% 和 100%。

　　通过上述相对湿度监测数据分析可以发现，尤其是在降雨 - 日照（18：00-23：30）这一湿 - 干时段内，不同覆盖度苔藓表现出了不同的抗逆性和保水性，覆盖度越大，苔藓对于光照破坏的抗逆性和保水性就越强。

3.含水率

降雨前后进行了砂岩的两次含水率测定，并通过尺子测量了不同面的渗透深度。整个试验过程中，砂岩表面没有出现产流现象，雨水收集盒内没有收集到被雨水冲刷的砂岩颗粒。通过观察发现：0%覆盖度砂岩东、南、西3个面全部渗透，北立面渗透深度为12cm；25%覆盖度砂岩东、南两个立面全部渗透，西立面渗透深度为14cm，北立面渗透深度为13cm；50%覆盖度砂岩东、西立面全部渗透，南立面渗透深度为18cm，北立面渗透深度为23cm；75%覆盖度砂岩东、南、西三个立面全部渗透，北立面渗透深度为17cm；100%覆盖度砂岩东、西、北三个立面全部渗透，南立面渗透深度为26cm（图5-40）。

（a）降雨前砂岩状态

（b）降雨后砂岩状态

图 5-40　降雨前后砂岩的表面状态

为了量化试验前后不同覆盖度苔藓砂岩含水率变化，使用 Moist 300B 的 3 种不同探测深度探头，对砂岩进行了含水率测定，并通过求取平均值获得了每个测量面36 个点的平均含水率，如图 5-41～图 5-45 所示。

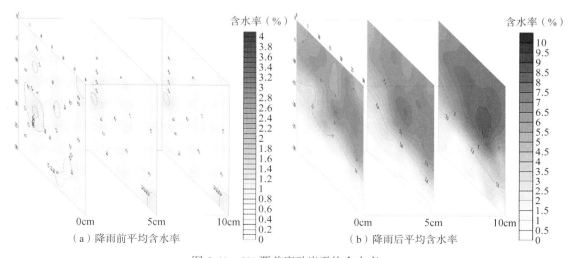
（a）降雨前平均含水率　　　　　　　　　（b）降雨后平均含水率

图 5-41　0% 覆盖度砂岩平均含水率

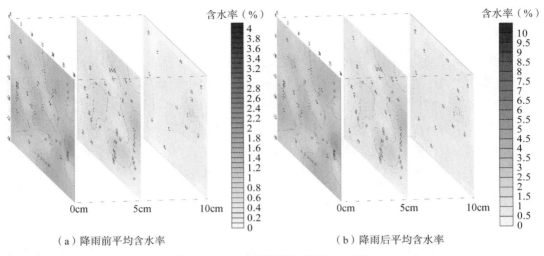

（a）降雨前平均含水率　　　　　　　　　（b）降雨后平均含水率

图 5-42　25% 覆盖度砂岩平均含水率

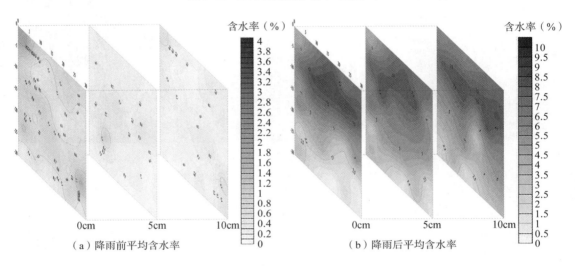

（a）降雨前平均含水率　　　　　　　　　（b）降雨后平均含水率

图 5-43　50% 覆盖度砂岩平均含水率

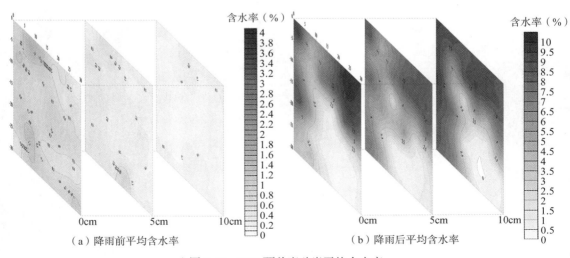

（a）降雨前平均含水率　　　　　　　　　（b）降雨后平均含水率

图 5-44　75% 覆盖度砂岩平均含水率

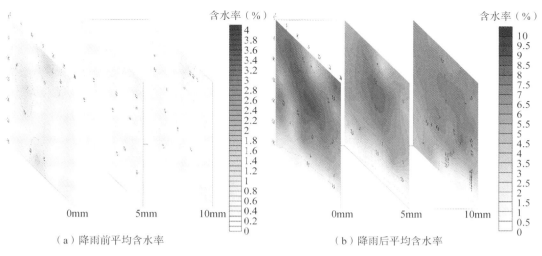

（a）降雨前平均含水率　　　　　　　　　　（b）降雨后平均含水率

图 5-45　100% 覆盖度砂岩平均含水率

通过对五种不同覆盖度苔藓降雨前、降雨后不同测量深度的最小含水率、最大含水率和测量平面的平均含水率统计，得到表 5-29 所示统计数据。

表 5-29　不同工况条件下含水率统计　　　　　　　（单位：%）

工况	测量深度（cm）	苔藓覆盖度														
		0			25%			50%			75%			100%		
		最小	最大	平均	最小	最大	平均	最小	最大	平均	最小	最大	平均	最小	最大	平均
降雨前	0	0.1	1.3	0.34	0.6	2.1	1.13	0.2	1.7	0.61	0.1	1.5	0.68	0.1	1.4	0.43
	5	0.1	0.7	0.34	0.1	1.4	0.44	0.1	0.8	0.19	0.1	0.9	0.21	0.1	0.5	0.13
	10	0.1	0.6	0.14	0.1	0.6	0.16	0.1	0.6	0.19	0.1	0.3	0.11	0.1	0.4	0.12
降雨后	0	0.1	6.8	3.25	0.1	8.6	3.06	0.5	8.2	4.86	0.1	8.6	3.86	0.3	7.8	5.63
	5	0.2	7.3	4.06	0.2	8.2	3.15	1.4	7.9	5.25	0.1	8	4.16	0.1	7.7	4.92
	10	0.4	7.7	4.82	0.1	8.6	3.69	1.3	8.6	5.48	0.2	9.3	4.87	0.3	8.8	5.77

通过上述五种不同覆盖度苔藓的砂岩降雨前后对比发现，未降雨前，所有砂岩平均含水率表现出随着深度增大，平均含水率逐渐下降的趋势，说明了空气中的水汽向砂岩内部逐渐扩散的过程。降雨后，砂岩试样整体平均含水率呈现出上部含水率较下部含水率低，深度越深，平均含水率较高的趋势，说明雨水在砂岩表面运移的过程是由上到下，由内向外逐渐扩散的。由此说明，不同覆盖度苔藓对于这种规律的形成没有关联性。

5.2.2.2　现场监测

现场环境温度监测如图 5-46、图 5-47 所示，可以看出五种不同监测环境下的温

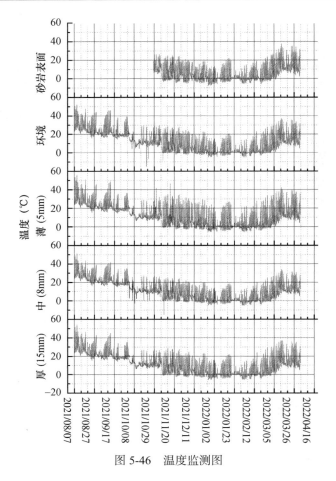

图 5-46　温度监测图

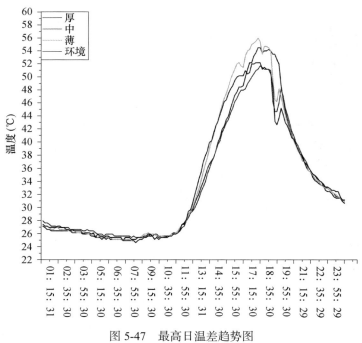

图 5-47　最高日温差趋势图

度走势图具有明显的一致性，有所不同的是每一种监测环境下温度波动的幅度有大小区分。从 2021 年 8 月 7 日开始全年的温度趋势走向是逐渐下行的，至 2022 年 1 月 23 日附近温度又在逐步上升，进入下一年的温度周期性变化循环。为了更加清楚地对环境温度进行分析，选取了温度波动幅度最大为 31℃（25.0～56.0℃）这一天的温度数据进行分析。由于外界环境的复杂性，通过人为划分的厚、中、薄三个苔藓层和外界温度并没有表现出显著的差异性，但是可以观察到在温度急剧变化的"抛物线"顶点附近时段，厚苔藓层相较于中、薄苔藓层和环境温度，曲线斜率更显缓和一些，尤其在 18：35 时段，当中、薄苔藓层和环境温度有小幅度回升的时候，厚苔藓层的温度在这一阶段保持了稳定性，这与室内试验过程中 100% 覆盖度苔藓在强烈光照条件下表现出了一致的保温性，这种保温性对于砂岩防风化的积极影响，有待于进一步监测和研究，但是其抑制温度上升的能力较室内试验所用苔藓差。

5.2.3 小结

表面软覆盖防风化技术研究通过借鉴"软覆盖"理念，在多场耦合环境模拟实验室开展了降雨 - 日照模拟试验和现场环境温度监测，以温度、相对湿度和含水率为评价指标对室内卷柏藓和现场土生对齿藓在不同环境条件下的相应试验结果进行了温湿度影响规律总结。得到如下结论。

（1）室内不同覆盖度卷柏藓的降温过程遵循着幂函数中的异速生长曲线关系。

（2）光照试验揭示了室内卷柏藓覆盖度越高，砂岩 - 苔藓界面层的保温性能越好，尤其当苔藓覆盖度是 100% 时，苔藓的保温性能是裸露砂岩表面的 3.11 倍。处于现场环境温度监测中的土生对齿藓也表现出了苔藓厚度为 15mm 时，具有相对稳定的保温性能。

（3）室内降雨 - 日照（18：00～23：30）试验过程中，不同覆盖度的卷柏藓表现出了不同的抗逆性和保水性，覆盖度越大，苔藓对于光照破坏的抗逆性和保水性就越强。

（4）室内五种不同覆盖度卷柏藓的砂岩均表现出了降雨前空气中的水汽向砂岩内部逐渐扩散和降雨后雨水自上而下、自内而外的扩散现象，表明以覆盖度作为变量的试验设计对于这种现象的形成没有相关性。

5.3 保护棚防护技术研究

5.3.1 临时保护棚搭建

为有效防止北石窟寺南段崖体表面降雨直接冲刷和崖体顶部汇集水流的冲刷作用，从多方面降低外营力对崖体的影响，同时为了对临时防雨棚的实际效果做出有效且客观的评价，在北石窟寺南端设置临时保护防雨棚。

通过对保护棚现代大跨度钢结构体系、仿古建筑体系、脚手架搭设体系等搭建方案进行多次研判，最终决定采用脚手架搭建的形式设置北石窟寺南段临时保护棚。根据工程特点，临时防雨棚主体施工搭设采用四周落地式、全高全封闭的扣件式双排钢管脚手架，多体量多结构脚手架支撑起大体量的雨棚，既能够在平面最大程度上覆盖遮挡崖体，保护崖面窟龛，防止雨水对石窟的冲蚀破坏，又能在最大程度上降低恶劣天气对保护棚的冲击影响，保证保护棚搭建后的安全并使之发挥应有的作用；屋面采用树脂瓦屋面与钢结构方管焊接在脚手架上，使之整体连接，形式为双层半坡直面屋顶，使雨水能够快速漫排至檐口落地，有效发挥遮风挡雨的作用；同时整个临时保护棚结构南高北低，防雨棚檐口设置统一排水的截水槽，槽口最北端对接排水管道，排水管道从脚手架正面搭设对接至地面排水渠道，既保证了排水的流畅性，又防止保护棚瓦面流水直接排下，重击窟区地面；脚手架正面布设了北石窟寺文物保护、研究、弘扬的相关宣传栏，降低了参观人员对临时保护棚搭设后遮蔽南段崖体窟龛的影响，一定程度上保证了石窟的观赏性（图 5-48）。

（a）侧面　　　　　　　　　　　　　　（b）正面

图 5-48　临时保护棚搭建

临时保护棚于 2020 年 9 月 17 日开始施工，2021 年 3 月 26 日正式完工。第一个阶段，根据施工建筑外形排立杆位置，放线使立杆距建筑外廓距离相等，并放置扫地杆，完成了脚手架搭设的前期准备工作；第二个阶段，自中部起依次向两侧竖立杆，低端与纵向扫地杆扣接后，装设横向扫地杆并于立杆固定，每侧竖起 3～4 根立杆后，随即装设第一大横杆和小横杆，矫正立杆垂直和平杆水平使其符合要求后，按40～60kN/m 力矩拧紧扣件螺栓，形成构架的起始段，随后开始整体脚手架搭设；第三个阶段，脚手架搭设完成后，采用树脂瓦对屋面进行建设，最后用方管将树脂瓦面焊接在整体脚手架上。

5.3.2　渗水监测

5.3.2.1　保护棚内

2021 年 3 月底，窟区南段临时保护防雨棚搭建后，主要的大气降水被拦截在雨棚外，雨水不能通过崖面顺裂隙渗入窟龛，2021 年 7～10 月窟区雨季的监测显示，窟区降水后，保护棚下 49 个窟龛都较为干燥，尤其是保护棚搭设前深受渗水侵蚀的 1、9、267 号等窟均向干燥转变，崖面及窟龛渗水得到有效控制。临时保护防雨棚搭设前后雨棚下崖体及窟龛的渗水对比见图 5-49。

5.3.2.2　保护棚内外对比

2021 年 3 月底，窟区南段临时保护防雨棚搭建后，窟区南段崖体及窟龛受降水

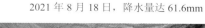

2020 年 8 月 17 日，降水量达 67.5mm　　　　　　　2021 年 8 月 18 日，降水量达 61.6mm

（a）1 号窟东南壁

（b）9 号窟西壁上部

（c）34 号窟西北壁

图 5-49　临时保护防雨棚搭设前后雨棚下崖体及窟龛的渗水对比

（d）267 号窟北壁

（e）267 窟外雨棚下壁面（268～269 龛）

图 5-49 （续）

影响的程度大大降低，保护棚下的所有窟龛基本都向干燥转变，而没有保护棚的窟区北段崖体及窟龛依然深受降水影响。

临时保护防雨棚外总计有 245 个窟龛，窟区降水时，其中直接遭受降水侵蚀的有 19 个窟龛，遭受渗水影响的有 76 个窟龛，直接漏水的有 3 个窟龛，渗漏水问题加速了窟龛造像的风化速率，严重影响了文物的保存（图 5-50）。

5.3.3　生物监测

临时保护防雨棚搭设后，生物发育也得到了有效控制。崖体表面微生物逐年开始退化，洞窟内造像微生物也大幅退化（图 5-51）。

试验棚外、崖体遭受雨水侵蚀 试验棚内

图 5-50　试验棚外窟区崖体受雨水侵蚀与试验棚内崖体对比（2021 年 8 月 20 日）

图 5-50 （续）

2020 年 9 月 　　　　　　　　　　　 2021 年 9 月

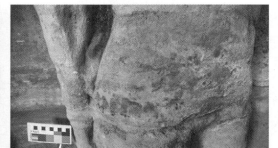

（a）276 号窟北壁左起第二尊造像局部

（b）南端远景

图 5-51 　保护棚搭建前后微生物状态

（c）窟区南端二台拐角处

（d）南端局部

（e）281 龛周边

图 5-51　（续）

5.3.4 窟内温度变化

以 32 窟为监测对象，分析保护棚搭建前（2012～2020 年）与搭建后（2021 年）平均温度的变化。从 2012～2020 年监测数据可以看出，32 窟内不同月份温度最大值和最小值差值较大，搭建保护棚后窟内温度最大值降低 1～4℃，最小值上升 1～3℃（图 5-52），使得窟内的温度更加稳定，搭建保护棚前夏季窟内最高温 30℃，搭建保护棚后降低至 26℃。

通过对每月的温度日较差分析后得出图 5-53，在搭建保护棚之前，夏季的温度日较差低于冬季日较差，年变化具有较好的规律性。保护棚搭建后，温度日较差有明显降低（图 5-53），尤其是 9 月和 10 月下降较为明显，温度日变化均值小于 3℃。较稳定的温度环境能够抑制病害的发生，保护棚能够使窟内的温度更加稳定。

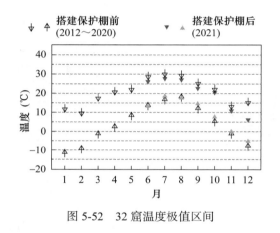

图 5-52 32 窟温度极值区间

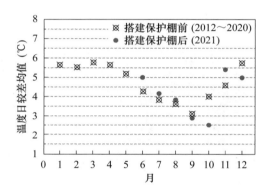

图 5-53 32 窟温度日较差均值

5.3.5 窟内相对湿度变化

以 32 窟为监测对象，分析保护棚搭建后（2021 年）与搭建前（2012～2020 年）平均相对湿度的变化。从 2012～2020 年监测数据可以看出，窟内全年相对湿度变化较大，相对湿度上限大于 85%，下限小于 30%。而在搭建保护棚后，相对湿度上限下降差值为 5%～15%，相对湿度下限提高 5%～20%（图 5-54），窟内的相对湿度变化更加稳定。

通过对每月的相对湿度日较差分析后得出图 5-55，搭建保护棚后窟内相对湿度日较差等于或者小于未搭建保护棚之前，尤其 9 月和 10 月相对湿度日较差稳定在 10%～12%。相对湿度的稳定取决于温度的稳定。因此，保护棚阻挡太阳热辐射使得窟内温度稳定，从而使得相对湿度稳定。较为稳定的相对湿度能够抑制盐害的发生。

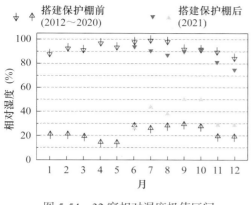

图 5-54　32 窟相对湿度极值区间

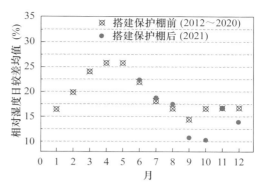

图 5-55　32 窟相对湿度日较差均值

5.3.6　保护棚内外崖体温度、辐射强度变化

5.3.6.1　保护棚内

通过对保护棚内太阳辐射强度和崖体温度监测得到图 5-56 和图 5-57，可以看出保护棚内太阳辐射全年小于 10W/m²，保护棚内的热辐射主要来自于保护棚树脂瓦屋面受热后的辐射，夏季为 6～10W/m²，冬季小于 5W/m²，因此太阳辐射对崖体温度的影响非常小，崖体温度的变化主要来自于环境温度的热传递和热交换。通过分析崖

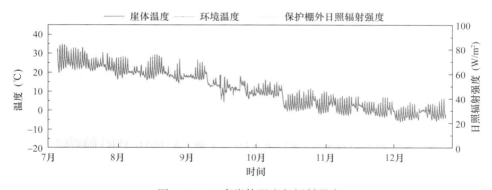

图 5-56　32 窟崖体温度与辐射强度

体温度可以看出崖体温度变化小于环境温度的变化，且变化区间介于环境温度之间，夏季崖体最高温度为 35℃，日变化区间在 3～14℃，均值在 6.69℃。

5.3.6.2　保护棚外

保护棚外崖体温度以 44 窟南北壁监测结果进行分析，其中南壁日照时间较长，北壁日照时间较短。辐射强度传感器

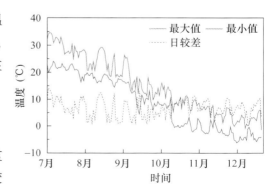

图 5-57　32 窟崖体温度极值与日较差

放置在全天能够照射到太阳的窟前平台。日照辐射强度为 $600\sim1200\mathrm{W/m^2}$，夏季为 $800\sim1200\mathrm{W/m^2}$，冬季为 $600\sim900\mathrm{W/m^2}$，崖体温度夏季高、冬季低。在夏季，南北壁温度相差不大，南壁受太阳辐射温度上升较高，北壁受窟内岩体热辐射温度也上升较高，最高温度约 $40℃$，高于环境温度，保护棚外的崖体温度上升热量来自于环境的热交换、热传递及太阳的热辐射。在冬季，太阳入射角度低，北壁温度远低于南壁温度，北壁温度接近于环境温度的下限，南壁温度略高于环境温度的上限，南壁的温度日较差大于北壁的温度日较差，南壁温度日较差均值为 $11.05℃$，北壁温度日较差均值仅为 $6.16℃$，南壁受温度的影响要远大于北壁的影响（图 5-58、图 5-59）。

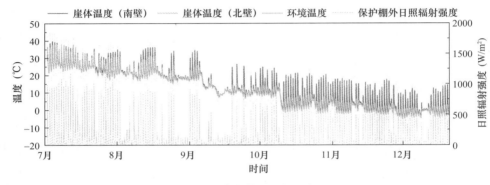

图 5-58　44 窟崖体温度与辐射强度

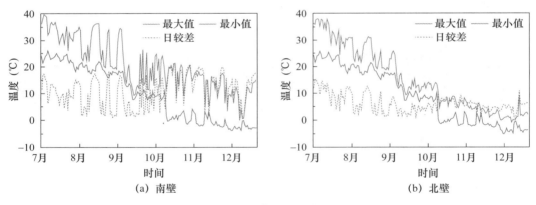

（a）南壁　　　　　　　　　　　　　　　（b）北壁

图 5-59　44 窟崖体温度极值与日较差

5.3.6.3　有窟檐洞窟

同时也选择有窟檐的洞窟 45 窟进行监测，45 窟为开放式佛龛，进深约 1m，虽然没有保护棚，但其窟龛具有窟顶，能够阻挡太阳辐射，对窟龛正壁温度进行监测得到图 5-60 和图 5-61。可以看出 45 窟崖体温度较为稳定，崖体温度始终接近于环境温度下限 $2\sim5℃$，最高温度也低于 $30℃$，温度日较差仅 $3.36℃$，崖体温度十分稳定。45 窟崖体温度比较稳定有以下因素：窟顶完全隔绝热辐射，太阳热辐射对崖体

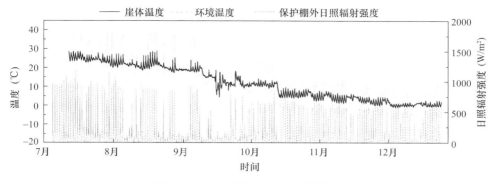

图 5-60　45 窟崖体温度与辐射强度

温度的影响较小；窟顶砂岩厚度较厚，导热系数较低，仅 1.5W/（m·K）；崖体后缘温度较低，后缘的热传递使得其温度更加稳定。

5.3.7　落砂量

　　32 窟和 267 窟均位于保护棚下，对其典型落砂点进行监测。通过监测分析得到图 5-62 和图 5-63。由于岩性差异、风化程度、监测面积差异，不同监测点落砂

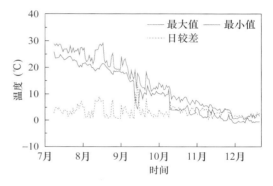

图 5-61　45 窟崖体温度极值与日较差

量存在差异，仅比较该监测点在保护棚搭建之前和之后的落砂量。

　　通过对三处监测点落砂量进行分析，落砂量显现明显的季节性，春季的落砂量要大于其他季节，但是落砂量在搭建保护棚后暂时没有较为明显的变化，还需持续对落砂量进行监测。

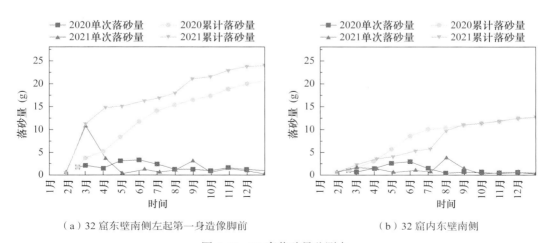

（a）32 窟东壁南侧左起第一身造像脚前　　　　　　（b）32 窟内东壁南侧

图 5-62　32 窟落砂量监测点

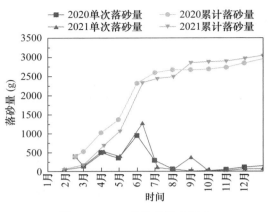

图 5-63　267 窟落砂量监测点

5.3.8　小结

　　保护棚对于降水和日照辐射具有非常好的阻断作用，搭建保护棚后的主要变化有渗水减少甚至消除、微生物大幅度退化、崖体温度降低明显，以及窟内温度和相对湿度更加稳定。较为稳定的环境有利于文物本体的保存，建议持续对洞窟微环境及病害进行监测，避免次生病害的发生。

第6章 综合防风化技术的示范与推广应用

无论风化机理研究，还是防风化技术研究，最终目的都是为了解决砂岩石窟寺快速风化导致遗产价值受损。本章以问题为导向，以北石窟寺为对象，通过现场防风化工艺的研究和现场试验，借助多种措施尝试阻止和减缓北石窟寺文物快速风化的问题，为北石窟的保护提供科学综合的解决方案，也可为类似环境下的砂岩石窟寺的防风化提供参考与示范。

6.1 综合防风化技术在北石窟寺的应用

6.1.1 加固工艺研究

我国石窟寺分布广泛、规模宏大、体系完整，集建筑、雕塑、壁画、书法等艺术于一体，充分体现了中华民族的审美追求、价值理念和文化精神。石窟寺开凿至今大多已经历上千年，载体多为砂岩体，受自然环境影响，如风、降雨、降雪、温湿度变化等，砂岩质文物风化严重，部分造像已经不复存在。砂岩质文物表面风化病害主要有粉化剥落、结壳剥落、孔洞状剥落等，研究主要针对砂岩石窟寺主要病害——粉化剥落，筛选砂岩石窟寺表面防风化加固工艺。粉化剥落病害主要指在温湿度变化、水盐、冻融作用下表面疏松，呈细小颗粒脱落的现象。表面风化剥落可根据风化速度定量分级，野外可根据风化程度分为两级（表3-8）。

在庆阳北石窟寺北端文物载体上选取岩体风化表面作为试验区，根据防风化加固材料筛选结果，选用硅丙乳液，采用三种加固方式进行现场加固，见图6-1。

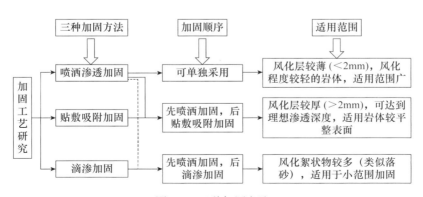

图6-1 三种加固方法

以上三种加固方式既可以单独使用，也可以组合使用。其中喷洒渗透加固方式主要针对风化层较薄的岩体表面，渗透深度相对较浅，但一次性加固范围较大且较快捷；贴敷吸附加固方式主要针对风化层厚度适中的岩体表面，可弥补喷洒渗透加固渗透深度较浅的缺点，但施工工艺相对复杂，一次加固范围较小，可进行选择性加固；滴渗加固可使加固材料在重力作用下沿着注射针头缓慢渗入岩体表面风化层，以获得更好的加固深度，是三种方法里渗透深度最大的加固方法，适合用于风化层较厚的岩体，缺点是加固范围极小。

6.1.1.1 喷洒渗透加固法

1．喷洒渗透加固原理

喷洒法是加固石质文物最简单的方法，在表面喷涂加固材料，使其通过毛细作用逐渐向内部渗透。这种方法的渗透深度较小，一般先使用浓度较低的溶液，然后再增大溶液的浓度进行喷洒，以期达到理想的渗透深度。利用耐酸碱油高压手压喷雾器，将 0.5% 硅丙乳液，均匀喷洒渗透到石窟岩体表面风化较严重的絮状风化层进行初步固结；而后根据岩体表面风化的严重程度和初步观察加固效果，判断是否需要再次喷洒低浓度的加固材料。首先喷洒低浓度硅丙是为取得更理想的渗透深度，一次性不能喷洒过量硅丙乳液，以防在岩体风化表面产生聚水现象。若需要进行再次喷洒，待上一次喷洒的加固溶液完全渗透岩体内后实施。同时，在加固过程中应逐渐提高硅丙乳液的浓度，最后一次喷洒用 1.5% 硅丙乳液。

2．喷洒渗透加固装置介绍

使用耐酸碱油高压手压喷雾器，可控制喷洒压力，手动控制喷洒角度与距离，加固方便快捷，见图 6-2、图 6-3。

图 6-2　耐酸碱油高压手压喷雾器

<table>
<tr><td>（a）喷管（长 35.5cm）</td><td>（b）精制钢把手</td></tr>
</table>

（c）防滑手柄　　　　　　　　　　　　　　（d）气压表

图 6-3　关键配件详图

3．喷洒渗透加固难点

喷洒渗透加固难点主要体现在四个方面：喷洒渗透距离、强度、渗透量的控制，以及喷洒渗透后多长时间进行贴敷吸附加固。

4．喷洒渗透加固难点解决方案

（1）采用的喷洒渗透距离要使加固材料均匀地喷洒在絮状风化物上，且不能产生较大的压力将其冲散，否则影响文物原貌，经过初步判断，拟设定压力值为 100kPa，分别采用 10cm、20cm、30cm、40cm、50cm、60cm 的喷洒渗透距离对岩体表面试验区进行喷洒渗透，观察喷洒渗透后的效果。

（2）喷洒渗透量的多少由具体岩体表面絮状风化物的多少控制，喷洒渗透到絮状风化物润湿渗透即可，不可让风化表面形成聚水现象；可间隔一段时间，待岩体风化层表面吸收加固溶液后再次进行喷洒，以达到理想的喷洒渗透量，拟确定以 25g 为一次喷洒量。

（3）喷洒渗透后需等待絮状风化物有一定的胶结力，但未形成大面积树脂膜后进行下一步加固计划。通过便携式显微镜观察经 1.5% 硅丙乳液加固的砂岩试样是否有结膜现象，结果发现胶结程度较差、颗粒较大的砂岩无大面积成膜现象，加固材料是通过包裹矿物颗粒表面和原有胶结物质增强胶结程度。因此对于这种颗粒极为疏松、胶结程度极差的岩体表面絮状风化物，喷洒渗透加固后等待表面干燥后立刻进行贴敷吸附加固即可。

5．喷洒渗透加固步骤

现场试验采用均匀喷淋岩体加固的方法，喷淋至岩体饱和即表面出现挂水，待材料被吸收后，接着进行均匀喷淋，重复上述操作直至不再吸收为止。具体参数控制如表 6-1 所示，具体步骤如下。

表 6-1　喷洒渗透参数控制表

喷洒区域	喷洒强度（kPa）	喷洒距离（cm）
1（左）		10
1（右）		20
2（左）		30
2（右）	100	40
3（左）		50
3（右）		60

（1）选取北石窟寺北端岩体中风化现象较严重的一块区域作为防风化加固试验区，并划分出四个 30cm×30cm 的区域（图 6-4）。

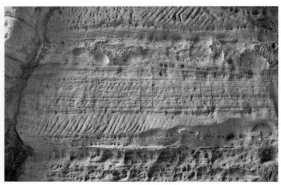

图 6-4　防风化加固试验区

（2）加固前采用高清数码拍照、便携式显微镜观测以及三维扫描表面形貌、色差、波速等多种无（微）损检测手段进行监测，见图 6-5。

（3）进行第一次喷洒加固。首先采用低浓度加固材料（0.5% 硅丙乳液）进行喷洒。分别采用不同的加固距离（10～60cm，每 10cm 为一个梯度），对 1～3 号区域进行喷洒。一块区域分左右两侧喷洒，为避免加固喷洒到其他区域内，使用纸板进行遮挡，喷洒强度均为 100kPa，上下来回共喷洒 6 遍，共喷洒出加固材料 25g 左右，见图 6-6、图 6-7。

（4）第一次喷洒低浓度硅丙后，等待 30min 后进行第二次低浓度喷洒加固，此时岩体风化层表面的加固材料在毛细力作用下已渗入岩体内部。同样上下来回共喷洒 6 遍，共喷洒出加固材料 25g 左右。

（a）高清数码拍照

（b）专家观察

（c）三维扫描测试

（d）波速测试

（e）显微镜观测

（f）色差测试

图 6-5　加固前测试

图 6-6　喷洒加固现场试验

（5）第二次喷洒低浓度硅丙后，等待 30min 后进行第三次喷洒，此时岩体风化层表面的加固材料在毛细力作用下已渗入岩体内部，第三次喷洒的硅丙溶液浓度为 1.5%，同样上下来回共喷洒 6 遍，共喷洒出加固材料 25g 左右。

（6）第三次喷洒高浓度硅丙后，等待至第二天进行观察。同时使用三维扫描仪扫描岩体风化层表面形貌变化，以此来评价喷洒加固材料时喷洒强度和距离对岩体风化

（a）10cm- 区域 1 左侧　　　　　　　　　　（b）20cm- 区域 1 右侧

（c）30cm- 区域 2 左侧　　　　　　　　　　（d）40cm- 区域 2 右侧

图 6-7　不同喷洒距离控制图

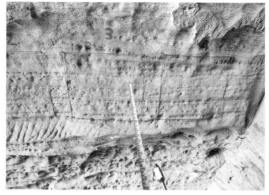

<table>
<tr><td>（e）50cm-区域3左侧</td><td>（f）60cm-区域3右侧</td></tr>
</table>

图6-7 （续）

层表面形貌的影响。

（7）第二天观察后发现并未取得理想的加固效果，因此进行第四次和第五次高浓度硅丙溶液（1.5%）喷洒，5次喷洒参数见表6-2，待加固材料在现场环境下起效后进行高清数码拍照、色度测试、波速测试、显微镜观测、三维扫描表面形貌等检测。

表6-2 喷洒参数表

喷洒区域	喷洒强度（kPa）	喷洒距离（cm）	一次喷洒量（g）	喷洒浓度（间隔时长）（共5次）
1（左）	100	10	25	0.5%（30min）、0.5%（30min）、1.5%（18h）、1.5%（30min）、1.5%（30min）
1（右）		20	25	
2（左）		30	25	
2（右）		40	25	
3（左）		50	25	
3（右）		60	25	

6. 喷洒渗透加固效果评价

1）高清数码拍照

使用高清数码照相机对岩体风化表面固定位置喷洒加固前后的宏观形貌进行记录（图6-8）。

通过观察以上不同喷洒距离（10～60cm）的区域后发现：喷洒距离为10cm时，加固材料会冲走风化层表面絮状物，表面砂颗粒会产生紧缩和聚集现象；喷洒距离为20cm时，加固材料会冲走少量风化层表面絮状物，表面砂颗粒会产生紧缩和聚集现象；喷洒距离为30cm时，风化层表面絮状物无冲走现象，表面砂颗粒会产生紧缩和聚集现象；喷洒距离为40cm时，风化层表面絮状物无冲走现象，表面砂颗粒发生很小的紧缩和聚集；喷洒距离为50cm时，加固材料仅有少部分可以喷洒到岩体风化层表面；喷洒距离为60cm时，加固材料几乎接触不到岩体风化层表面。

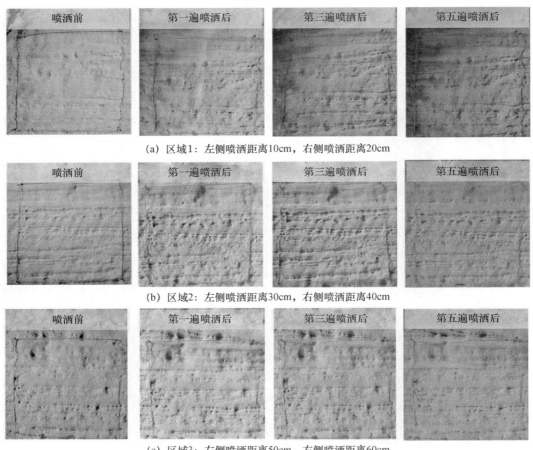

(a) 区域1：左侧喷洒距离10cm，右侧喷洒距离20cm

(b) 区域2：左侧喷洒距离30cm，右侧喷洒距离40cm

(c) 区域3：左侧喷洒距离50cm，右侧喷洒距离60cm

图 6-8　区域 1～3 表观特征图

2）显微镜下观测

使用便携式显微镜观察岩体风化表面固定位置喷洒加固前后的微观结构变化，喷洒距离分别为 10cm、20cm、30cm、40cm、50cm、60cm，见图 6-9。

通过图 6-9 对照可看出，喷洒距离为 10cm 和 20cm 时，会冲走砂岩颗粒表面岩屑和一部分风化颗粒物，喷洒后颗粒间距被填充，间距变小；喷洒距离为 30cm、40cm、50cm 时矿物颗粒连接增强，砂岩颗粒表面的风化颗粒物也未大量减少；喷洒距离为 60cm 时，几乎不对岩体产生影响，只有少量加固材料能喷洒到其表面。

图 6-9　喷洒渗透加固显微镜观测

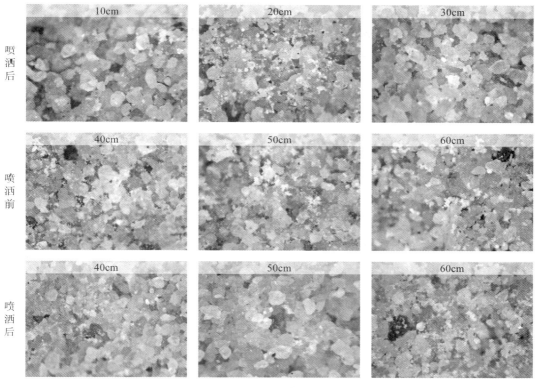

图 6-9 （续）

3）表面形貌特征

借助三维扫描仪对不同距离喷洒渗透处理后的岩体风化表面进行表征，观察岩体试验区表面的形貌变化，见图 6-10。

从图 6-10 可以看出，当喷洒距离为 10cm 和 20cm 时，表面絮状颗粒物被大量冲散，且表面疏松矿物颗粒收缩现象较严重；当喷洒距离为 30cm 和 40cm 时，表面颗粒无冲散现象，区域 2 中右上角产生塌陷区域是由于该区域部分松散絮状物较多，遇

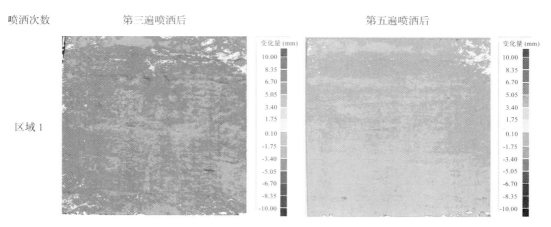

图 6-10　喷洒加固岩体表观形貌 3D 变化图

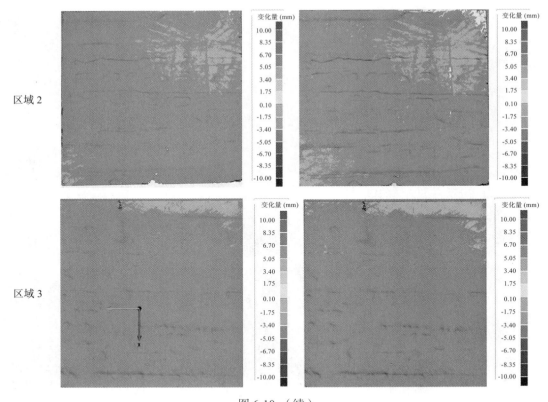

图 6-10 （续）

水收缩，拐角区域应是落砂导致；当喷洒距离为 50cm 和 60cm 时，除顶部一小部分颗粒收缩外，其余区域皆不受喷洒影响。

4）色差表征

采用色差仪对岩体试验区加固前后的色差进行测试，评价加固处理前后的色差变化，由表 6-3 可以发现，随着喷洒距离的增大，色差值 ΔE 逐渐变小。当喷洒距离为 10cm 时，色差值 ΔE 最大为 2.376636，小于视觉界限值 4，满足要求。

表 6-3 喷洒渗透加固色差监测表

区域	测试时间	L	a	b	ΔE
区域 1（10cm）	加固前	39.24	8.21	20.9	/
	喷洒后	37.96	8.11	18.9	2.376636
区域 1（20cm）	加固前	37.96	8.14	21.51	/
	喷洒后	38.09	7.82	19.38	2.157823
区域 2（30cm）	加固前	42.17	8.45	22.66	/
	喷洒后	42.56	8.37	21.02	1.687631
区域 2（40cm）	加固前	41.31	7.87	19.63	/
	喷洒后	41.76	7.6	18.22	1.504493

续表

区域	测试时间	L	a	b	ΔE
区域 3（50cm）	加固前	46.12	8.97	22.84	/
	喷洒后	46.73	8.72	21.68	1.334241
区域 3（60cm）	加固前	48.6	8.06	21.2	/
	喷洒后	49.29	8.27	20.68	0.889157

5）波速表征

采用 UK1401 超声波测试仪对岩体试验区加固前后的固定位置进行测试，评价加固处理前后岩体试验区表面的波速变化，测试结果见表 6-4。

表 6-4　喷洒渗透加固波速监测表

区域	测量时间	垂直层理（m/s）	提高比（%）	平行层理（m/s）	提高比（%）
区域 1（10cm）	加固前	2120	3.77	1490	8.96
	喷洒后	2200		1680	
区域 1（20cm）	加固前	2160	3.24	1630	8.33
	喷洒后	2230		1810	
区域 2（30cm）	加固前	2150	2.79	1710	6.04
	喷洒后	2210		1840	
区域 2（40cm）	加固前	2130	2.34	1550	6.10
	喷洒后	2180		1680	
区域 3（50cm）	加固前	2120	0.47	1640	5.66
	喷洒后	2130		1760	
区域 3（60cm）	加固前	2110	0.47	1630	4.26
	喷洒后	2120		1720	

从表 6-4 结果中发现，随着喷洒距离的增大，岩体风化面波速提升比逐渐下降，尤其当喷洒距离为 50cm、60cm 时，波速提高比极小，平行层理方向波速提高比大于垂直层理方向，说明岩体沿平行层理方向加固效果较好。

7．小结

喷洒渗透加固是一种较方便快捷且适用性很强的加固工艺，通过试验研究得出了喷洒渗透加固工艺的具体控制方法，设置喷洒强度为 100kPa，控制喷洒距离为 40cm。首次喷洒采用低浓度硅丙（0.5%），一次喷洒 25g 左右，防止加固溶液在岩体表面形成聚水现象；间隔 30min 后进行第二次喷洒，依旧采用低浓度硅丙（0.5%）进行喷洒；之后每隔 30min 后喷洒高浓度硅丙（1.5%），喷洒三次高浓度硅丙后结束。通过评价喷洒渗透加固效果，发现该方法既不影响岩体表面风化层形貌，同时也起到了理想的加固效果，普遍适用于砂岩质文物防风化加固。

6.1.1.2　贴敷吸附加固法

1．贴敷吸附加固原理及方法

贴敷吸附法是在喷洒法的基础上延伸出来的，通过在岩体风化表面贴敷海绵，延长风化层和加固溶液的接触时间，通过毛细作用提高加固溶液的渗透深度。该方法配合慢流技术（即加固剂装入吊瓶中，通过针管慢慢注入与岩体表面贴敷的软海绵中）对石质文物进行了加固。将1.5%的硅丙乳液通过毛细管作用吸入岩体表面风化层中，解决上述喷洒渗透加固方式不能将加固材料大量带入表面风化层的弊端，又能避免加固过程中改变文物原貌的问题。

2．加固材料供给方式探索

使用三种供给方法将加固材料渗入风化岩块，以期找出最优方式，分别为注射器供给、吊瓶供给和微量泵供给，试验后总结三种供给方式的优缺点（表6-5）。通过试验发现，注射器供给加固材料方便快捷，但一次注射量小，不能控制注射速度，针头易堵塞，多个注射器注射速度不能统一；吊瓶法，顾名思义是用打吊瓶的方式供给加固材料，注射量易于控制，但不易控制流动速度，速度稍快，管内常有空气，导致加固溶液流动不畅；微量泵供给指由微量泵提供动力，推动注射器输出加固材料，通过连接针头输入海绵，可精准控制流速，一次注射量适中（100mL），但工艺相对繁琐。

表 6-5　三种溶液供给方式

加固材料浓度（%）	供给方式	示意图	传导介质	优缺点
1.5	注射器		海绵	方便快捷，但一次注射量小，不能控制速度
1.5	吊瓶		海绵	注射量易于控制；但不易控制流动速度，速度稍快；管内常有空气，导致加固溶液不流动

续表

加固材料浓度（％）	供给方式	示意图	传导介质	优缺点
1.5	微量泵		海绵	可精准控制流速，一次注射量适中，但工艺相对繁琐

3．贴敷吸附加固难点及解决方案

1）加固材料溶质是否能通过海绵

通过测试加固材料透过海绵前后的电导率变化，可知是否有溶质残留在传导介质中，见图 6-11。

（a）测试原溶液电导率　　　　　（b）溶液透过海绵　　　　　（c）再次测试溶液电导率

图 6-11　电导率测试

通过表 6-6 结果可知，加固材料透过海绵前后的电导率几乎无变化，硅丙溶液溶质可以透过海绵。

表 6-6　电导率测试结果　　　　　　　（单位：μs）

测试溶液	纯净水	北石窟自来水	原溶液	透过海绵溶液
电导率	8.34	76.2	316	325

2）如何计算加固材料渗入风化层的量

通过计算加固材料所在容器前后的质量差值，减去传导介质使用前后所增加的质量，即可算出加固材料渗入风化层的量。

3）如何控制柔性传导介质（海绵）与岩体表面风化层的接触压力

采用丝杠将装置轻轻地覆盖在表面风化层，既要与风化层接触，又不能破坏表面絮状物，将柔性传导介质（海绵）压缩一定的距离，约 0.5mm，使其与凹凸不平的风化层完全贴合接触，丝杠表面和海绵放置电阻式薄片式压力传感器，见图 6-12。

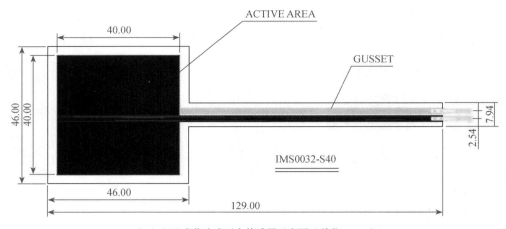

（a）电阻式薄片式压力传感器示意图（单位：mm）

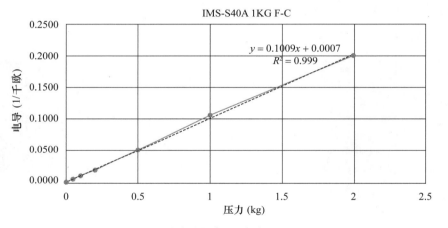

（b）电导率 - 压力关系

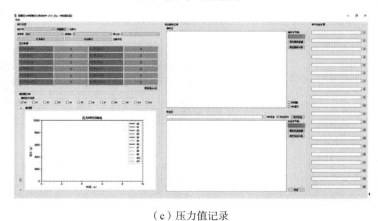

（c）压力值记录

图 6-12　接触压力控制及记录

4．贴敷吸附加固步骤

对比三种加固材料供给方式的优缺点，决定采用微量泵供给加固材料的方式在现场岩体表面风化层进行加固试验。在试验区选择 3 号区域与 4 号区域分别进行贴敷吸附加固，其中 3 号区域已用喷洒渗透进行了加固，4 号区域未进行任何加固手段。具体步骤如下。

（1）加固前采用高清数码拍照、便携式显微镜观测、三维扫描表面形貌、色差监测、波速监测等多种无（微）损检测手段进行监测，同喷洒渗透加固相同。

（2）组装海绵盒。首先裁剪长宽厚分别为 10cm×10cm×1.4cm 的海绵，将其放入定制的无顶面和无正面的不锈钢盒中，盒的长宽厚分别为 10cm×10cm×1.2cm，使海绵厚度超出不锈钢盒 0.2cm 左右，以防海绵盒受压后不锈钢盒接触到砂岩体风化表面后对其产生影响。放入海绵后使用不锈钢防水强力胶将海绵封装在不锈管盒内，防止加固材料渗入海绵后从接缝处漏出，保证微量泵供给的所有加固材料均被砂岩风化层所吸附。

（3）在海绵盒顶部均匀地插入分流器所连接的 6 根针头，针头均选用 6 号针头（外径为 0.6mm，内径为 0.3mm），此大小的针头可保证加固材料渗入海绵的速率适中，针孔方向面向海绵出露面，即海绵盒正面。

（4）准备电阻式薄膜压力传感器，尺寸为 40mm×40mm，厚度 0.3mm，无压力时电阻达 10MΩ 以上，有压力触发后，电阻从几百 k 到几 k，压力越大电阻越小，将其连接至计算机后调零，自动记录压力值变化，之后将电阻式薄膜压力传感器贴近至海绵盒背面，监测结果见图 6-13，可看出压力值在 78～80g 间来回浮动。

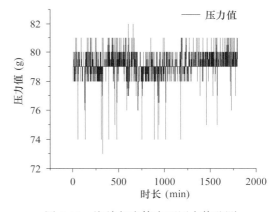

图 6-13　海绵与岩体表面压力值监测

（5）准备一层厚度适中（1cm 左右），长宽均为 10cm 的硬泡沫将电阻式薄膜压力传感器压住，最后使用固定在脚手架上的丝杠轻轻施压，使砂岩体风化表面、海绵盒、电阻式薄膜压力传感器、硬泡沫垫依次贴近，既要使海绵盒与风化层接触，又不能破坏表面絮状胶结物，将柔性传导介质（海绵）压缩在一定的距离，约 0.5mm，使其与凹凸不平的风化层完全贴合接触，之后旋转丝杠进出，从而调整海绵盒和砂岩体风化表面间的接触压力。

（6）连接微量泵装置。将微量泵放置在脚手架平台上，夹持盛满加固材料的 100mL 注射器，之后用橡胶软管将注射器与分流器相连接。接通电源后设置推进速度为 0.01mm/s，即注射速度约为 10mm³/s，以上为装置组装步骤。

（7）点击微量泵控制器 start 按钮，微量泵开始工作，此时按住加速按钮使加固材料快速充满分流器水平槽，排出橡胶管和分流器内空气，使分流器 6 个接头内的流速相一致，待加固材料充满分流器后松开控制器加速按钮，微量泵继续按设置好的 0.01mm/s 速度推进，直至注射器内的加固材料供给完毕。

（8）加固后尽快小心撤去装置，不能使海绵盒与砂岩体风化表面接触过长时间，因为加固材料的溶剂大多为水，加固后海绵表面存在大量的加固材料，长时间的接触会使砂岩体风化表面软化和变形，因此加固后需立即取下装置（图 6-14）。

（a）插入针头　　　　　（b）放置海绵盒　　　　　（c）丝杠施压

（d）调试传感器　　　　　（e）设置注射速度　　　　　（f）开始加固

图 6-14　贴敷吸附加固步骤

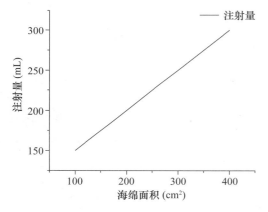

图 6-15　海绵面积和注射量的关系

在试验中发现，加固材料通过海绵吸附进岩体表面时量不可过多，量多时容易使加固材料富集在岩体表面，一方面使风化层表面软化，改变外观形貌；另一方面容易引起岩体表面泛盐。因此通过实验提出了海绵面积和注射量的关系，见图 6-15。

5. 贴敷吸附加固效果评价

1）高清数码拍照

由图 6-16 可知，区域 4 未经喷洒加固而直接使用贴敷加固的方法，干燥后有明显的加固痕迹，表面疏松的絮状风化物聚集在一起，且存在轻微泛盐现象；而已受喷洒加固的区域 3 的表面形貌几乎不受影响，较好地保持了原貌。说明贴敷吸附加固方式不适用于未进行喷洒加固的岩体表面风化层。

2）显微镜下观测

分别在 120 倍下观察加固前后的区域 3 和区域 4，见图 6-17。

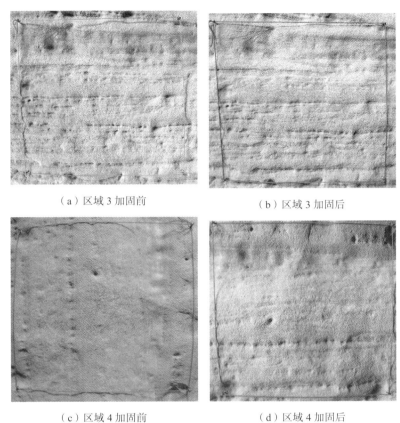

（a）区域 3 加固前　　　　　　　　（b）区域 3 加固后

（c）区域 4 加固前　　　　　　　　（d）区域 4 加固后

图 6-16　贴敷吸附加固岩体表观特征

（a）区域 3 加固前　　　　　　　　（b）区域 3 加固后

（c）区域 4 加固前　　　　　　　　（d）区域 4 加固后

图 6-17　贴敷吸附加固岩体显微镜观测

从图 6-17 可以看出，贴敷吸附加固后两块区域的矿物颗粒间碎屑均有不同程度的减少，颗粒间略微紧缩，相对于区域 3 来说，区域 4 微观结构受扰动略大。

3）表面形貌表征

采用三维扫描仪扫描加固前后的两块区域，3D 比较后结果如图 6-18 所示。

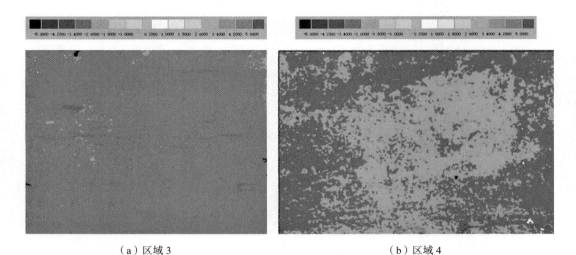

（a）区域 3　　　　　　　　　　　　　　　（b）区域 4

图 6-18　贴敷吸附加固岩体表观形貌 3D 变化图

由图 6-18 可以看出，区域 4 中贴敷加固后对岩体表面风化层表观形貌改变甚大，与相机拍照下的结果相吻合；区域 3 在贴敷加固后对表观形貌的影响很小，符合试验的预期效果。

4）色差表征

采用色差仪对加固前后的两个区域进行测试，评价加固处理前后岩体试验区表面的色差变化，见表 6-7。

表 6-7　贴敷吸附加固色差监测表

区域	测试时间	L	a	b	ΔE
区域 3	加固前	46.12	8.97	22.84	2.555249
	喷洒后	46.08	9.66	20.38	
区域 4	加固前	44.51	8.19	20.36	4.292179
	喷洒后	40.79	8.49	18.24	

通过表 6-7 看出，区域 4（未进行喷洒渗透加固的区域）的色差值偏大，可以通过人眼轻易识别，而区域 3（已进行喷洒渗透加固的区域）的色差值在视觉界限值以内，符合要求。

5）波速表征

采用 UK1401 超声波测试仪对岩体试验区加固前后的两块区域固定位置进行测

试，评价加固处理前后的波速变化，见表 6-8。

表 6-8　贴敷吸附加固波速监测表

区域	测试顺序	垂直层理（m/s）	提高比（%）	平行层理（m/s）	提高比（%）
区域 3	加固前	2130	6.10	1760	9.65
	加固后	2260		1930	
区域 4	加固前	2140	5.14	1670	8.98
	加固后	2250		1820	

通过表 6-8 可以发现区域 3 和区域 4 在贴敷吸附加固后波速均有提升，且平行层理方向波速提高比要大于垂直层理方向，说明加固材料在加固岩体表层风化面时倾向于平行层理方向。

6．小结

贴敷吸附法是在喷洒法的基础上延伸出来的，通过在岩体风化表面贴敷海绵，延长风化层和加固溶液的接触时间，提高加固剂的渗透深度。该方法可以弥补喷洒渗透加固方法的缺点，取得理想的渗透深度（6～7cm），通过试验发现，在贴敷吸附加固前先进行喷洒加固为宜，可最大限度地减轻加固措施对风化层表面外观形貌的影响；对比三种加固溶液供给方式，微量泵法最为适宜，该法可精准控制流速，一次注射量适中。

6.1.1.3　滴渗加固法

1．滴渗加固原理

当岩体表面风化层呈蜂窝状时，贴敷吸附加固不适用，只采用喷洒渗透有时达不到理想的渗透深度，加固材料作用的深度范围有限。此时需要采用滴渗的加固方法。使用注射器将加固材料注射到岩体风化层深处，从而到达胶结风化层深处，进而将未风化、微风化层和风化层粘接到一起，使其成为一个胶结程度较强的整体。

2．滴渗加固试验——平整壁面

分别在试验区域 2（已进行喷洒渗透加固）和区域 4（未进行喷洒渗透加固）选取左上角区域进行表面滴渗试验。同时对试验前后的岩体表面进行拍照记录和三维扫描，观察岩体表面的形貌变化，见图 6-19、图 6-20。

在试验过程中发现（图 6-19），在区域 4 左上角进行表面滴渗时溶液具有很好的渗透性，该区域在滴渗前未经过任何处理，但是絮状风化物在加固溶液接触后易紧缩或冲散；在区域 2 左上角进行滴渗时加固溶液渗透较慢，先以水滴状挂在岩体表面，随着时间增长缓慢渗入岩体且不影响表观形貌，该区域之前进行了喷洒渗透加固。同时，在图 6-20 中也可看出区域 4 左上角经滴渗加固后表面形貌发生了轻微变化，因此认为在滴渗加固前必须经过喷洒渗透加固，这样可以最大限度地减小滴渗加固对岩体风化表面的影响。

（a）滴渗前（区域 2 左上角）　　　　　　　（b）滴渗后（区域 2 左上角）

（c）滴渗前（区域 4 左上角）　　　　　　　（d）滴渗后（区域 4 左上角）

图 6-19　滴渗加固高清拍照

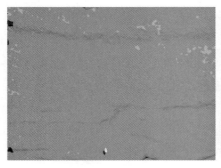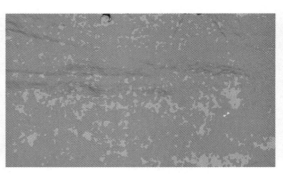

（a）区域 2 左上角　　　　　　　　　　（b）区域 4 左上角

图 6-20　滴渗加固岩体表面形貌 3D 变化图

3．滴渗加固试验——复杂壁面

砂岩造像表面细部结构形状复杂，难以进行较大面积加固，如鼻翼、眼窝等，因此选取了一块孔洞状风化壁面进行小范围滴渗加固，位置位于试验区南壁，把蜂窝状岩体表面假想成造像表面细部结构。滴渗加固前进行三维扫描，之后使用粗细不同的针头在不同区域进行滴渗加固，具体过程如图 6-21 所示。

（a）复杂壁面试验区　　　　　　　　　　　　　（b）滴渗前三维扫描

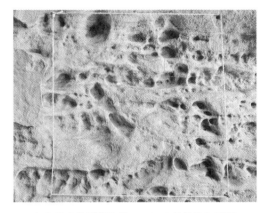

（c）从上往下依次为 4、6、7 号针头加固区　　　　　（d）粗细不同的针头

（e）表面滴渗　　　　　　　　　　　　　　　（f）滴渗细节

图 6-21　复杂壁面滴渗加固过程

　　滴渗结束后，待壁面干燥后再次进行三维扫描，见图 6-22。通过 3D 比较发现 7 号针头滴渗区域略微有所改变，因此建议采用 4 号针头，针头越小，水滴越小，对表面形貌影响越小。另外，滴渗方法在取得一定渗透深度同时可能会将岩体表面的盐分析出，因此建议在含盐量较高的岩体表面先进行脱盐再进行滴渗，或者是直接进行喷洒加固处理。

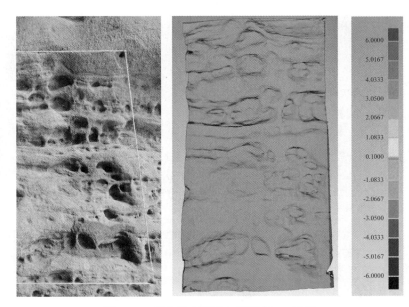

图 6-22　复杂壁面滴渗加固前后 3D 比较

4．小结

滴渗加固作为小范围加固方法，适合加固岩体复杂壁面，如造像鼻翼、眼窝、嘴角等部位。该法可以弥补喷洒加固渗透深度较浅和贴敷吸附只适用平整壁面加固的缺点，但该法渗入岩体表面的加固溶液量相对较多且集中，在含盐量较高的岩体表面直接加固易引起表面泛盐。

6.1.2　现场试块

为检验 5.1 节中化学渗透防风化技术的研究成果，设置北石窟寺现场试验，制作 176 块方形试样后滴渗不同的化学材料进行加固，之后露天摆放在北石窟第一层 260 窟前的样品架上（图 6-23），使加固试块在自然环境下遭受劣化，如雨、雪、风、温

图 6-23　北石窟寺样品架

度、湿度、日照等，定期取样测试各项指标。现场岩块加固试验方案及过程如下所述。

1．试验方案

北石窟寺砂岩根据砂粒大小可划分为中粒和细粒砂岩，因此分别制备若干尺寸为70mm×70mm×70mm 的中粒和细粒试块，采用不同的加固材料滴渗加固，见表 6-9。加固前后测试砂岩试块的多项指标，如高清拍照、显微镜观测、质量监测、表面硬度监测、色度监测等（表 6-10）。砂岩试块放置于样品架上后定期监测前述若干指标，监测周期分别为 1 个月、3 个月、6 个月、12 个月、18 个月、24 个月、30 个月、36 个月、42 个月、48 个月、54 个月。

表 6-9　现场试块编号

加固材料名称	试验编号	
	中粒砂岩	细粒砂岩
1.5% 硅丙	I1～22	P1～22
5% 砂岩加固材料	J1～22	Q1～22
20% 纳米 SiO_2	K1～22	R1～22
10% 正硅酸乙酯	L1～22	S1～22

表 6-10　测试指标及设备

测试指标	设备名称	测试指标	设备名称
微观变化	Anyty 3R 便携式显微镜	色度	3nh 手持式测色仪
表面硬度	Equotip Picclol 2 表面硬度计	超声波速	A1410 PULSAR 脉冲超声检测仪

2．试验步骤

1）现场制样

采用台锯进行切割，制出 70mm×70mm×70mm 的中粒和细粒方样数百个，之后进行人工打磨，借助多功能组合角尺粗测岩样表面平行度、表面粗糙度等误差，若不符合规范要求，用手持砂轮机和砂轮片打磨，直至满足规范要求。打磨后的岩样沾有黏土和细砂，用软毛刷和洗耳球除去，同时剔除具有缺陷的砂岩试块，见图 6-24。

2）编号及加固前测试指标

首先用酒精擦拭打磨完成的试样，具有高渗透性和快速挥发性的酒精可以清除砂岩试样大孔隙内的浮尘，起到疏通孔隙的作用，以增强加固材料的渗透性。待酒精完全挥发、试样干燥后，按照试验方案进行编号。之后对试样进行高清拍照、显微镜拍照、超声波速测试、色度测试、表面硬度测试等，见图 6-25。

3）加固试样

采用滴渗法加固试样，首先按比例要求配制加固溶液，然后用胶头滴管抽取相应加固剂滴渗样品，每种加固剂需用相应的滴管，不得混用，以免污染。滴渗试样时从顶部滴加，须保证试样顶面不积液，待前一滴溶液渗入试样后再滴加，一共加固 6 个面，见图 6-26。中粒砂岩和细粒砂岩加固一个试块所用剂量见表 6-11。

（a）制样现场

（c）打磨试样

（b）试样码放

（d）多功能组合角尺测量

图 6-24　现场制样步骤

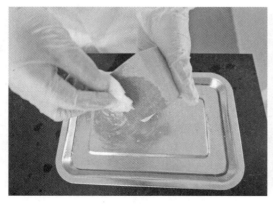

（a）酒精擦样

（b）样品编号

图 6-25　试验编号及加固前测试

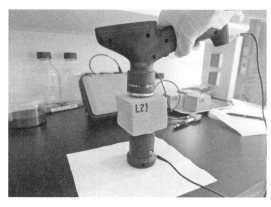

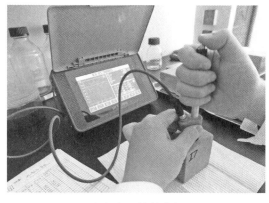

（c）超声波速测试　　　　　　　　　　　（d）表面硬度测试

图 6-25 （续）

（a）配置溶液　　　　　　　　　　　　　（b）滴渗试样

图 6-26 加固试样

表 6-11 不同溶液加固剂量表 （单位：g）

加固溶液	中粒砂岩	细粒砂岩
1.5% 硅丙	80	60
5% 砂岩加固材料	80	55
20% 纳米 SiO_2	80	60
10% 正硅酸乙酯	80	70

4）加固后测试指标及样品上架

滴渗加固结束后，将砂岩试样放置在室内自然干燥，待试样完全干燥后测试前述各项指标，之后将试样小心摆放在北石窟寺 260 窟前的样品架上，要求间距和高度合理，须保证试样间无遮挡。

6.1.3　崖体试验

1．试验方案

为测试化学渗透防风化技术是否适用于北石窟寺崖体，选择北石窟寺南北两端各一块区域进行崖体加固试验，见图 6-27，将北石窟寺南端北壁的试验区记为试验区一，北端东壁的试验区记为试验区二。使用线框在两块区域分别划分成 5 个方格，依次记为 1 区、2 区、3 区、4 区、5 区，分别滴加 3% 丙烯酸乳液、6% 丙烯酸乳液、9% 丙烯酸乳液，以及正硅酸乙酯和砂岩加固材料，滴加时使用注射器进行滴渗。

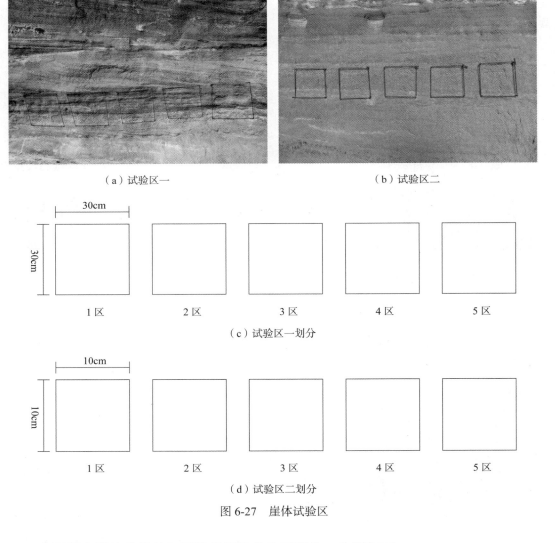

（a）试验区一　　　　　　　　　　　　　　（b）试验区二

（c）试验区一划分

（d）试验区二划分

图 6-27　崖体试验区

北石窟寺崖体砂岩的加固效果评价分为两部分，分别如下。

1）无损（微损）评价

设置三个周期，分别对试验区域进行高清拍照、显微镜拍照、色度监测、表面硬度监测等，综合评价各种加固材料对崖体砂岩的加固效果，以加固日期为起点，周期间隔分别为 3 天、2 个月、14 个月。

2）损伤性评价

前述无损（微损）评价完成后，对试验区一的部分区域进行静风蚀、携沙风蚀、雨蚀试验，借助高清拍照和三维扫描技术评价加固区域的耐候性。

2．试验过程

1）加固前测试指标

划定两个试验区后，分别测试两个试验区 10 个区域的多项指标，见图 6-28，具

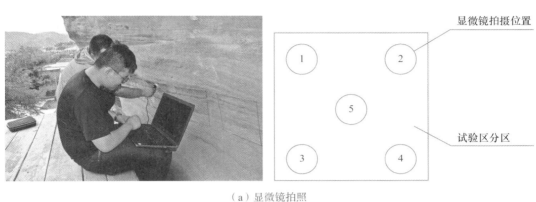

（a）显微镜拍照

（b）色度测试

（c）表面硬度测试

图 6-28　试验区指标测试

体测试方法如下。

（1）高清拍照。使用高清照相机拍照记录试验区域表观现状。

（2）显微镜拍照。使用 Anyty 3R 便携式显微镜拍照记录，1 个区域设置 5 个拍摄位置。

（3）色度测试。使用 3nh 手持式测色仪测定加固区域色度，1 个区域设置 4 个记录位置。

（4）表面硬度测试。使用 Equotip Picclol 2 表面硬度计测试加固区域表面硬度，1 个区域设置 9 个记录位置。

2）崖体滴渗加固

首先配制 5 种加固溶液，采用注射器滴渗的方式对试验区崖体砂岩进行加固，见图 6-29，加固材料参数见表 6-12。

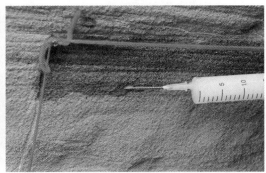

图 6-29　崖体滴渗加固

表 6-12　加固材料参数表

试验区区域	试验区	1 区	2 区	3 区	4 区	5 区
加固材料	/	3% 丙烯酸	6% 丙烯酸	9% 丙烯酸	正硅酸乙酯	砂岩加固材料
加固次数	/	3	3	3	5	2
用量（mL）	试验区一	140	140	120	400	165
	试验区二	13	11	10	40	7.5

3）加固后定期测试指标

北石窟寺崖体试验区滴渗加固完成后需定期监测前述各项指标，测试时间点及间隔时长见表 6-13。

表 6-13　崖体加固区域监测周期表

加固时间	第一次监测	第二次监测	第三次监测
2019 年 4 月 10 日	2019 年 4 月 13 日	2019 年 6 月 16 日	2020 年 6 月 9 日

4）风雨蚀抗劣化评价

第三次测试崖体试验区各项指标后，选取试验区一的 3% 丙烯酸和正硅酸乙酯加固区进行风蚀和雨蚀试验，其中风蚀试验工况分为静风和携沙风，试验具体参数见表 6-14。试验前借助三维扫描技术记录加固区域表观形貌，每种工况结束后均进行三维扫描，为分析和对比不同加固材料的抗劣化性能提供支撑，试验过程见图 6-30。

（a）三维扫描表观形貌

（b）静风工况

（c）携沙风工况

（d）雨蚀工况

图 6-30　风雨蚀试验过程

表 6-14　风雨蚀试验工况设置

试验工况	工况设置		
	强度	时长	距离及角度
静风	20m/s	5min	距崖体 20cm，风向垂直于崖体表面
携沙风	10m/s，加沙量 80g/min	5min	距崖体 20cm，风向垂直于崖体表面
雨蚀	0.4L/min	/	距崖体 12cm，雨蚀方向与水平方向呈 60° 向下
工况顺序	静风—携沙风—雨水		

6.2　综合防风化技术的有效性验证

为验证综合防风化技术的有效性，在北石窟寺分别开展现场试块加固试验和崖体加固试验，采用定性和定量指标长期监测加固试块和崖体加固区域的抗风化性能，本节将详述和分析前述监测结果，评价化学渗透防风化效果。

6.2.1　现场试块

6.2.1.1　加固后表面变化

试验按照 1 个月、3 个月、6 个月、12 个月四个监测周期，从定性到定量监测的顺序进行论述（图 6-31）。

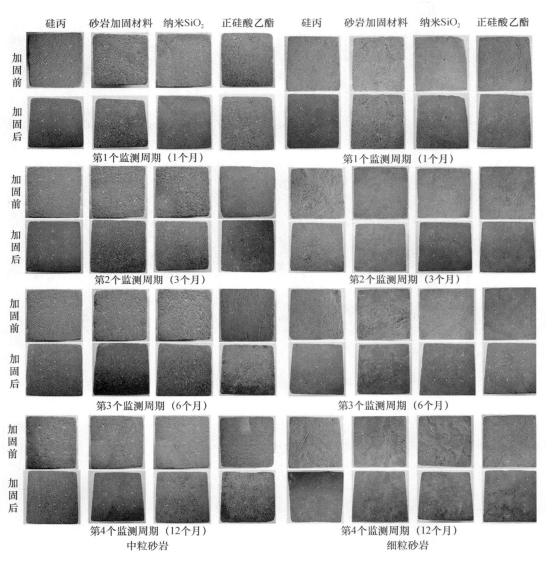

图 6-31　现场试块表观特征监测

（1）前 2 个监测周期（3 个月）后，经过 4 种不同材料加固的两种砂岩均无明显风化痕迹，照片颜色方面的变化是由拍摄环境光线条件不同导致的，从色差变化统计中可知，砂岩试样色差值较小。

（2）第 3 个监测周期（6 个月）后，正硅酸乙酯中粒加固试样表面出现黑色污染物，而细粒加固试样无此现象；第 4 个监测周期（12 个月）后正硅酸乙酯细粒和中粒加固试样表面均出现黑色污染物，初步判断黑色污染物的产生与砂岩含水率有关，从图 6-31 可知细粒砂岩试样的污染面积远小于中粒，而中粒砂岩吸水性远强于细粒砂岩，受降雨影响后含水率也大于后者，说明正硅酸乙酯这种加固材料在自然环境下耐候性较差，加固后的砂岩在较短时间内易发生表面污染。

（3）第 4 个监测周期（12 个月）后，纳米 SiO_2 中粒加固试样表面出现少量黑色污染物，而细粒砂岩试样无此现象。

（4）第 4 个监测周期（12 个月）后，硅丙乳液和砂岩加固材料的两种加固试样均无明显风化现象，说明这两种加固材料在一年内加固效果良好，可保持砂岩表观形貌稳定。

6.2.1.2 微观特征变化

图 6-32 为监测 4 个周期的微观变化图，可以看出以下两个特征。

（1）第 1～3 个监测周期后，经过硅丙乳液、砂岩加固材料、纳米 SiO_2 和正硅酸乙酯加固的两种砂岩试样微观结构几乎无变化，胶结程度依然较好，胶结方式仍以基底式为主，孔隙式为辅，说明砂岩加固试块在 6 个月内自然环境风化影响下，微观上无明显变化，抗风化效果显著。

（2）第 4 个监测周期（12 个月）后，经过硅丙乳液加固的两种砂岩试样颗粒间胶结物略微减少，风化后颗粒间胶结物不再呈明显白色，颗粒间胶结程度依然较好，胶结方式仍为基底式胶结。砂岩加固材料两种砂岩试样颗粒间胶结物几乎无减少，胶结程度较好。纳米 SiO_2 两种砂岩试样颗粒间胶结物几乎无减少，胶结程度较好，但中粒砂岩试样颗粒间接触位置处出现大量圆点状黑色物质，对应了前述照片中表面的黑色污染物，初步判断是胶结材料发生衰变后产生的。正硅酸乙酯两种砂岩试样颗粒间胶结物也未明显减少，细粒砂岩试样颗粒间接触位置处出现少量圆点状黑色物质。说明在 1 年内自然环境风化影响下，硅丙乳液和砂岩加固材料砂岩试样可保持良好有效的抗风化性能，纳米 SiO_2 和正硅酸乙酯砂岩试样微观结构略有变化，但胶结程度仍强于未加固砂岩试块，具有良好的抗风化性。

6.2.1.3 质量变化

借助电子天平称量不同风化监测周期的砂岩试块质量，与加固后试块质量对比后计算质量损失率，结果见图 6-33。

（1）第 1 个监测周期（1 个月）后，中粒和细粒加固试样均有质量损失，其中纳米 SiO_2 试样质量损失比最大，其余三种加固材料试样质量损失比相近，均在 0.3%以内。

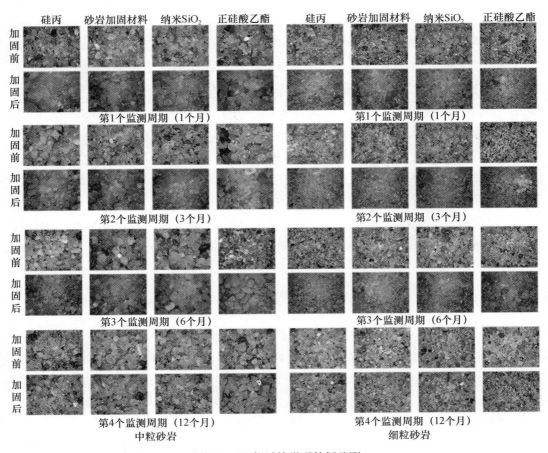

图 6-32　现场试块微观特征监测

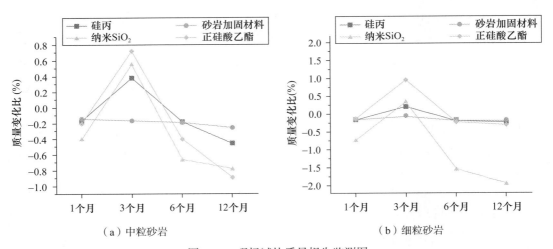

图 6-33　现场试块质量损失监测图

（2）第 2 个监测周期（3 个月）后，除砂岩加固材料试样外，其余三种试样质量均上升，超过了加固后、未风化时质量，原因是受北石窟寺地区降水影响，砂岩试样吸水后质量上升，可看出正硅酸乙酯试样含水率最高，透水性最强，其次为纳米

SiO₂ 试样、硅丙试样；相比第 1 个监测周期后，砂岩加固材料试样质量变化比依然为负，水滴聚集在试样表面而不渗透，具有较好的防水性。

（3）第 3 个监测周期（6 个月）后，对中粒砂岩来说，硅丙和砂岩加固材料试样质量损失均较小，且小于纳米 SiO₂ 和正硅酸乙酯试样；对细粒砂岩来说，除纳米 SiO₂ 试样外，其余三种试样质量损失均较小且相近；针对纳米 SiO₂，细粒砂岩质量损失率大于中粒砂岩，原因在于纳米 SiO₂ 溶液呈胶状，密度较大，与其余三种加固材料相较渗透性较差，尤其对于细粒砂岩来说，加固时渗透量较小而质量增长较多，说明纳米 SiO₂ 大多聚集在砂岩试样表面，受自然环境风化影响后加固材料部分损伤和流失，导致质量损失较大。

（4）第 4 个监测周期（12 个月）后，相比细粒加固试样，中粒加固试样质量损失更大，前者除纳米 SiO₂ 加固试样外，其余三种加固试样质量损失程度相近，均在 0.4% 以内；对中粒试样来说，质量损失比由大到小依次为正硅酸乙酯试样、纳米 SiO2 试样、硅丙试样、砂岩加固材料试样。

6.2.1.4　色差变化

借助色度仪测量不同风化监测周期的砂岩试块顶面色度，与加固后试块色度对比后计算色差值，结果见图 6-34。

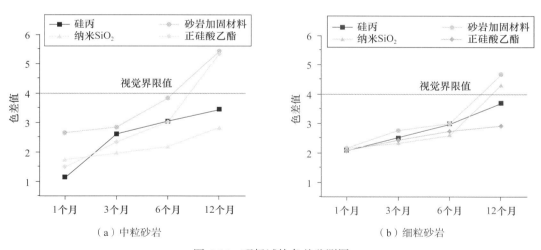

（a）中粒砂岩　　　　　　　　　　　（b）细粒砂岩

图 6-34　现场试块色差监测图

从图 6-34 可以看出，随着砂岩加固试块暴露在自然环境下时间的增长，试块顶面色差值逐渐增大，直到第 3 个监测周期（6 个月）时，两种砂岩的四种加固试样的色差值均小于视觉界限值 4。第 4 个监测周期（12 个月）后，中粒砂岩中砂岩加固材料和正硅酸乙酯试样色差值均大于 4，细粒砂岩中砂岩加固材料和纳米 SiO₂ 试样色差值均大于 4。就色差值变化而言，有机硅丙烯乳液同时适用于加固两种砂岩，而正硅酸乙酯仅适用于加固细粒砂岩。

6.2.1.5 表面硬度变化

借助表面硬度计测量不同风化监测周期的砂岩试块表面硬度，与加固后试块表面硬度对比后计算表面硬度变化率，结果见图 6-35。

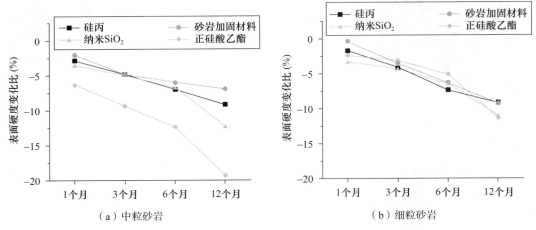

（a）中粒砂岩　　　　　　　　　　（b）细粒砂岩

图 6-35　现场试块表面硬度监测图

（1）随着砂岩加固试块暴露在自然环境下时间的增长，试块表面硬度逐渐下降，每个监测周期后，中粒加固试样下降比均大于细粒加固试样。

（2）对中粒砂岩来说，正硅酸乙酯加固试样表面硬度下降比最大，第四个监测周期后表面硬度下降比接近 20%，砂岩加固材料试验表面硬度下降比最小，硅丙加固试样次之；对细粒砂岩来说，四种加固试样表面硬度下降比接近且 12 个月后均在 13% 以内，其中砂岩加固材料和硅丙加固溶液试样表面硬度下降比相对较小。

（3）就加固试样表面硬度而言，砂岩加固材料和硅丙乳液均适用于加固两种砂岩，中粒砂岩试样不宜用正硅酸乙酯加固。

6.2.1.6 小结

依据上述砂岩加固试样的多种长期监测结果，分析比较后可知：硅丙乳液和砂岩加固材料均适用于加固中粒和细粒砂岩，可取得理想的加固效果和长期有效的抗风化性，其中砂岩加固材料试样在一年后色差值略高，还需继续进行长期监测，以观察其发展趋势。

6.2.2　崖体试验

6.2.2.1　自然环境下抗劣化性能评估

1．表观特征变化

使用高清照相机定期拍摄加固区域，拍摄周期分别为加固前、加固后、加固后 2

个月、加固后 14 个月。

1）试验区一

A．3% 丙烯酸乳液

（a）加固前　　　　　（b）加固后　　　　　（c）加固后 2 个月　　　　（d）加固后 14 个月

图 6-36　3% 丙烯酸乳液加固崖体表观特征图（试验区一）

B．6% 丙烯酸乳液

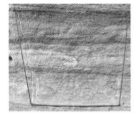

（a）加固前　　　　　（b）加固后　　　　　（c）加固后 2 个月　　　　（d）加固后 14 个月

图 6-37　6% 丙烯酸乳液加固崖体表观特征图（试验区一）

C．9% 丙烯酸乳液

（a）加固前　　　　　（b）加固后　　　　　（c）加固后 2 个月　　　　（d）加固后 14 个月

图 6-38　9% 丙烯酸乳液加固崖体表观特征图（试验区一）

D．正硅酸乙酯

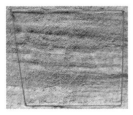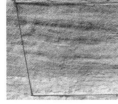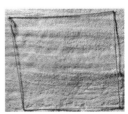

（a）加固前　　　　　（b）加固后　　　　　（c）加固后 2 个月　　　　（d）加固后 14 个月

图 6-39　正硅酸乙酯加固崖体表观特征图（试验区一）

E. 砂岩加固材料

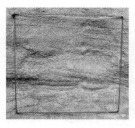 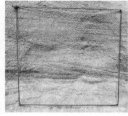  

　（a）加固前　　　　（b）加固后　　　　（c）加固后 2 个月　　（d）加固后 14 个月

图 6-40　砂岩加固材料加固崖体表观特征图（试验区一）

2）试验区二

A. 3% 丙烯酸乳液

　（a）加固前　　　　（b）加固后　　　　（c）加固后 2 个月　　（d）加固后 14 个月

图 6-41　3% 丙烯酸乳液加固崖体表观特征图（试验区二）

B. 6% 丙烯酸乳液

　（a）加固前　　　　（b）加固后　　　　（c）加固后 2 个月　　（d）加固后 14 个月

图 6-42　6% 丙烯酸乳液加固崖体表观特征图（试验区二）

C. 9% 丙烯酸乳液

　（a）加固前　　　　（b）加固后　　　　（c）加固后 2 个月　　（d）加固后 14 个月

图 6-43　9% 丙烯酸乳液加固崖体表观特征图（试验区二）

D．正硅酸乙酯

（a）加固前　　　　　（b）加固后　　　　（c）加固后 2 个月　　　（d）加固后 14 个月

图 6-44　正硅酸乙酯加固崖体表观特征图（试验区二）

E．砂岩加固材料

（a）加固前　　　　　（b）加固后　　　　（c）加固后 2 个月　　　（d）加固后 14 个月

图 6-45　砂岩加固材料加固崖体表观特征图（试验区二）

从图 6-36～图 6-45 可以看出如下结果。

（1）滴加 3% 丙烯酸乳液后，砂岩颗粒轻微聚拢，产生轻微的加固痕迹。加固后 2 个月内效果较好，崖体表面几乎无变化；待 14 个月后崖体表面部分颗粒脱落且出现泛盐现象。

（2）滴加 6% 丙烯酸乳液后，加固痕迹明显，砂岩颗粒聚拢后呈网状，随着时间的增长，崖体表面风化现象并不明显，14 个月出现轻微泛盐现象。

（3）滴加 9% 丙烯酸乳液后，加固痕迹较为明显，随着丙烯酸乳液浓度的增大，对崖体表面砂岩颗粒的冲击力越大，加固痕迹越明显，胶结作用也显著增强，14 个月后表观形貌几乎无变化，无泛盐现象。

（4）滴加正硅酸乙酯后，砂岩颗粒轻微聚拢，几乎无加固痕迹。加固后 2 个月崖体表面出现轻微粉化现象，14 个月后崖体表面粉化颗粒掉落，表面粗糙度显著降低，无泛盐现象。

（5）滴加砂岩加固材料后，砂岩颗粒轻微聚拢，几乎无加固痕迹；2 个月后加固效果依然较好，降雨后雨滴仍附着在崖体表面，具有较强的防渗性，14 个月后崖体表面形貌无明显变化且泛盐现象有所减弱，原因是崖体表面原有的盐分在雨水的冲刷下流失，而砂岩加固材料具有较低渗透性，降水无法大量渗入岩体将盐分带出。

（6）试验区二中砂岩加固材料区域在 2 个月后产生明显风化现象，集中在左下角区域，原因是砂岩加固材料剂量不足，每平方厘米的加固剂量远小于试验区一。试验区二的其他区域与试验区一的表观特征相同。

2．微观特征变化

使用便携式显微镜观察试验区域崖体砂岩的微观特征，如颗粒间隙的大小、胶结物的多少及胶结方式的变化。每个加固区域的观察点均有 5 个，放大倍数为 60 倍，由于篇幅有限，每个加固区域选择一个观察点进行论述。

1）试验区一

A．3% 丙烯酸乳液

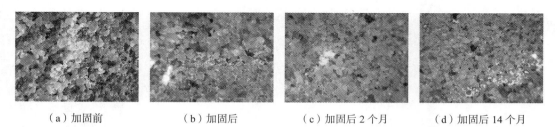

（a）加固前　　　　（b）加固后　　　　（c）加固后 2 个月　　　　（d）加固后 14 个月

图 6-46　3% 丙烯酸乳液加固崖体微观特征图（试验区一）

B．6% 丙烯酸乳液

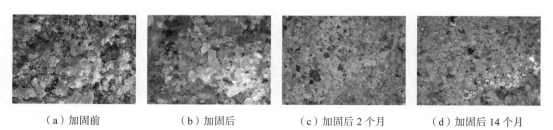

（a）加固前　　　　（b）加固后　　　　（c）加固后 2 个月　　　　（d）加固后 14 个月

图 6-47　6% 丙烯酸乳液加固崖体微观特征图（试验区一）

C．9% 丙烯酸乳液

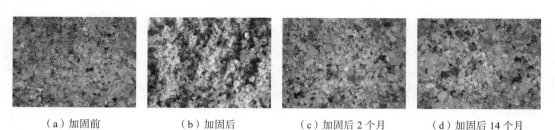

（a）加固前　　　　（b）加固后　　　　（c）加固后 2 个月　　　　（d）加固后 14 个月

图 6-48　9% 丙烯酸乳液加固崖体微观特征图（试验区一）

D．正硅酸乙酯

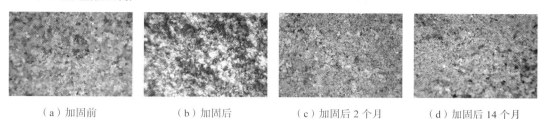

（a）加固前　　　　（b）加固后　　　　（c）加固后 2 个月　　　（d）加固后 14 个月

图 6-49　正硅酸乙酯加固崖体微观特征图（试验区一）

E．砂岩加固材料

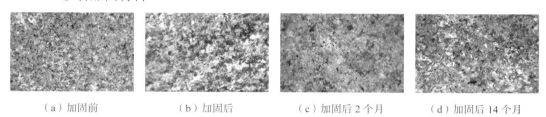

（a）加固前　　　　（b）加固后　　　　（c）加固后 2 个月　　　（d）加固后 14 个月

图 6-50　砂岩加固材料加固崖体微观特征图（试验区一）

2）试验区二

A．3% 丙烯酸乳液

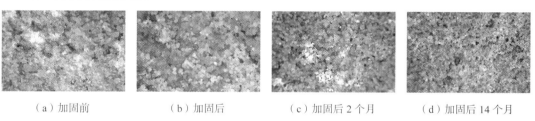

（a）加固前　　　　（b）加固后　　　　（c）加固后 2 个月　　　（d）加固后 14 个月

图 6-51　3% 丙烯酸乳液加固崖体微观特征图（试验区二）

B．6% 丙烯酸乳液

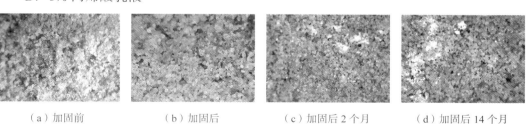

（a）加固前　　　　（b）加固后　　　　（c）加固后 2 个月　　　（d）加固后 14 个月

图 6-52　6% 丙烯酸乳液加固崖体微观特征图（试验区二）

C．9% 丙烯酸乳液

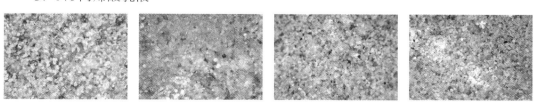

（a）加固前　　　　（b）加固后　　　　（c）加固后 2 个月　　　（d）加固后 14 个月

图 6-53　9% 丙烯酸乳液加固崖体微观特征图（试验区二）

D．正硅酸乙酯

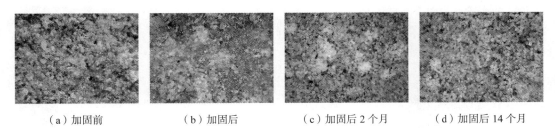

（a）加固前　　　　　　（b）加固后　　　　　　（c）加固后2个月　　　　　（d）加固后14个月

图 6-54　正硅酸乙酯加固崖体微观特征图（试验区二）

E．砂岩加固材料

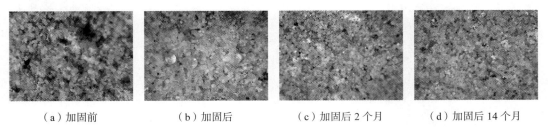

（a）加固前　　　　　　（b）加固后　　　　　　（c）加固后2个月　　　　　（d）加固后14个月

图 6-55　砂岩加固材料加固崖体微观特征图（试验区二）

从图 6-46～图 6-55 可以看出：对滴加不同的加固材料后，砂岩颗粒均有不同程度的聚拢，胶结程度显著增强，其中 9% 丙烯酸乳液渗透性较差，不能短时间内渗入崖体。以上 5 种加固材料在加固 2 个月后，胶结程度依然良好，丙烯酸乳液加固区域存在少量较大孔隙，说明部分颗粒发生脱落，而正硅酸乙酯和砂岩加固材料加固区域颗粒间距较均一，无明显大孔隙。加固 14 个月后，除砂岩加固材料区域外，其余区域的砂岩颗粒均有损失，颗粒间距明显增大，胶结程度减弱。

3．色差变化

每个加固区域均选择四个固定位置定期测试色度值，之后求出四个点位色差值的平均值和标准偏差，见图 6-56。从图中可看出如下结论。

（1）加固后崖体砂岩色差值较大，除正硅酸乙酯外，其余四种加固区域色差平均值均大于视觉界限值 4，砂岩加固材料加固区域色差平均值小于三种不同浓度的丙烯酸乳液加固区域。

（2）随着时间的增长，加固区域的色差平均值均增大，其中正硅酸乙酯加固区域增长较多，说明正硅酸乙酯加固区域更易受风化影响。

（3）随着时间的增长，各个加固区域的色差标准偏差变化情况不同，3% 丙烯酸乳液加固区域色差值标准偏差变化幅度不大，6% 丙烯酸乳液加固区域色差值标准偏差增大，9% 丙烯酸乳液、正硅酸乙酯和砂岩加固材料加固区域色差值标准偏差均呈现减小趋势。

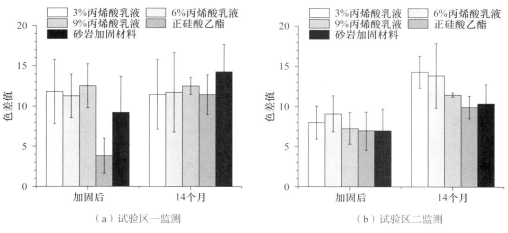

（a）试验区一监测　　　　　　　　　　（b）试验区二监测

图 6-56　加固试验区色差监测

4．表面硬度变化

1）试验区一

A．3% 丙烯酸乳液加固区域

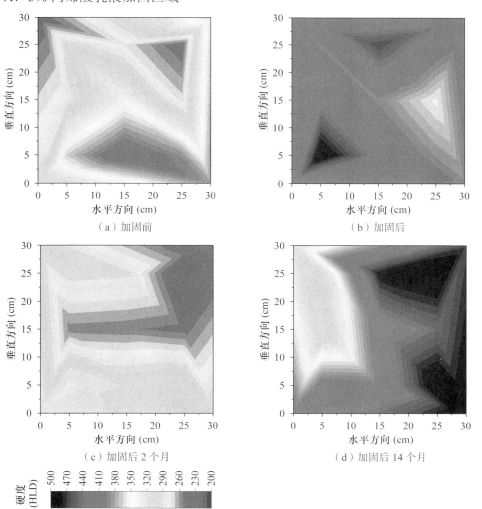

图 6-57　3% 丙烯酸乳液加固崖体表面硬度图（试验区一）

B. 6%丙烯酸乳液加固区域

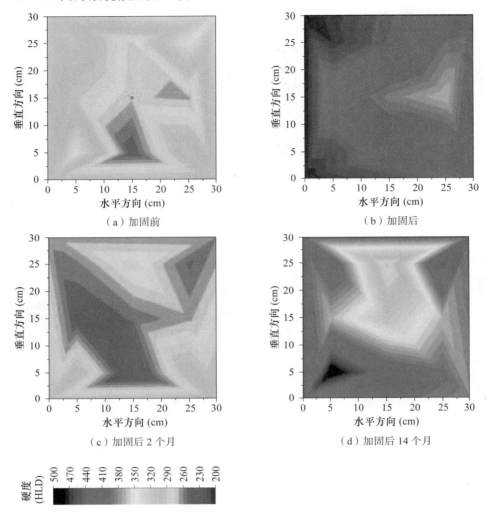

（a）加固前

（b）加固后

（c）加固后 2 个月

（d）加固后 14 个月

图 6-58　6%丙烯酸乳液加固崖体表面硬度图（试验区一）

C. 9%丙烯酸乳液加固区域

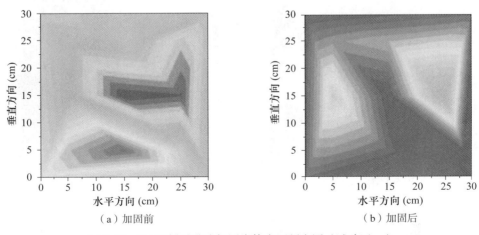

（a）加固前

（b）加固后

图 6-59　9%丙烯酸乳液加固崖体表面硬度图（试验区一）

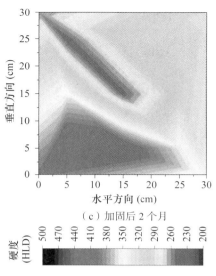

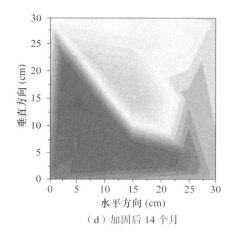

（c）加固后 2 个月 　　　　　（d）加固后 14 个月

图 6-59 （续）

D. 正硅酸乙酯

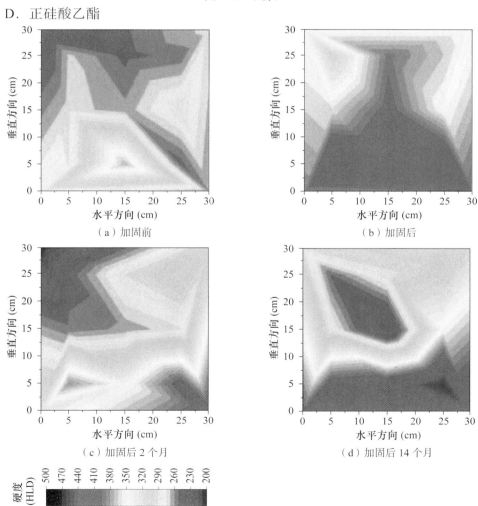

图 6-60 正硅酸乙酯加固崖体表面硬度图（试验区一）

E. 砂岩加固材料

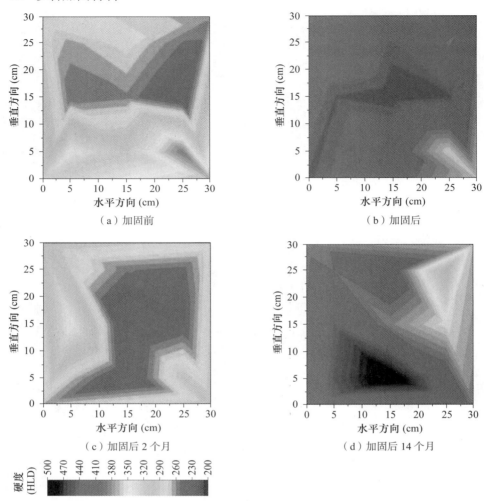

（a）加固前　　　　　　　　（b）加固后

（c）加固后 2 个月　　　　　（d）加固后 14 个月

图 6-61　砂岩加固材料加固崖体表面硬度图（试验区一）

2）试验区二

A. 3% 丙烯酸乳液加固区域

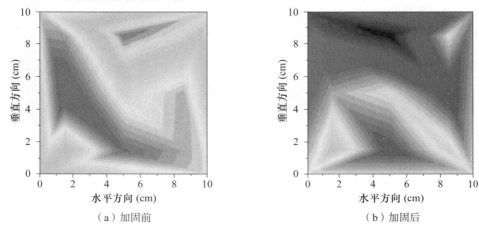

（a）加固前　　　　　　　　（b）加固后

图 6-62　3% 丙烯酸乳液加固崖体表面硬度图（试验区二）

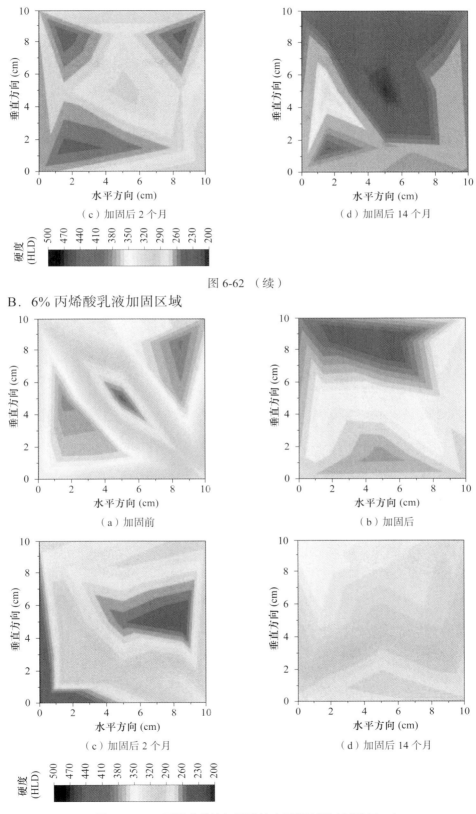

图 6-62　（续）

B．6% 丙烯酸乳液加固区域

图 6-63　6% 丙烯酸乳液加固崖体表面硬度图（试验区二）

C. 9% 丙烯酸乳液加固区域

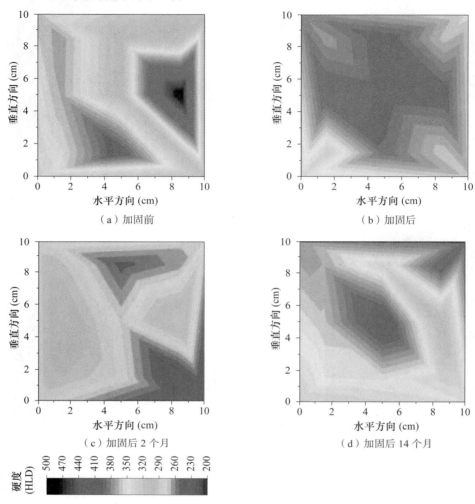

（a）加固前　　　　　　　　　　　　（b）加固后

（c）加固后 2 个月　　　　　　　　　　（d）加固后 14 个月

图 6-64　9% 丙烯酸乳液加固崖体表面硬度图（试验区二）

D. 正硅酸乙酯

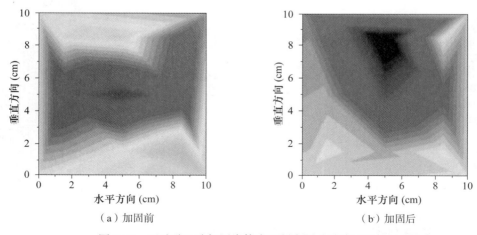

（a）加固前　　　　　　　　　　　　（b）加固后

图 6-65　正硅酸乙酯加固崖体表面硬度图（试验区二）

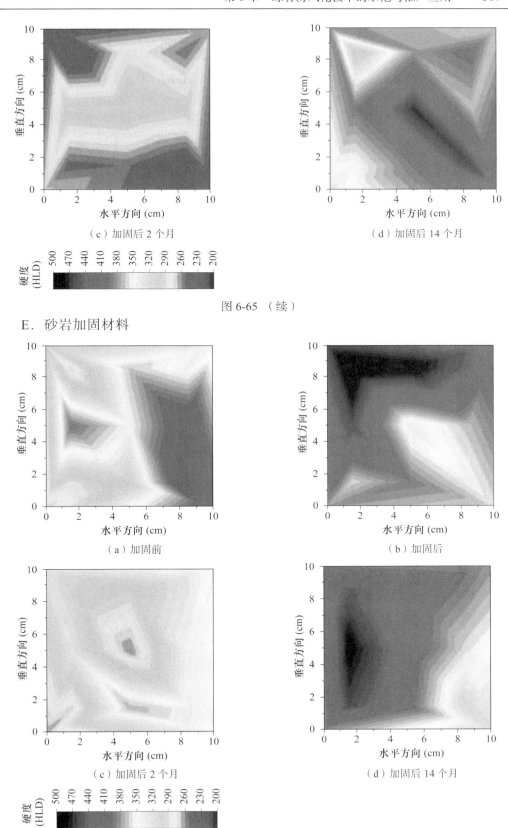

（c）加固后 2 个月　　　　　　　　　　　（d）加固后 14 个月

图 6-65　（续）

E. 砂岩加固材料

（a）加固前　　　　　　　　　　　　　　（b）加固后

（c）加固后 2 个月　　　　　　　　　　　（d）加固后 14 个月

图 6-66　砂岩加固材料加固崖体表面硬度图（试验区二）

图 6-57～图 6-66 是试验区一和试验区二加固区域的表面硬度变化云图，以加固前崖体表面硬度为参照对象，分别计算加固后和不同监测周期时的表面硬度变化比，结果见图 6-67。结合云图和数据图分析可知，崖体表面硬度在加固后均大幅提升，尤其是砂岩加固材料作用效果最强。2 个月后测试崖体表面硬度时，北石窟寺正值雨季，崖体加固区域常受降雨影响并未完全干燥，因此测试的数值较低，远小于 14 个月后的测试值，同时也说明降雨对砂岩石窟寺产生的风化影响较大，崖体表面硬度显著降低了，抗风化性急剧下降。与其他加固材料相比，砂岩加固材料区域受降雨影响最小，表面硬度下降比在 10% 以内。随着时间的增长，崖体表面硬度逐渐下降，14 个月后的小于原状硬度值，下降幅度较小，较原状时仍起到加固作用，说明以上多种加固材料均有一定的时效性，随着自然环境的风化影响逐渐失去加固作用。以上多个区域中砂岩加固材料区域表面硬度值下降百分比最小，说明砂岩加固材料对砂岩崖体表面硬度的提升最具效果，且有效降低降雨对砂岩石窟寺的风化影响。

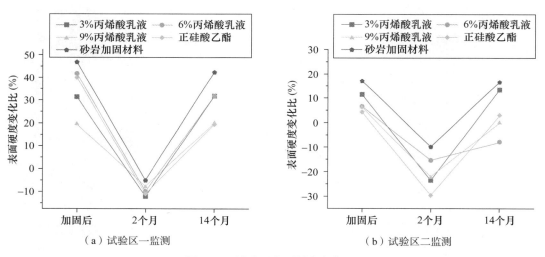

图 6-67　试验区表面硬度变化比

6.2.2.2　风雨蚀环境下抗劣化性能评估

选取试验区一的 3% 丙烯酸乳液和正硅酸乙酯加固区域进行风雨蚀环境下抗劣化性能评估。首先采用高清照相机和高精度三维扫描仪记录风雨蚀试验前加固区域的表观形貌，之后依次进行静风蚀试验、携沙风蚀试验、雨蚀试验，3D 比较结果是前一工况和下一工况后加固区域扫描模型的对比结果，试验结果见图 6-68、图 6-69，3D 偏差统计见表 6-15。

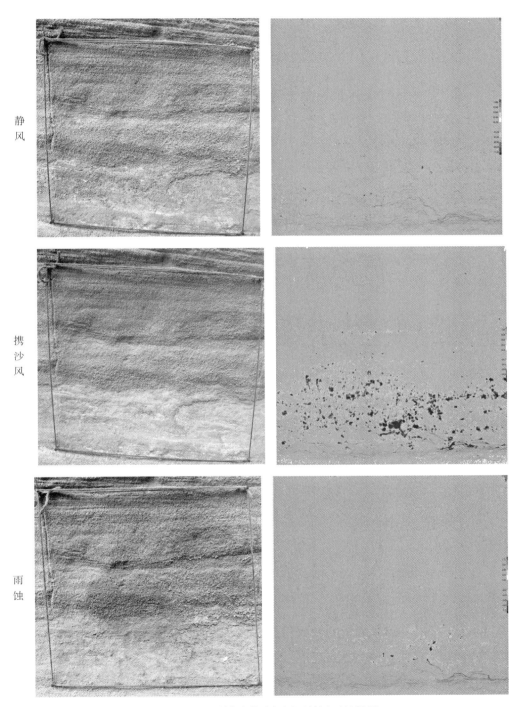

图 6-68　3% 丙烯酸乳液加固区域风雨蚀结果

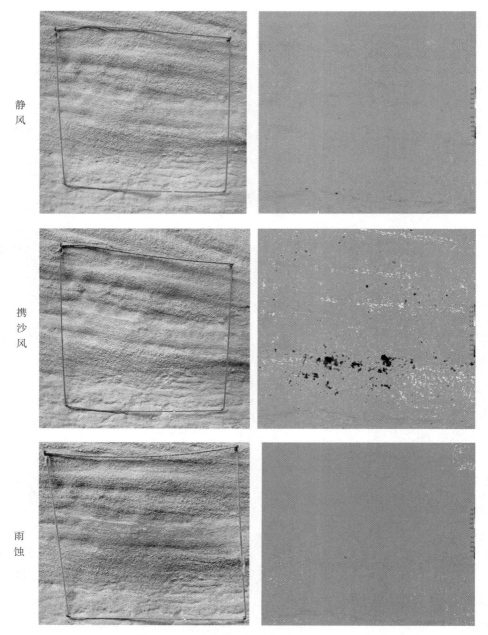

图 6-69　正硅酸乙酯加固区域风雨蚀结果

表 6-15　风雨蚀试验 3D 偏差统计表　　　　（单位：mm）

3D 偏差 工况	3% 丙烯酸乳液加固区域			正硅酸乙酯加固区域		
	平均正偏差	平均负偏差	标准偏差	平均正偏差	平均负偏差	标准偏差
静风	+0.06	−0.05	0.18	+0.10	−0.10	0.20
携沙风	+0.10	−0.20	0.30	+0.10	−0.20	0.20
雨蚀	+0.10	−0.10	0.20	0.10	−0.10	0.20

从以上图中可知以下四点：

（1）经过化学加固的砂岩崖体在静风条件下损伤较小，崖面部分粉化颗粒受风作用脱落，范围极小且分散，说明 3% 丙烯酸乳液和正硅酸乙酯显著提高了砂岩崖体防风蚀（非携沙风）性。

（2）在携沙风工况下，崖体加固区域损伤较大，沙粒冲击崖体的范围有限，崖面砂岩颗粒受风沙冲击后脱落严重，损伤范围内崖面 3D 图呈现为深色区域。从表 6-15 可看出平均负偏差和标准偏差明显增大，说明砂岩崖体即使经过化学加固，在携沙风条件下抗风化作用依然不足。

（3）对比携沙风工况下 3% 丙烯酸乳液和正硅酸乙酯加固区域的 3D 偏差数据，发现后者偏差值较小，从图 6-69 中也可看出后者深色区域面积较小，说明正硅酸乙酯加固区域具有更强的抗风蚀性。

（4）在雨蚀工况下，崖体加固区域损伤较小，损伤区域主要为受携沙风影响损伤较大的区域，说明在携沙风作用范围内砂岩崖体的抗风化性已急剧下降，崖体表面加固层已损伤，无法有效抵抗雨蚀作用。另外，从雨蚀后 3D 比较图中可看出，相比 3% 丙烯酸乳液，正硅酸乙酯加固区域的深色区域面积较小且颜色较浅，说明正硅酸乙酯加固区域具有更强的抗雨蚀性。

第7章 结 语

本书围绕砂岩石窟寺风化机理与防控技术研究，基于现有石窟表面风化研究的成果，结合甘肃省石窟寺的分布特征，以成因、表现形式和破坏机理分层级梳理和阐释遗址风化病害类型，划分不同风化类型风化程度等级，构建砂岩石窟寺风化病害分类分级体系。根据表面风化特征，利用层次分析法分析研究各影响因素对表面风化的权重，选择主要影响因素进行单因素控制的室内模拟试验，以及多场耦合条件下砂岩风化模拟试验，初步建立多因素变量耦合条件下风化发育特征模型，揭示多因素作用下砂岩石窟寺的风化机理。通过室内与现场无损测试、数值模拟等实验手段，现场开展化学材料与加固工艺研发、表面软覆盖和保护棚等防护措施研究与评估，定量评价砂岩石窟寺在各加固措施条件下的风化速率和保护效果，并以庆阳北石窟寺作为研究示范基地，验证各加固措施新方法的有效性，开展加固工具和检测装置的研发和改进，总结完善可行的加固技术方法，最终形成可在丝绸沿线广泛推广应用的成套砂岩石窟寺表面防风化技术。主要研究成果体现在以下几个方面。

（1）通过调查甘肃省砂岩石窟赋存环境与病害类型，甘肃省砂岩石窟主要分布在陇东、陇中地区和河西地区，以陇东地区分布最为集中，甘肃省内省级以上砂岩石窟共计 14 处，主要病害类型有岩体失稳、水蚀病害及浅层表面风化，根据病害的表现形式和成因将浅表层风化病害分为五类，包括断裂与缺损、表面风化、污染与变色、生物病害、人为破坏。同时按照病害的分布和病害对整个石窟寺或洞窟的危害程度分为三级：主要病害、次要病害和零星病害，并对北石窟寺的表面风化病害进行分类分级应用。

（2）针对北石窟寺的表面风化特征，在室内设置 7 组环境模拟砂岩风化试验以及多场耦合条件下降雪 - 温差耦合试验、降雨 - 温度 - 日照耦合试验，砂岩样品劣化表现各不相同，共同点是表面较粗颗粒掉落而呈现差异性风化，表面硬度下降，表层孔隙率和连通孔隙体积增大，波速下降和色差增大；不同点是各组风化岩样衰减程度和速率不同。利用层次分析法分析研究各影响因素对表面风化的权重；选择水、温度、盐、日照作为风化因子，设计单因素及多场耦合条件作用下的砂岩风化模拟试验，借助层次分析法分析得出盐的影响最大，液态水次之，气态水（湿气）再次之，温度影响较小。高低湿循环下砂岩所处的相对湿度环境反复剧烈变化，破坏了平衡状态，砂岩在循环应力作用下产生了局部永久性累计损失，尤其当环境的相对湿度长期较高时，砂岩抗风化性会减弱；温湿度循环下砂岩内部矿物本身在变温作用下出现热胀冷缩效应，在循环往复的作用下颗粒之间的拉压作用不断转换，导致颗粒间的联结减弱和内部裂隙不断扩展；干湿循环下砂岩主要受水岩化学作用的影响，如水解作用、氧化作用和水化作用；非饱和冻融循环和冻融循环下砂岩表层孔隙水结冰相变，冻胀现象导致砂岩内部产生较大的拉应力，引起砂岩颗粒间挤压和相对错动，同时砂岩原有微裂隙在冻胀作用下出现扩展，非饱和冻融循环主要作用于表面和浅表面，而饱和冻融循环冻胀作用力更强，影响深度范围更大；水盐循环下砂岩表面部分砂粒受硫酸盐溶解和结晶膨胀循环往复而脱落，硫酸盐溶解及离子交换所产生的 SO_4^{2-} 氧化生成的酸性溶液溶解了大量钙质胶结物，产生的 $CaSO_4$ 溶液过饱和时产生的压力大于砂岩体抗拉强度；水热盐循环下砂岩遭受冻融和水盐循环的复合作用，前者为后者创造了更大的作用空间，同时后者扩大了前者的作用效果。

（3）基于多场耦合下砂岩风化机理研究成果，在室内选取羟甲基纤维素、砂岩加固材料、硅丙、丙烯酸、纳米 SiO_2、正硅酸乙酯、PS 共 7 种不同防风化加固材料开展加固材料特性与机制研究、耐候性研究，结果表明 1.5% 硅丙提升了北石窟砂岩的强度（表面硬度、抗压强度、整体密实度），具有好的透气性，耐干湿循环和冻融循环能力良好；借鉴"软覆盖"理念开展表面软覆盖防风化技术研究，通过室内降雨 -日照模拟试验和现场环境温度监测，得出室内不同覆盖度卷柏藓的降温过程遵循着幂函数中的异速生长曲线关系，且室内卷柏藓覆盖度越高，砂岩 - 苔藓界面层的保温性能越好，苔藓对于光照破坏的抗逆性和保水性就越强；保护棚对于降水和日照辐射具有非常好的阻断作用，搭建保护棚后，窟内渗水减少甚至消除，微生物大幅度退化，崖体温度降低明显，同时窟内温度和相对湿度更加稳定。

（4）以庆阳北石窟寺作为项目研究示范基地，选择合理的试验区开展化学材料与加固工艺研发试验，喷洒渗透加固工艺控制方法为设置喷洒强度为 100kPa，控制喷洒距离为 40cm，采用低浓度硅丙（0.5%）间隔 30min 喷洒两次，之后每隔 30min 喷洒高浓度硅丙（1.5%）三次；贴敷吸附法在贴敷吸附加固前先进行喷洒加固，以微量泵法最为适宜，取得理想的渗透深度（6～7cm）；滴渗加固作为小范围加固方法，适合加固岩体复杂壁面，如造像鼻翼、眼窝、嘴角等部位。通过一个自然年的自然环境的影响分析比较后可知：硅丙乳液和砂岩加固材料均适用于加固中粒和细粒砂岩，可取得理想的加固效果和长期有效的抗风化性，其中砂岩加固材料试样在一年后色差值略高，还需继续进行长期监测，以观察其发展趋势。

通过以上研究内容的开展，发现在砂岩风化机理及防控技术研究方面还存在很多不足，如典型相关分析法克服了线性回归、多元回归等方法中的很多制约问题，但限于研究资料，未考虑地面温度、局部风速风向、大气污染等气候要素，同时选取的气象资料为距石窟寺最近的国家气象台站数据，无法获取距离更近台站数据或石窟寺监测数据，因此分析结果不够全面，未来将进一步结合甘肃石窟赋存环境综合分析其与病害之间的关系；砂岩样品受地质沉积等原因造成差异性太大，试验中平行样品间相似性太差，制约材料研究，如何剔除平行样间的误差有待深入研究；对砂岩多因素风化机理的研究还不够深入；化学材料加固砂岩的作用机理研究不够深入；防风化加固技术的评估体系不够完整，没有成套的评估标准及量化的评价指标。同时，岩石风化是长期的过程，相对于庆阳北石窟寺 1500 多年的历史，加速劣化试验工况设置与北石窟现场环境相似度有待进一步优化，且多场耦合条件下对岩石的破坏影响较小，需继续对室内加速劣化试验采取长期研究；现场防风化技术的应用研究需要更长周期的监测，下一步可以进行化学渗透、表面软覆盖、保护棚等多种防风化技术的协同作用研究与应用示范。

参 考 文 献

［1］ 方云，王金华，赵岗. 心系石窟：岩土文物保护研究论文选［M］. 北京：中国地质大学出版社，2017.

［2］ 樊锦诗. 敦煌石窟研究百年回顾与瞻望［J］. 敦煌研究，2000（2）.

［3］ Wang X D, Guo Q L, Zhang H Y. Weathering Principle and Conservation Treatment of the Cliff at Mogao Grottoes ［C］//Li Z X, Wang X D. International Symposium Conservation of Ancient Sites 2008 & ISRM-sponsored Regional Symposium. Beijing: Science Press, 2008.

［4］ 董文强. 近五十年来北石窟寺考古研究综述［J］. 陇东学院学报，2015，26（2）.

［5］ Zhu G Y. China's Architectural Heritage Conservation Movement ［J］. Frontiers of Architectural Research, 2012, 1 (1).

［6］ Li G S, Wang W F, Qu J J, et al. Study on Temperature and Humidity Environment of Grotto 72 at the Mogao Grottoes in Dunhuang, China ［J］. International Journal of Climatology, 2013, 33 (8).

［7］ 黄克忠. 石窟寺保存修复的理念与技术［C］// 云冈石窟研究院. 2005 年云冈国际学术研讨会论文集·保护卷. 北京：文物出版社，2006.

［8］ Wang W J, Wang W X, Zhou X. Application of 3D Laser Scanning Technology in Grotto Protection ［J］. Geomatics & Spatial Information Technology, 2013 (7).

［9］ 董广强. 70 年麦积山石窟文物保护探析［J］. 遗产与保护研究，2018，3（3）.

［10］ 魏文斌. 麦积山石窟几个问题的思考和认识［J］. 敦煌研究，2003（6）.

［11］ 马千. 麦积山石窟文物保护历程回顾与思考［J］. 中国文化遗产，2016（1）.

［12］ 杨刚亮. 龙门石窟保护修复工程综述与探讨［G］// 中国古迹遗址保护协会石窟专业委员会，龙门石窟研究院. 石窟寺研究（第三辑）. 北京：文物出版社，2012.

［13］ 童登金. 大足石刻的保护［J］. 文物天地，2001（5）.

［14］ 严绍军，方云，孙兵，等. 渗水对龙门石窟的影响及治理分析［J］. 现代地质，2005（3）.

［15］ 张红梅，马国栋，速宝玉. 大同云岗石窟文物渗水病害防治方案探讨［J］. 水文地质工程地质，2004（5）.

［16］ 杨志法，占跃平，许兵，等. 龙游石窟群工程地质条件分析及保护对策初步研究［J］. 工程地质学报，2000（3）.

［17］ 石玉成，秋仁东. 预应力锚索加固石窟围岩的地震响应的数值模拟分析研究［J］. 防灾减灾工程学报，2007（4）.

［18］ 丁济新，计丽珠. 大足石窟岩体补强材料初步研究［J］. 地下空间与工程学报，1995（1）.

［19］ 周霄，高峰，张爱武，等. VIS/NIR 高光谱成像在中国云冈石窟砂岩风化状况分布研究中的进展［J］. 光谱学与光谱分析，2012，32（3）.

［20］ 颜菲，葛琴雅，李强，等. 云冈石窟石质文物表面及周边岩石样品中微生物群落分析［J］. 微生物学报，2012，52（5）.

［21］ 黄克忠. 中国石窟的保护现状［J］. 敦煌研究，1994（1）.

［22］ 黄继忠. 世界文化遗产云冈石窟的防水保护［J］. 文物保护与考古科学，2008，20（S1）.

［23］ 汪东云，张赞勋，付林森，等. 宝顶山石窟卧佛渗水病害形成原因分析［J］. 水文地质工程地质，1992（3）.

［24］ 屈建军，张明泉，张伟民，等. 敦煌莫高窟岩体盐风化过程的初步研究［J］. 地理科学，1995（2）.

［25］ 汪东云，张赞勋，付林森，等. 宝顶山石窟造象岩壁风化产物化学特征及形成分析［J］. 工程地质学报，1995（3）.

［26］ 李黎，王思敬，谷本親伯，等. 龙游石窟砂岩风化特征研究［J］. 岩石力学与工程学报，2008（6）.

［27］ 汪东云，张赞勋，付林森，等. 宝顶山石窟岩体风化破坏的作用因素分析［J］. 工程地质学报，1994（2）.

［28］ 张赞勋，付林森，姚金石，等. 大足石刻砂岩的岩石学特征［J］. 重庆建筑大学学报，1995（2）.

［29］ 李军. 石质文物保护技术研究：以贺兰山岩画为例［J］. 民族艺林，2016（1）.

［30］ Price C. Stone-decay and Preservation ［J］. Chemistry in Britain, 1975, 11.

［31］ Gauri K L. The Preservation of Stone ［J］. Scientific American, 1978, 238 (6).

［32］ 周双林. 土遗址防风化保护概况［J］. 中原文物，2003（6）.

［33］ 苏伯民. 国外遗址保护发展状况和趋势［J］. 中国文化遗产，2005（1）.

［34］ 黄克忠. 石质文物保护若干问题的思考［J］. 中国文化遗产，2018（4）.

［35］ 张秉坚. 古建筑与石质文物的保护处理技术［J］. 石材，2002（8）.

［36］ 李裕群. 中国石窟寺考古五十年［J］. 考古，1999（9）.

［37］ 王金华，陈嘉琦. 我国石窟寺保护现状及发展探析［J］. 东南文化，2018（1）.

［38］ Teng J, Yuan D, Zhang J. China's Grotto Art: Origin of the Grotto [J]. China's Ethnic Groups, 2012 (1).

［39］ Liu R Z, Zhang B J, Zhang H, et al. Deterioration of Yungang Grottoes: Diagnosis and research [J]. Journal of Cultural Heritage, 2011, 12 (4).

［40］ 张荣. 中国石窟寺保护规划分析研究［J］. 中国文化遗产，2018（4）.

［41］ 金皓. 环境因素对石质文物影响研究［J］. 文物世界，2015（4）.

［42］ 王彦武. 甘肃典型石窟渗水机制与防治技术研究［D］. 兰州：兰州大学，2023.

［43］ 张明泉，张虎元，曾正中，等. 莫高窟壁画酥碱病害产生机理［J］. 兰州大学学报（自然科学版），1995，31（1）.

［44］ 贾全全. 莫高窟壁画地仗持水特性研究［D］. 兰州：兰州大学，2020.

［45］ 周伟强. 砂岩质文物防风化材料保护效果评估方法研究［J］. 四川文物，2014（2）.

［46］ 肖碧. 石窟水害成因的工程地质分析与防治对策［C］// 中国岩石力学与工程学会. 岩石力学与工程的创新和实践：第十一次全国岩石力学与工程学术大会论文集. 2010.

［47］ 李军锋. 基于 GIS 的陕北黄土高原地貌分形特征研究［D］. 西安：西北大学，2006.

［48］ 张伏麟. 陕北砂岩质石窟地质病害区域特征研究［D］. 西安：西北大学，2019.

［49］ 崔惠萍，张多勇，张亚萍. 庆阳北石窟寺的研究现状与尚未解决的问题［J］. 敦煌学辑刊，2009，65（3）.

［50］ 刘玉荣，刘佳. 化学材料在石质文物保护中的应用［J］. 材料导报，2014，28（S2）.

［51］ 王玉超. 重庆弹子石摩崖造像岩体表层风化特征与粉化剥落机理［D］. 兰州：兰州大学，2019.

［52］ 王旭东，张虎元，郭青林，等. 敦煌莫高窟崖体风化特征及保护对策［J］. 岩石力学与工程学报，2009，28（5）.

［53］ 张中俭. 平遥古城古砖风化机理和防风化方法研究［J］. 工程地质学报，2017，25（3）.

［54］ 邵明申，张中俭，李黎. 承德避暑山庄砂岩文物的基本性质和风化机理［J］. 工程地质学报，2015，23（3）.

［55］ 范敏，张国梁，傅英毅，等. 砂岩文物加固材料与实验室工艺研究［J］. 文物保护与考古科学，2020，32（4）.

［56］ 俞作辉. 北石窟寺崖体砂岩风化机理研究［D］. 兰州：兰州大学，2022.

［57］ Benavente D, Cultrone G, Gómez-Heras M. The Combined Influence of Mineralogical, Hygric and Thermal Properties on the Durability of Porous Building Stones [J]. European Journal of Mineralogy, 2008, 20 (4).

［58］ 陈棠茵，朱宝龙. 温度、湿度循环条件下砂岩物理特性试验研究［J］. 水文地质工程地质，2014，41（1）.

［59］ 谭玉芳，李丽慧，杨志法，等. 红层砂岩与砾岩差异风化的湿度应力效应研究［J］. 岩石力学与工程学报，2019，38（S2）.

［60］ 邓红卫，田维刚，周科平，等. 2001—2012 年岩石冻融力学研究进展［J］. 科技导报，2013（24）.

［61］ Osipov V. Engineering Geology and Building Stones of Historic Monuments: Miscellaneous Subjects [C]. Proceedings of Engineering Geology of Ancient Works, 1990.

［62］ Molina M, Benavente D, Sebastian E, et al. The Influence of Rock Fabric in the Durability of Two Sandstones Used in the Andalusian Architectural Heritage (Montoro and Ronda, Spain) [J]. Engineering Geology, 2015, 197.

［63］ 杨鸿锐，刘平，孙博，等. 冻融循环对麦积山石窟砂砾岩微观结构损伤机制研究［J］. 岩石力学与工程学报，2021，40（3）.

［64］ Ghobadi M H, Babazadeh R. Experimental Studies on the Effects of Cyclic Freezing–thawing, Salt Crystallization, and Thermal Shock on the Physical and Mechanical Characteristics of Selected Sandstones [J]. Rock Mechanics & Rock Engineering, 2015, 48 (3).

［65］ Khanlari G, Abdilor Y. Influence of Wet-dry, Freeze-thaw, and Heat–cool Cycles on the Physical and Mechanical Properties of Upper Red Sandstones in Central Iran [J]. Bulletin of Engineering Geology & the Environment, 2015, 74 (4).

［66］ 申艳军，杨更社，荣腾龙，等. 冻融循环作用下单裂隙类砂岩局部化损伤效应及端部断裂特性分析［J］. 岩石力学与工程学报，2017，36（3）.

［67］ Martínez-Martínez J, Benavente D, Gomez-Heras M, et al. Non-linear Decay of Building Stones During Freeze-thaw Weathering Processes [J]. Construction and Building Materials, 2013, 38.

［68］ Li J L, Zhu L Y, Zhou K P, et al. Experimental Investigation on the Effects of Ambient Freeze–thaw Cycling on Creep Mechanical Properties of Sandstone Under Step Loading [J]. IEEE Access, 2019, 7.

［69］ Chen W, Liao R, Wang N, et al. Effects of Experimental Frost–Thaw Cycles on Sandstones with Different Weathering Degrees: A Case from the Bingling Temple Grottoes, China [J]. Bulletin of Engineering Geology and the Environment, 2019, 78 (7).

［70］ Hall K. A Laboratory Simulation of Rock Breakdown due to Freeze-thaw in a Maritime Antarctic Environment [J].

Earth Surface Processes and Landforms, 2010, 13 (4).

［71］ Saad A, Guédon S, Martineau F. Microstructural Weathering of Sedimentary Rocks by Freeze-thaw Cycles: Experimental Study of State and Transfer Parameters [J]. Comptes Rendus- Geoscience, 2010, 342 (3).

［72］ Williams R B G, Robinson D A. Experimental Frost Weathering of Sandstone by Various Combinations of Salts [J]. Earth Surface Processes and Landforms, 2001 (8).

［73］ John I I, Scherer G W. A review of Salt Scaling: I. Phenomenology [J]. Cement and Concrete Research, 2007, 37 (7).

［74］ Mccabe S, Smith B J, Warke P A. Preliminary Observations on the Impact of Complex Stress Histories on Sandstone Response to Salt Weathering: Laboratory Simulations of Process Combinations [J]. Environmental Geology, 2007, 52 (2).

［75］ Li X P, Qu D X, Luo Y, et al. Damage Evolution Model of Sandstone Under Coupled Chemical Solution and Freeze-thaw Process [J]. Cold Regions Science and Technology, 2019, 162.

［76］ Doehne E. Salt Weathering: A Selective Review [J]. Geological Society London Special Publications, 2002, 205 (1).

［77］ Shahidzadeh-Bonn N, Desarnaud J, Bertrand F, et al. Damage in Porous Media due to Salt Crystallization [J]. Physical Review E, 2010, 81 (6).

［78］ Charola A E. Salts in Masonry: An Overview of the Problem [J]. Restoration of Buildings & Monuments, 2015, 21 (4-6).

［79］ 宋朝阳. 弱胶结砂岩细观结构特征与变形破坏机制研究及应用［J］. 岩石力学与工程学报，2018，37（3）.

［80］ Siedel H, Pfefferkorn S, Plehwe-Leisen E, et al. Sandstone Weathering in Tropical Climate: Results of Low-destructive Investigations at the Temple of Angkor Wat, Cambodia [J]. Engineering Geology, 2010, 115 (3-4).

［81］ 严绍军，陈嘉琦，窦彦，等. 云冈石窟砂岩特性与岩石风化试验［J］. 现代地质，2015，29（2）.

［82］ Lyu K, Zhao G X, Wang X K. A Brief Review of Graphene-based Material Synthesis and Its Application in Environmental Pollution Management [J]. Chinese Science Bulletin, 2012, 57 (11).

［83］ Zhao H R, Xia B C, Qin J Q, et al. Hydrogeochemical and Mineralogical Characteristics Related to Heavy Metal Attenuation in a Stream Polluted by Acid Mine Drainage: A Case Study in Dabaoshan Mine, China [J]. Journal of Environmental Sciences, 2012, 24 (6).

［84］ 张宁，卜海军，郭宏. 广元千佛崖石窟石刻造像化学风化机理研究［J］. 中国文化遗产，2018（5）.

［85］ 郭宏，李最雄，裘元勋，等. 敦煌莫高窟壁画酥碱病害机理研究之三［J］. 敦煌研究，1999（3）.

［86］ Ruedrich J, Bartelsen T, Dohrmann R, et al. Moisture Expansion as a Deterioration Factor for Sandstone Used in Buildings [J]. Environmental Earth Sciences, 2011, 63 (7-8).

［87］ Zhang H, Shi M F, Shen W, et al. Damage or Protection? The Role of Smoked Crust on Sandstones from Yun-gang Grottoes [J]. Journal of Archaeological Science, 2013, 40 (2).

［88］ 方云，乔梁，陈星，等. 云冈石窟砂岩循环冻融试验研究［J］. 岩土力学，2014，35（9）.

［89］ 王逢睿，焦大丁，刘平，等. 硫酸盐对麦积山砂砾岩风化影响的试验研究［J］. 岩土力学，2020，41（7）.

［90］ Espinosa-Marzal R M, Scherer G W. Mechanisms of Damage by Salt [J]. Geological Society London Special Publications, 2010, 331 (1).

［91］ Bruthans J, Filippi M, Schweigstillová J, et al. Quantitative Study of a Rapidly Weathering Overhang Developed in an Artificially Wetted Sandstone Cliff [J]. Earth Surface Processes and Landforms, 2017, 42 (5).

［92］ Mcallister D, Warke P, Mccabe S. Stone Temperature and Moisture Variability Under Temperate Environmental Conditions: Implications for sandstone weathering [J]. Geomorphology, 2017, 280.

［93］ Hosono T, Uchida E, Suda C, et al. Salt Weathering of Sandstone at the Angkor Monuments, Cambodia: Identification of the Origins of Salts Using Sulfur and Strontium Isotopes [J]. Journal of Archaeological Science, 2006, 33.

［94］ 侯志鑫，者瑞，张中俭. 砂岩质文物风化机理研究：以云冈石窟为例［J］. 工程勘察，2020，48（9）.

［95］ Waragai T, Hiki Y. Influence of Microclimate on the Directional Dependence of Sandstone Pillar Weathering in Angkor Wat Temple, Cambodia [J]. Progress in Earth and Planetary Science, 2019, 6 (10).

［96］ 黄继忠，袁道先，万力，等. 水岩作用对云冈石窟石雕风化破坏的化学效应研究［J］. 敦煌研究，2010，17（6）.

［97］ Keigo K, Kazuhiro O, Misae I, et al. Estimation of Hydraulic Environment Behind the Mogao Grottoes based on Geophysical Explorations and Laboratory Experiment [M]. Springer International Publishing, 2015.

［98］ 刘景龙. 龙门石窟保护［M］. 北京：中国科学技术出版社，1993.

［99］ 林佳育，李榜江，程才，等. 石质建筑的生物风化防治研究现状［J］. 应用生态学报，2021，32（8）.

［100］ 张永，武发思，苏敏，等. 石质文物的生物风化及其防治研究进展［J］. 应用生态学报，2019，30（11）.

［101］ 王翀，王明鹏，白崇斌，等. 露天石质文物生物风化研究进展［J］. 文博，2015（2）.

［102］ 张中俭，张路青，李丽慧，等. 微环境对龙游石窟粉砂岩风化的影响［J］. 工程地质学报，2010，18（5）.

［103］ Makoto M, Chigira M. Weathering Mechanism of Arenite Sandstone with Sparse Calcite Cement Content [J]. Catena, 2020, 187.

［104］ Mottershead D, Gorbushina A, Lucas G, et al. The Influence of Marine Salts, Aspect and Microbes in the Weathering of Sandstone in Two Historic Structures [J]. Building & Environment, 2003, 38 (9/10).

［105］ Gaylarde C, Rodríguez C, Navarro-Noya Y E, et al. Microbial Biofilms on the Sandstone Monuments of the Angkor Wat Complex, Cambodia [J]. Current Microbiology, 2012, 64 (2).

［106］ 孙进忠，陈祥，袁加贝，等. 石质文物风化程度超声波检测方法探讨［J］. 科技导报，2006（8）.

［107］ 韩涛，唐英. 有机硅在石质文物保护中的研究进展［J］. 涂料工业，2010，40（6）.

［108］ 刘佳，刘玉荣，涂铭旌. 石质文物保护材料的研究进展［J］. 重庆文理学院学报（社会科学版），2013，32（5）.

［109］ 李最雄. 炳灵寺、麦积山和庆阳北石窟寺石窟风化研究［J］. 文博，1985（3）.

［110］ 李最雄. 应用 PS-C 加固风化砂岩石雕的研究［J］. 敦煌研究，1985（2）.

［111］ 杨富巍. 无机胶凝材料在不可移动文物保护中的应用［D］. 杭州：浙江大学，2011.

［112］ 韩冬梅，郭广生，石志敏，等. 化学加固材料在石质文物保护中的应用［J］. 文物保护与考古科学，1999（2）.

［113］ 刘乃涛. 金陵遗址石质文物风化及保护研究［G］∥北京市文物研究所. 北京文物与考古（第六辑）. 北京：民族出版社，2004.

［114］ 王恩铭.“天坛石质文物保护研究”［G］∥中国紫禁城学会. 中国紫禁城学会论文集（第八辑）. 北京：故宫出版社，2012.

［115］ Larson J H, Madden C, Sutherland I. Ince Blundell: The Preservation of an Important Collection of Classical Sculpture [J]. Journal of Cultural Heritage, 2000 (1).

［116］ 李慧芝，李红，熊颖辉. 异丙醇改性氢氧化钙的研究［J］. 无机盐工业，2008（9）.

［117］ 李最雄，西浦忠辉. PS 加固风化砂岩石雕的进一步研究［J］. 敦煌研究，1988（3）.

［118］ 严绍军，叶梦杰，陈鸿亮，等. PS 对克孜尔砂岩的加固效果研究［J］. 长江科学院院报，2015，32（12）.

［119］ 王磊，严绍军，陈嘉琦，等. 克孜尔石窟砂岩 PS 加固抗冻融试验［J］. 长江科学院院报，2017（10）.

［120］ 李最雄. 李最雄石窟保护论文集［M］. 兰州：甘肃民族出版社，1994.

［121］ 李火明，张秉坚，刘强. 一类潜在的石质文物表面防护材料：仿生无机材料［J］. 文物保护与考古科学，2005，17（1）.

［122］ 黄继忠，王金华，高峰，等. 砂岩类石窟寺保护新进展：以云冈石窟保护研究新成果为例［J］. 东南文化，2018，261（1）.

［123］ 周继亮，程新建，张道洪，等. 含硅水性环氧固化剂的制备与性能［J］. 高分子材料科学与工程，2013，29（11）.

［124］ 栾晓霞，许淳淳，王紫色，等. 改性水性环氧树脂乳液对石质文物的保护效果［J］. 腐蚀与防护，2008，226（8）.

［125］ Banthia A K, Gupat A P. Role of Acrylic Resin in the Conservation of Deteriorated Khondalite Stones [C]. Meeting of American Chemical Society. Division of Polymer Chemistry, 2000, 41 (1).

［126］ 陈鹏，朱传方. 纳米 SiO₂/水性丙烯酸树脂复合材料的制备及工艺研究［J］. 现代涂料与涂装，2008，11（3）.

［127］ 王镛先，罗彦凤. 摩岩石刻防风化种子乳液涂料［J］. 重庆大学学报（自然科学版），1998（2）.

［128］ 廖原，齐暑华，王东红，等. XD9 露天石质文物保护剂［J］. 西北大学学报（自然科学版），2007（3）.

［129］ Ershad-Langroudi A, Rahimi A. Synthesis and Characterisation of Nano Silica-based Coatings for Protection of Antique Articles [J]. International Journal of Nanotechnology, 2009, 6 (10/11).

［130］ 周亦超. 五种保护材料在广东地区红砂岩文物保护中的应用研究［J］. 客家文博，2016，13（1）.

［131］ 柴肇云，郭卫卫，康天合，等. 有机硅材料改性泥岩物性变化规律研究［J］. 岩石力学与工程学报，2013，32（1）.

［132］ 丁梧秀，冯夏庭，程昌炳. 红砂岩的一种新的抗风化化学加固方法试验研究［J］. 岩石力学与工程学报，2005（21）.

［133］ 和玲，梁国正，武予鹏. 有机氟聚合物加固保护砂岩文物的可行性［J］. 材料导报，2003（2）.

［134］ 朱正柱，邱建辉，段宏瑜，等. 改性氟树脂石质文物封护材料的研究［J］. 石材，2007（5）.

［135］ 常刚，梁军艳，和玲，等. 含氟共聚物的制备及其对古砂岩的保护研究［J］. 化学研究与应用，2010，22（6）.

［136］ 王云峰. 纳米材料在石质文物保护中的应用与展望［C］∥中国文物保护技术协会. 中国文物保护技术协会第

四次学术年会论文集. 北京：科学出版社，2007.

［137］ Ciliberto E, Condorelli G G, Delfa S L , et al. Nanoparticles of Sr (OH)$_2$: Synthesis in Homogeneous Phase at Low Temperature and Application for Cultural Heritage Artefacts [J]. Applied Physics A, 2008, 92 (1).

［138］ Fonseca B S, Pinto A P F, Piçarra S, et al. Challenges of Alkoxysilane-Based Consolidants for Carbonate Stones: From Neat TEOS to Multipurpose Hybrid Nanomaterials [M]//Hosseini M, Karapanagiotis I. Advanced Materials for the Conservation of Stone. Cham: Springer, 2018.

［139］ 刘绍军，孙敏，高峰，等. 二氧化硅胶体基石质文物防风化有机—无机杂化材料制备及效果评估［J］. 中南大学学报（自然科学版），2013，44（1）.

［140］ 栾晓霞. 基于纳米材料改性的水性石质文物保护剂的研究［D］. 北京：北京化工大学，2008.

［141］ 王一平，朱丽，李鞾，等. 仿生合成技术及其应用研究［J］. 化学工业与工程，2001（5）.

［142］ Doehne E, Price C A. Stone Conservation: An Overview of Current Research [M]. Los Angeles: The Getty Conservation Institute, 2010.

［143］ Thornbush M, Viles H A. Photographic Monitoring of Soiling and Decay of Roadside Walls in Central Oxford [J]. Environmental Geology, 2008, 56 (3-4).

［144］ Zehnder K, Schoch O. Efflorescence of Mirabilite, Epsomite and Gyp-sum Traced by Automated Monitoring On-site [J]. Journal of Cultural Heritage, 2009, 10 (3).

［145］ Padfield J, Saunders D, Malzbender T. Polynomial Texture Mapping: A New Tool for Examining the Surface of Paintings [C]. The Hague: In 14th Triennial Meeting, ICOM Committee for Conservation, 2005.

［146］ Trudgill S, Viles H, Inkpen R, et al. Twenty-year Weathering Remeasurements at St Paul's Cathedral [J]. Earth Surface Processes and Landforms, 2001, 26 (10).

［147］ Jaynes S, Cooke R. Stone Weathering in Southeast England [J]. Atmospheric Environment, 1987, 21 (7).

［148］ Ressl C. Reconstruction of the Pegasus Statue on Top of the State Opera House in Vienna Using Photogrammetry and Terrestrial and Close-range Laser Scanning [J]. Springer Proceedings in Physics, 2007, 116.

［149］ 王宇，艾芊，李建林，等. 考虑不同影响因素的砂岩损伤特征及其卸荷破坏细观特性研究［J］. 岩土力学，2019，40（4）.

［150］ 曹秋彬，程霞. 环境因素对模拟石质文物表面色度影响的研究［J］. 化工技术与开发，2010，39（11）.

［151］ Wilhelm K, Viles H, Burke O, et al. Surface Hardness as a Proxy for Weathering Behaviour of Limestone Heritage: A Case Study on Dated Headstones on the Isle of Portland, UK [J]. Environmental Earth Sciences, 2016, 75 (10).

［152］ Aoki H, Matsukura Y. A New Technique for Non-destructive Field Measurement of Rock-surface Strength: An Application of the Equotip Hardness Tester to Weathering Studies [J]. Earth Surface Processes and Landforms, 2007, 32 (12).

［153］ 张景科，王玉超，邵明申，等. 基于原位无／微损测试方法的砂岩摩崖造像表层风化特征与程度研究［J］. 西北大学学报（自然科学版），2021，51（3）.

［154］ Böhm B C. Techniques and Tools for Conservation Investigations [C]. Stockholm: In Proceedings of the 10th International Congress on Deterioration and Conservation of Stone, 2004.

［155］ Siegesmund S, Weiss T, Rüdrich S. Ultrasonic Wave Velocities as a Diagnostic Tool for the Quality Assessment of Marbles [C]. Lisbon: Proceedings of the 6th International Symposium on the Conservation of Monuments in the Mediterranean Basin, 2004.

［156］ 邓华锋，原先凡，李建林，等. 饱水度对砂岩纵波波速及强度影响的试验研究［J］. 岩石力学与工程学报，2013，32（8）.

［157］ 刘帅，杨更社，董西好，等. 温度对白垩系砂岩超声波 P 波特性的影响［J］. 科学技术与工程，2019，19（10）.

［158］ 房春慧，李继龙，姜纪沂，等. 压力和温度对致密砂岩纵波速度影响的实验研究［J］. 地球物理学进展，2020，35（5）.

［159］ 张中俭，张涛，邵明申，等. 基于超声波法的石质文物表面裂隙深度测量［J］. 工程勘察，2014，42（7）.

［160］ Pamplona M, Kocher M, Snethlage R, et al. Drilling Resistance：State of the Art and Future Developments [C]. Torun: In Proceedings of the 11th International Congress on Deterioration and Conservation of Stone, 2008.

［161］ Huneau F, Hoerlé S, Denis A, et al. First Use of Geological Radar to Assess the Conservation Condition of a South African Rock Art Site: Game Pass Shelter (KwaZulu-Natal)[J]. South African Journal of Science, 2008, 104 (7-8).

［162］ 李兵，张兵峰，旺久. 紫禁城城墙无损检测方法的应用研究［J］. 中国文化遗产，2019（4）.

［163］ Candoré J, Bodnar J, Detalle V, et al. Non-destructive Testing of Mural Paintings, in Situ, by Infra-red Photothermal Radiometry [C]. Florence: Proceedings of the International Workshop SMW08, 2008.

［164］ Jacobs P, Sevens E, Kunnen M. Principles of Computerised X-ray Tomog-raphy and Applications to Building

Materials [J]. Science of the Total Environment, 1995, 167 (1-3).

[165] 闻磊，李夕兵，王伟，等. 石英砂岩冻融完整性损失研究［J］. 固体力学学报，2016，37（4）.

[166] De Kock T, Boone M A, De Schryver T, et al. A pore-scale Study of Fracture Dynamics in Rock Using X-ray Micro-CT Under Ambient Freeze-thaw Cycling [J]. Environmental Science & Technology, 2015, 49 (5).

[167] 中华人民共和国住房和城乡建设部. 工程岩体试验方法标准（GB/T 50266—2013）［S］. 北京：中国计划出版社，2013.

[168] Beck K, Al-Mukhtar M, Rozenbaum O, et al. Characterization, Water Transfer Properties and Deterioration in Tuffeau: Building Material in the Loire valley—France [J]. Building and Environment, 2003, 38 (9-10).

[169] Angeli M, Benavente D, Bigas J P, et al. Modification of the Porous Network by Salt Crystallization in Experimentally Weathered Sedimentary Stones [J]. Materials & Structures, 2008, 41 (6).

[170] 朱合华，周治国，邓涛. 饱水对致密岩石声学参数影响的试验研究［J］. 岩石力学与工程学报，2005，24（5）.

[171] Zorlu K, Gokceoglu C, Ocakoglu F, et al. Prediction of Uniaxial Compressive Strength of Sandstones Using Petrography-based Models [J]. Engineering Geology, 2008, 96 (3-4).

[172] 刘慧，杨更社，贾海梁，等. 裂隙（孔隙）水冻结过程中岩石细观结构变化的实验研究［J］. 岩石力学与工程学报，2016，35（12）.

[173] 康志勤，王玮，赵阳升，等. 基于显微 CT 技术的不同温度下油页岩孔隙结构三维逾渗规律研究［J］. 岩石力学与工程学报，2014，33（9）.

[174] 张汝藩，杨主恩. 扫描电镜与微观地质研究［M］. 北京：学苑出版社，1990.

[175] 王家禄，高建，刘莉. 应用 CT 技术研究岩石孔隙变化特征［J］. 石油学报，2009，30（6）.

[176] 雷志栋，杨诗秀，谢森传. 土壤水动力学［M］. 北京：清华大学出版社，1988.

[177] Sass O. Rock Moisture Measurements: Techniques, Results, and Implications for Weathering [J]. Earth Surface Processes and Landforms, 2005, 30 (3).

[178] Jia H L, Xiang W, Shen Y J, et al. Discussion of the Key Issues Within Calculation of the Fatigue Damage of Rocks Subjected to Freeze-thaw Cycles [J]. Chinese Journal of Rock Mechanics and Engineering, 2017, 36 (2).

[179] Saaty T L. Rank from Comparisons and from Ratings in the Analytic Hierarchy/Network Processes [J]. European Journal of Operational Research, 2006, 168 (2).

[180] 张书铨，罗东坤，王叶，等. 一种新的多属性决策方法：广义综合评价模型［J］. 统计与决策，2021，37（24）.

后　记

　　长期以来党和国家都十分重视文物保护工作，党的二十大报告明确要求"加大文物和文化遗产保护力度"。尤其是党的十八大以来，习近平总书记关于文物工作做出重要指示批示达百余次，分别于 2019 年 8 月 19 日和 2020 年 5 月 11 日前往莫高窟和云冈石窟调研，并在敦煌研究院座谈时对石窟寺保护做出重要指示，要求"运用先进技术加强文物保护和研究"。国务院办公厅出台了《关于加强石窟寺保护利用工作的指导意见》（国办发〔2020〕41 号），为石窟寺保护利用工作指明了方向。国家文物局先后颁布《"十四五"文物保护和科技创新规划》、《"十四五"石窟寺保护利用专项规划》、《中国石窟寺考古中长期计划（2021—2035 年）》，为新时代石窟寺保护研究事业的发展带来战略机遇。

　　石窟寺的保护，至今仍是国内外从业者公认的难题，涉及保护理念、保护程序、保护方法及保护材料等内容。国际上有关石质文物风化或劣化问题研究的全面开展基本上始于 20 世纪 50~60 年代。在我国，以苏良赫教授带头的专家组对敦煌、云冈、龙门石窟进行了基于文物保护目的的地质调查，从此开创了我国砂岩质文物风化问题研究的先河。从此以后，以黄克忠先生为代表的一批文物保护工作者围绕砂岩质文物风化问题在云冈石窟、川渝地区等地开展了长达二十余年的连续研究工作；20 世纪 80 年代，敦煌研究院李最雄开发出 PS 材料（高模数的硅酸钾溶液），引起了文物保护界的重视，从而寻找到了一条用无机材料渗透加固风化砂岩的途径，并在庆阳北石窟寺和新疆克孜尔石窟开展了针对性的砂岩防风化无机加固材料加固效果试验研究。

　　随着石窟寺保护工作的不断深入，"十一五"期间开展的国家科技支撑计划项目"石质文物保护关键技术研究"研究成果的应用，有效地解决了石窟岩体稳定性、危岩体治理加固和石质文物表面有害物清理等问题；"十二五"期间开展的甘肃省重大科技专项项目"多场耦合下敦煌石窟围岩风化与壁画盐害机理试验装置研发"，为解决石窟寺表面防风化提供了新的研究方法及手段，为开展石窟寺表面风化病害的研究与防治奠定了基础。"十三五"期间开展的甘肃省自然科学基金"砂岩文物的微生物风化作用机理——以甘肃北石窟寺为例"，揭示了微生物作用下砂岩风化机理。

　　本书是在甘肃省科技重大专项"砂岩石窟寺防风化技术研发与应用示范"课题研究基础上撰写而成的，在课题的实施过程中，得到了科技部、国家文物局、甘肃省科技厅、甘肃省文物局、故宫博物院、北石窟文物保护研究所等单位的鼎力支持，作者在此表示由衷的谢意。

　　课题研究是在课题组各承担单位的通力协作下完成的。主要包括：由课题负责人王旭东、郭青林研究员领导的敦煌研究院研究团队及其成员赵林毅、于宗仁、裴强强、武发思、王彦武、张博、黄井镜、刘鸿、崔慧萍、韩增阳、朱晶、吴正科、徐鹏、黄渊鸿等；由谌文武教授领导的兰州大学研究团队及其成员张景科、和法国、郭志谦、张理想、刘盾、原鹏博、张迎敏、刘鹏、李永杰等；由孙满利教授领导的西北大学研究团队及其成员沈云霞、孙凤、毛维佳、付菲、张绍昀、张伏麟等；由许宏生总经理领导的甘肃莫高窟文化遗产保护设计咨询有限公司团队及其成员刘晓颖、赵国靖、朱毓、赵建忠、尚东娟、陈嘉睿、余静等；由杨善龙研究员领导的敦煌研究院文物保护技术服务中心团队及其成员李志强、李志鹏、王新卿、李吉让、杨扬、李元芳、翟艳军、马潇等。作者对课题组所有成员的辛勤付出和艰苦努力表示真挚的感谢。

　　在课题的研究过程中，敦煌研究院前院长、故宫博物院院长王旭东研究员为课题申报和顺利开展提出了具体框架及相关研究思路，本书相关研究均是他已完成多项课题内容的推进和延伸；另外，研究还得到了苏伯民研究员、王兰民研究员、吕功煊研究员、王逢睿教授/高级工程师、孔维宝教授、汪精海副教授等专家的指导和帮助，对我们开拓思路、把握研究方向均受益匪浅，作者代表课题组在此深表敬意。

2022 年 11 月于莫高窟